□ 本书作者艾斯特在执行任务中。他强调：有些情况下需要佩戴个人防护装备，包括防弹背心、枪支等，但仅限训练有素的安保人员才能携带枪支。

□ 作者艾斯特在进行安保培训

☐ 有时可能需要在足够高的瞭望塔上才能充分观察周边情况

☐ 带有防弹挡风玻璃的车辆可以挽救生命

☐ 存在爆炸危险的区域,有时可能需要沙袋和混凝土屏障

☐ 足够坚固的钢筋混凝土爆破墙可以防止爆炸冲击波

□ 抗议活动可能会迅速演变为暴力威胁

☐ 山火是毁灭性的，可能会很快使安保工作不堪重负

☐ 火山遍布世界各地，要制订安保计划加以应对

☐ 地震高发地区需制订安保应对计划和生产恢复计划

MANAGING SECURITY OVERSEAS

全球安全保护管理手册

Protecting Employees and Assets in Volatile Regions

〔美〕斯各特·阿兰·艾斯特（Scott Alan Ast）◎著
黄欣　石莉◎译

国际文化出版公司
·北京·

图书在版编目（CIP）数据

全球安全保护管理手册 /（美）斯各特·阿兰·艾斯特著；黄欣，石莉译. ——北京：国际文化出版公司，2020.7
ISBN 978-7-5125-1160-6

Ⅰ. ①全… Ⅱ. ①斯… ②黄… ③石… Ⅲ. ①跨国公司-企业安全-手册 Ⅳ. ① F276.7-62

中国版本图书馆 CIP 数据核字（2019）第 274743 号

北京市版权局著作权合同登记号 图字：01-2019-7888 号
Managing Security Overseas: Protecting Employees and Assets in Volatile Regions / by Scott Alan Ast / ISBN: 978-1-4398-0467-4

Copyright©2010 by Taylor & Francis Group, LLC

Authorized translation from the English language edition published by CRC Press, a member of the Taylor & Francis Group, LLC. All rights reserved. 本书原版由 Taylor & Francis 出版集团旗下，CRC 出版公司出版，并经其授权翻译出版。版权所有，侵权必究。

International Culture Publishing Corporation is authorized to publish and distribute exclusively the Chinese (Simplified Characters) language edition. This edition is authorized for sale throughout Mainland of China. No part of the publication may be reproduced or distributed by any means, or stored in a database or retrieval system, without the prior written permission of the publisher. 本书中文简体翻译版授权由国际文化出版公司独家出版并限在中国大陆地区销售，未经出版者书面许可，不得以任何方式复制或发行本书的任何部分。

Copies of this book sold without a Taylor & Francis sticker on the cover are unauthorized and illegal. 本书封面贴有 Taylor & Francis 公司防伪标签，无标签者不得销售。

全球安全保护管理手册

作　　者	［美］斯各特·阿兰·艾斯特
译　　者	黄　欣　石　莉
统筹监制	林绿波　鲁良洪
责任编辑	潘建农
策划编辑	杨婷婷
美术编辑	丁鈇煜
品质总监	张震宇
出版发行	国际文化出版公司
经　　销	国文润华文化传媒（北京）有限责任公司
印　　刷	三河市华晨印务有限公司
开　　本	710 毫米 ×1000 毫米　16 开 25.5 印张　343 千字
版　　次	2020 年 7 月第 1 版 2020 年 7 月第 1 次
书　　号	ISBN 978-7-5125-1160-6
定　　价	80.00 元

国际文化出版公司
北京朝阳区东土城路乙 9 号　　邮编：100013
总编室：（010）64271551　　传真：（010）64271578
销售热线：（010）64271187
传　真：（010）64271187-800
E-mail：icpc@95777.sina.net

目 录

中文版序言 /1
Preface to Chinese Readers / I
序言 /1
导语 /01
作者简介 /01

第一章 001	全球及高风险地区企业安全管理面临的挑战
第二章 013	旅行跟踪及情报事务
第三章 023	风险评估方法论
第四章 053	保护那些自以为无须被保护的人们
第五章 075	安全、危机管理和撤退方案
第六章 107	危机管理行为准则
第七章 131	全球范围人员与资产保护

第八章 179	预先部署和安全意识培训
第九章 211	建立并保持与地方、地区和国际官方机构的联系与协调
第十章 221	建立国际性的危机与安全管理基准
第十一章 263	最大化地提高你的安全与危机管理效率
附　　录	附录一：突发事件应急管理方案 /289 附录二：大罢工／抗议活动概述 /302 附录三：炸弹威胁应对步骤 /324 附录四：安保、安全和撤退方案 /335 附录五：工作场所暴力应对程序 /377

中文版序言

今年是中国农历鼠年，中国这个伟大的民族正面临着一个新的特殊时刻。这是一个机遇和挑战并存的充满惊奇的时代。

为了实施"走出去战略"，中国在海外的投资进入了前所未有的阶段。全球气候变化，恐怖主义和冲突不断的热点地区等等，这些课题都是世界各国政府必须面对的现实。雄心勃勃的"一带一路"计划将中国的投资扩展到复杂、多样化的发展中国家和地区，同时也带来了前所未有的安全挑战。最近，COVID-19（新型冠状病毒肺炎）疫情很大程度地考验着我们的群体防疫能力。诚如中国古话说的："危机，危中有机"。

中国作为世界历史上有影响力的大国，有许多智慧可以提供。同样，我也相信，通过相互合作、广泛交流来发挥中国的优势是最好的。基于合作的精神，我谨提出我个人的建议和看法。从这个角度来说，我不是以美国人的身份，而是以一个资深安保专家以及旅行者的身份进行写作的。

我的旅行经历，不仅仅将我带到了北京——中国人引以为傲的天安门、长城等地方，还有许多国家和地区。通常，这些地方都非常危险，冲突不断，比如伊拉克、阿富汗、阿尔及利亚和埃及等，他们在全球商业版图中明显危机四伏。如果中国要实现伟大的发展目标，必须继续保护其公民的安全和福祉。随着中国在非洲等地区投资的增加，大量人员将处于新的动荡环境之中，随之而来的挑战也将不断扩大。想想曼德海峡周围猖獗的海盗，还有缅甸各种各样的武装冲突；想想马来西亚的绑架，菲律宾的叛乱，世界各地的跨国毒品交易，或者中亚的恐怖分子，以及在马格里布激战的交战各方。

习近平主席曾对记者说："幸福不会从天而降，梦想不会自动成真。……实干首先就要脚踏实地劳动。"就我而言，努力工作意味着准确预测各种威胁和克服人的弱点。在本书中，我将与你们分享我的经验，以及这些经验在实践中运用的方法。

在我的工作中，我逐渐得到一个至关重要的教训：世界各地的人们都是一样的。我们都渴望人身的安全，也渴望心理的安全。我们希望家人和朋友也能这样。正如本书即将展示的，世界各地人们对安全原则的理解是一样的。

我一直认为安全保卫工作是一项高尚的职业。作为公民的保护者，我们是耐心好学的战士。我们帮助和保护他人。我们确保商业、工厂正常运行，经济增长繁荣。我们的工作特色是以预防为主，"邪恶的种子，如果不及时除掉，任其生长，那将后患无穷。"（伊索寓言谚语）

安保工作要做到最好就得眼观六路，耳听八方。每个组织都是多层次的，安保专业人员需要注意倾听各种意见。假如有一部分人被排除在了组织讨论之外，那么安保专业人员怎么还能准确判断现实呢？

在世界各地执行项目的过程中，我开始认识到一个简单的事实：组织中的每个成员都有自己的故事。某个特定环境下，大家都有自己要分享的事实，只不过有人积极发声，有人选择保持沉默。而在这个时候，就需要有人提出合理的质疑。尽管有时候"良药苦口"，但正如居里夫人说的那样："生活中没有可怕的东西，只有需要理解的东西。"

区分朋友和敌人，发现能躲避危险的地方，并不像看起来那么简单。关键的信息可能来自最不可能的地方。倾听和理解来自基层的员工的声音是有帮助的。安保不仅需要经理或主管的重要意见，还需要其他各种人的意见：承包商、供应商、邻居、基层员工等。

　　安保不仅限于一把铁锁，一个监控摄像头和一组警报器。它更是一种行为，一种生活方式。最重要的是，这是使人类能够追求比人身安全更高级的目标的一种方法。我们所珍视的一切都需要拥有安全稳定的基础。

　　我希望大家能将本书当作一种工具，去积极探索发现更多。我积累的经验都在其中，现在它们掌握在你的手里。希望在未来的时间里，你们能够有效地应用这些知识。当你读完这本书，我们就是安保工作的伙伴了，作为同仁，祝大家好运。

斯各特·阿兰·艾斯特

Preface to Chinese Readers

In this Year of the Rat, the great nation of China faces a new and unique moment. This startling era is filled with both opportunities and challenges. China is investing abroad as never before in pursuit of the Going Out policy. Climate change, terrorism and hot conflict loom large for our governments. The ambitious One Belt-One Road initiative extends Chinese investment into complex, diverse and developing regions, posing unique security challenges. Recently, COVID-19 has similarly tested our collective preparedness. As the Chinese proverb taught us, "A crisis is an opportunity, riding on a dangerous wind".

As an historic leader in the world, China has much wisdom to offer.Likewise, I believe the full strength of China is best harnessed through cooperation and exchange. In the spirit of this cooperation, I wish to humbly offer my suggestions and observations. I write not as an American, but as a decades-long security expert and traveler.

These travels have brought me not only to Beijing, the proud Tiananmen, the Great Wall, and many other locations around China, but to many climes and countries. Often, these places are considerably dangerous and strife-filled. Such places as Iraq, Afghanistan, Algeria, and Egypt demonstrate potential perils in the global business environment. If the proud goals of China are to be fulfilled, China must continue to protect the safety and well-being of its citizens. This challenge is expanded as China invests in places like Africa, placing personnel in new and turbulent environments. Think of the piracy around the Al-Mandab Strait; of the varied rebels of Burma/Myanmar. Think of the Malaysian kidnappings, the Philippines insurgency, the transnational drug trade the world over. Consider that terrorists of Central Asia, or the warring parties of the Maghreb.

As President Xi Jinping once told a journalist, "Happiness does not fall out of the blue and dreams will not come true by themselves. We need to be down-to-earth and work hard". For my purposes, working hard means anticipating threats and rectifying weaknesses. In the pages of this book I will share with you the fruits of my experience, and the means to apply these lessons in practice.

Throughout my work I have continually learned one crucial lesson: people are the same the world over. We want to feel safe and secure. We want the same for our families and our friends. The principles of security are the same around the world as well, as these pages will show.

I have always considered security a noble profession. As protectors of the citizenry, we are patient, studious warriors. We help and protect others. We ensure the prosperity of businesses, factories and the growing economy. We are in the business of prevention. "Destroy the seed of evil, or it will grow up to your ruin".

Security works best when it incorporates all eyes and ears. Every organization is multi-layered, and security professionals need to be mindful of varying opinions. If one group is left out of the discussion, for example, how can the security professional properly judge reality?

While traveling for projects around the world, I began to recognize a simple truth: each member of an organization has a story to tell. All inhabitants of an environment, by their voice or by their silence, have facts to share. Sometimes, what this requires is someone asking the right questions. Chinese proverbs teach us "Nothing in life is to be feared, it is only to be understood"; and sometimes "medicine is bitter". Distinguishing friend from foe, places of shelter from zones of danger, is not as simple as it may seem. Crucial information may come from the most unlikely places. It helps to understand and listen to the employees of a facility. Not just the important views of the manager or director are required for security, but also those of the various others: contractors, vendors, neighbors, those who service the facility.

My hope is for you to use this book as a tool for discovery. Security is more than locks and cameras and alarms. It is a behavior, a way of life. Most of all, it is a way to enable human beings to aspire to higher things than physical safety. All that we hold dear requires a basis of stability. My collected experiences are now in your hands. I hope in the coming days you can fruitfully apply the contents. We are now partners in this business of security. As one colleague to another, I wish you good luck.

Scott Alan Ast

序言

　　就在本书付梓之时，三起极其严重的国际性事件接二连三地持续发生。其中，两起事件影响到全球的民众，新闻网络密集报道这些事件，因为，第二起事件的发生，迅速取代了媒体对第一起事件难以满足的好奇心，而与此同时，将全世界的注意力从一个国家立刻就转移到了另一个国家。第三起事件没有成为世界，甚至是地方媒体的头条新闻，而且绝大多数人甚至根本就不知道发生了这起事件。然而，这三起连续发生的事件，正是我们这些专职于安全保卫和危机管理的人员必须未雨绸缪、有所准备的。所有这三起事件代表的意义在于：或者是逐步加剧升级至一定的高度，以致要求企业机构必须制定涉及诸多部门的关键性决策；或者是突然发生，如同一记迅雷不及掩耳的黑虎掏心，令人们震惊瞠目结舌的同时，尽力地确定什么人处于险境，以及必须立即采取什么行动以保护那些我们应尽职尽责保护的人们。

　　2008年11月25日，泰国人民民主联盟（People's Alliance for Democracy）的数千抗议者，为抗议他们所声称的现政府当局贪腐而占据政府大楼前广场数月之后，在泰国曼谷的素万那普国际机场和廊曼国际机场举行了示威游行。事件从最初的封锁一些出租车进出机场开始，最后导致26日所有从素万那普国际机场起飞的航班全部取消，因为，数千名抗议者拒绝服从警察移除路障的命令。至少10万旅客被迫滞留。随着警察和政府决心掌握控制权,重新夺回机场的行动,局势变得愈发紧张。同时,某些抗议者通知媒体,如果采取任何企图驱除他们的行动,他们将准备赴死,直到政府下台。11月30日,星期日,有报道披露说,自2008年8月就被抗议者占领的总理府发生了数起爆炸。据报道,另外数起爆炸发生在某个反政府的电视台和通往廊曼被占领的一个国内机场的公路上。抗议团体的成员们指责政府应为这几起爆炸负责。

2008年11月26日,星期三,当地时间晚上大约九点半左右,配备AK47冲锋枪和手榴弹的武装人员,向印度的孟买地区若干个地方同时发动了一系列的袭击。被袭击目标包括3个酒店、1座火车站、1个犹太人中心、1个警察局、1所电影院、1间咖啡馆、1家医院和1辆出租车。至少125人确信在袭击中丧生,多达325人受伤。袭击目标被认定是精心选择的,因为,西方人最大的可能性是出现在五星级酒店、受欢迎的餐厅、夜总会以及这些目标集中聚集的中转站。据称,西方人被袭击者们包围,而且有选择地被挑出来,特别查找出持有美国和英国护照的那些人。这一直截了当的正面攻击和暴力行为,使许多人想起了1972年慕尼黑奥运会期间那次袭击。

11月27日,尼日利亚的高原州首府乔斯城,正当乔斯北地方政府区域选举计票过程中,爆发了种族与宗教暴力冲突。到11月29日,传出来的报道说,数百人被杀,而尼日利亚红十字会估计,上万人逃离了基督教和穆斯林教村民之间的这场打斗。国家安全警察与抗议选举结果的人们之间爆发了激烈的枪战。高原州独立选举委员会估计,执政的人民民主党赢得了州17个议会区域中的16个区域。已经证实的报道说,警察和军队都使用了致命的武器,杀死了100多平民。据报道,至少300名穆斯林的尸体被运到乔斯城的中央清真寺。

对于安全保卫专家,或者这些受到影响的城市和地区的安全保卫专业人员来说，那是一个通宵达旦、极度繁忙的周末。在美国，对那些忙于庆祝感恩节的许多人来说都是一个漫长的周末［美国感恩节是在十一月的第四周的星期四，所以那年的 11 月 26 日（周三）是个"周末"。译者注］实际上，只要你属于跨国企业机构安全保卫这支队伍中的一员，就还会有许许多多这样的周末。我想，人们应该感谢安全保卫这一职业。

导语

  我成长在美国中西部堪萨斯州的堪萨斯城,在我的幼年时期,与绝大多数孩子一样,我梦想着周游世界。我有两个哥哥,他们当时都在军中服役,一个驻扎在巴拿马,一个驻扎在越南。我开始用图钉将一幅世界地图钉在我屋内的墙上,令我的母亲非常恼怒。我收听电视和广播新闻。我买了一部二手的短波收音机,每天早晨的时光收听英国广播公司新闻节目,以及全世界的新闻广播。我阅读《纽约时报》《华盛顿邮报》和《基督教科学箴言报》,以及诸如《时代周刊》和《新闻周刊》等杂志。真心希望我能尽可能多地实际踏上地图上看到的这些国家。通过收听和阅读新闻,我意识到,世界充满了错综复杂、抗衡奋斗、争执纠纷、社会和政治动荡以及战争。在学校,我痴迷于历史,专注于国际关系,获得政治学学士学位。之后,我获得了公共行政学硕士学位,国际商务引起了我的极大关注。我的大哥曾在越南服役,而一位表兄为国家献出了他的生命。我的二哥也在军中服役,负责培训丛林作战专家的生存战术。世界在变,鉴于我的企业安全保卫职业,有些人可能会说,它让我比绝大多数人更自然地持怀疑态度,其实,我仍然保持乐观地认为,世界局势能够也必然有所改进。开始从事我的职业的时候,我根本就不知道,在以后的职业生涯中,我要在具有敌意区域里完成我的职责,它可以使我真正地身临枪林弹雨之境。

Volatile:adj. 1. Evaporating quickly. 2. a)Unstable;explosive. b)Fickle.

Webster's New World Dictionary

高危：形容词：1. 迅速蒸发；2. a) 不稳定；局势一触即发；b) 变幻莫测。

《韦氏新世界美国英语字典》

高危是一个非常有趣的词。该词可以用于描述一个不稳定的世界，或者某人所处的周围环境。它可以用作一个短语解释说明某一潜在的一触即发的局势或境遇。某个愤世嫉俗的人士也许认为世界是一个变幻莫测的地方，肯定是的。本书的书名也许令某些人认为，我对这个世界有一种偏执的想法，或者说，我只看到威胁和艰难。正相反，我在全世界旅行以及探讨这一世界过程中，我经常不断地在偏远地方遇到善良的人们，受到他们的鼓舞，令我惊奇。我知道，在这个星球上，有许许多多的地方可以去旅游，去感受，这些地方绝对安全、舒适安逸，人们尽情享受所逢所遇的美景与奇观。另一方面，我也知道，并曾去过许多地方，在这些地方，人们的生存与安全依赖于时刻保持警惕、随机应变，行为举止必须谨小慎微。还有一些地方，身为西方人并非一个优势，反而可能是一项风险。

我在本书中特指并论述高危局势、环境和地方，是为了向你们这一特定的读者群提供方法与手段，你们也许能够运用于你的工作，也许能使你的工作轻松易自如一些。"高危"这个词，有些人可能认为在词性上属于贬义。某个地方或国家怎么就成了固有的高危地区呢？我在这里特指由于人为导致的事件更多发生的那些地方，比如，目无法纪、各类抢劫、偷盗、绑架和敲诈勒索。一些地方更易于受到自然灾害，如恶劣天气、飓风、台风、地震、海啸、火山及其他意外事件，这些都使人们在诸如此类地区的工作与居住非常艰难困苦。在某些情况下，（当地）政府宣布了他们对美国政府或对整个西方国家政府的敌视立场。诸如此类的声明使这一局势更加困难，常常使得西方人／外籍人几乎不可能去这些地区旅行或工作。

在本书中，我试图向读者——通过我自己的失败与成功——分享我长达 28 年（本书写作时作者从业 28 年。译者注）在政府和企业的安全、保卫及危机管理方面的有益经验。我在这里特别专注于涉及那些在全世界，特别是在高危地区保护人员与财产密切相关的经验。

保护你们的公民及财产所必需的准备工作及构成要素，可能要从最初的文字计划开始，精心制订安排、充分演习和实践。你为员工准备的房间内部结构，或者他们的办公室，可能需要爆炸防护——比如与路面或入口处之间的距离，或者窗户玻璃夹层以防止发生碎片。你可能还必须深入研究人身安全这一领域。你可能要在某些地区工作或旅行，而在这些地区，你必须要有武装的保安专业人员、私人贴身保安、保镖或类似的其他形式的保安人员陪同。你（还）可能需要使用装甲运输车……

我最初开始安全保卫职业生涯时，根本不可能预计到某一天我会接受委托，负责为在下列地区工作的人们提供工作环境安全与人身安全，这些地区包括：伊拉克和阿富汗、阿尔及利亚、中国、哥伦比亚、埃及、印度尼西亚、以色列、墨西哥、巴基斯坦、前苏联地区、委内瑞拉、越南和世界其他数十个地区。然而，经历了跨国企业在外国相当成功的行动之后，这一职业已使我精于处理挑战，而这些经验给予了我信心。

在全世界保护人员安全方面，我没有一份行为准则手册，用来解释该做什么和不该做什么。我也是从零开始，在实践中学习。这样做常常不是一件易事，但是，长此以往坚持下来却能带来令人满意的回报。今天写这本书的时候，我可以坐在这里告诉你们——我的读者，在我的职业生涯过程中，在处理恐怖事件、犯罪案件或自然灾害遭遇中，我从来没有使任何一位在美国境外工作的人员受到伤害。至于那些在阿富汗和伊拉克工作的雇佣安全保卫专业人员，我不敢说他们能做到相同的结果。我所参与的项目中，确实有一些安全承包商的人员在伊拉克境内若干地方的重建工程项目执行安全任务时失去了生命。我告诫自己，这是根本无法避免的，正是因为战争本身的性质，在战争地区工作就像是掷骰子，带有风险，前途未卜。"平均法则"告诉我们，在狙击手、伏击者、路边炸弹、车载简易爆炸装置遍布稀松平常的地区，如果你每天日复一日地出门走在路上，那么你的气数已尽。我此时此刻愿意在这里，向在阿富汗和伊拉克失去了生命的那些负责安全保卫的男男女女勇士们表示由衷的赞赏，尤其是在这些国家从事私人贴身保安服务的部分人员，我曾与他们共同参与若干项目。

坦率地说，我最初开始处理国际安全保卫和危机管理事务，是20世纪70年代国际恐怖盛行——各类劫机，以及慕尼黑奥林匹克运动会事件和巴勒斯坦民族解放阵线所实施的不同事件——时期的末期。当时全世界有日本赤军恐怖分子的活动、阿布·尼达尔组织的袭击以及其他若干令人震惊不已的事件。可是，大多数情况下，美国人更倾向于以自我为中心，旅行就是为了玩乐享受。后来，当我们转向对付国内的犯罪活动时，国际恐怖主义在美国的大城市仍然是一个主要因素，然而，绝大多数美国人在家里感觉还是怡然、舒适。中东依然还是中东，那里的紧张局势永远存在。

德黑兰使馆被扣押的美国人于1980年被释放。美国不久就开始不断涉足、进入萨尔瓦多、尼加拉瓜、格林纳达、黎巴嫩和巴拿马。同样，美国人根据他们的理解又有理由觉得，他们可以带着家人相对轻松、安全地周游世界。然而，我立即开始意识到，在海外生活和工作的美国人在这样的环境下完成他们工作的同时，将面临非常两难的境地，因为，每天的日常生活——对绝大多人来说都是理所当然的事情：购物、送孩子去学校、开车上下班，等等——可能正处于潜在的生命威胁之中。

后来在我的安全保卫职业生涯中，1988年，我参与负责为一个医药研究科学家小组进行安全通报工作，这个小组将在苏联工作两周半。当一名退休的中央情报局专案官员提出，他们这些人有可能会受到多种方式和方法的威胁，或者可能被如何如何试图招募时，该小组的大多数人都认为这是愚蠢和毫无任何意义想法。他们最大的担忧似乎就是，在结朋交友的商务晚宴上，怎么忙着应对等待他们的没完没了的伏特加敬酒。安全保卫经理们在20世纪整个80年代和90年代初期常常要面对这类反应。情报和安全保卫专业人员在这个时期所说教和劝诫的是：现在是一场冷战；苏联对美国来说是高危地区，（他们）肯定设法企图威胁你们，或者，通过设置圈套或其他不正当的手段，试图从你们这里得到他们所希望／需要的任何信息。绝大多数的专家教授、工程师、科学家、学术人员和其他人员所看到的只是一个"冷战"。事实上，全世界都在发生着"热战"，炮火连天。但是，我们美国人自以为是，与我们的欧洲远亲英国人非常相像，认为他们自己曾经站在帝国之巅。

第一次海湾战争迅速有了结局：塔利班崛起、"9·11"事件，以及之后不计其数的恐怖事件，致使企业高度关注，也使得向他们宣讲保护人员及财产变得越来越不那么费劲。这并不是说，现在说服企业相信更加充分、完善地配备力量保护他们的人员和财产符合他们的最佳利益，就是一件轻而易举的事情。因为不幸的是，有许多人仍然看不到在海外旅行和工作必须具备安全预防措施的必要性。

安全保卫经理们常常都是苦口婆心、费尽口舌，介绍和谈论有关安全保卫的实践与程序。他们能够整天整日地思索推测、判断预言和谴责怒骂。可是，还有那些仍然坚持怀疑态度，极度不情愿的人们。也许，他们更客观地看待问题的根本实质。也许，他们"曾经经历过，曾经干过，哥们"。

你太幸运了！你能够成为安全保卫经理，服务于某企业的工程师和高级管理者，他们数十年一直都在赴巴基斯坦出差旅行，从未遇到任何麻烦。他们也许都与外国人结了婚，在这个国家有亲戚、姻亲、朋友、校友、同事——你可以继续列举下去。你打算如何说服他们，他们所喜欢的这个国家具有某些风险，很可能潜在地危及他们的健康？

或许，正是因为管理层没有将全天候安全保卫人员考虑进去——除非你也包括夜班值守人，项目经理肯定能够从当地的社区雇请到，他们的薪酬相对较低。或许值守人可以就睡在岗位上，这样就能使项目获得额外的安全保障。至少可以这样说，安全保卫如此频繁地被划归为较低级的岗位？

作为一名国际安全保卫经理，你面对的境况，可能涉及某个合资企业的合伙人、承包商、转包商，或者是长期在这个国家经营的供应商，或者，甚至更好一些，他们来自你将要执行任务的国家。他们都是当地的公民，比如，阿尔及利亚。你要考虑如何周全而有分寸地告诉你的上司们，让他们告诉新的商业合作伙伴，你需要保护自己的员工，就是因为这些员工要到合作伙伴的国家工作？也许，外籍人员对这个国家相当熟悉，从未遇到过任何问题，因此不明白所有这一切忧虑和紧张都是为了什么。

你也许幸运，这种情况，我称之为咨询综合征积习成性。它是隐含的，不知不觉间产生的，类似"斯德哥尔摩综合征"——在这种心理状态下，被绑架者开始认同、同情绑架他们的人，以至选择与他们为伍，甚至为他们辩护。项目经理，乃至高级管理人员也许假装有兴趣，专心听安全保卫经理逐一列出企业为保护人员和财产安全必须做的所有事项。但是，只有在企业聘请专业顾问建立自己的部门，并告诉这些项目经理和高级管理者相同的事项，即安全保卫经理们不断地一直（你一直是这么做的——是不是？）告诉他们的，但是以更加言简意赅、精心组织的语言和方式，他们才能真正地说服他或她，并做出决定。现在，如果你能够与一位顾问合作，他愿意倾听你这位常驻企业的安全事务专家的想法和建议,你就能够协助精心周密地制订合理的解决方案。或者,你的企业曾经历过灾难和人员的伤亡(这是我最不希望的),你的高层管理深以为然,目前与你的想法步调一致。也许经历了一次极度危险,一枚炸弹在某个酒店爆炸,而你的员工恰恰就下榻这个酒店,幸运的是,爆炸发生时,你的员工都在办公室或工作现场,只是有惊无险。

你也许理所当然地推测,根据你自己的背景和经验,对你来说,最理想的是亲自到访项目所在地/办公场所,或者你尽职尽责的地方。你有这样的想法没有错,但是,该项目是否有这笔预算?你的预算里是否有这笔专项款?项目/合同是否有时间上的考虑和限制?

做好思想准备,接受这个"问题":

安全保卫经理先生/女士,谢谢你的介绍。可是,您刚才是不是在努力争取去××(外国地名)一次免费旅游,所以你可以好好享受一番?

作者注释:根据地点不同,这个问题简直就是荒谬无理。没有侮辱的意思,但是,鉴于时间、限制和困难,旅行根本就不是一件美差。

实事求是地说,我已多次遭遇到"你就是想去旅行"这类问题。然而,你将会发现,有的时候,这类问题对你审视你自己还是必要的。

本书意在为你提供各类方法(和手段),借助这些方法和手段,你可以向你的企业、高层管理者和旅行者提供如何制订高危地区旅行及工作方案的建议。

做好思想准备,接受"这类观点":

安全保卫先生/女生,你是要告诉我,要该项目/我们的公司花费额外的很大的一笔费用。我们的利润很有限。我们事先没有将这笔开支计入我们的预算。

这一地区内的其他公司，都没有如你所提倡的从安全角度开展这类工作。

你肯定会面对这些争议。你需要坚持你的立场。你要完成自己的工作，你作为企业的安全保卫经理负有这一责任。如果你屈从、让步于诸如上述列举的各类意见，无法成功地判断那些确定无疑的风险，以及找到防范、化解这些风险的措施和方法，你就将置你的企业于危险和不确定的法定境地。

因为，相信我，当事情发生在某个外派的外国人身上，而派驻的这个特定国家曾发生过一些事情，或者某个旅行者正在商务出差的时候，某些不幸的事情发生了，或者某个随从人员受伤或受到更严重伤害，你肯定将会被起诉。虽然这类事情可能是一次绑架，可能是一次人身袭击/殴打，然而，你的公司也肯定将面临民事诉讼。

考虑这样一个策略：构建信赖、扎实的安全保卫方案，尽最大努力游说批准你的国际安全保卫方案。将至关重要的一点铭记在心：你服务的——除非它是某个非营利机构或非政府组织——是一家赚钱的商业机构。如果你对高危地区工作的标准答复，或反复再三强调："我们不能在那样的条件或环境下工作。我们不能将员工派往那个国家，这样太危险。"你就会发现自己处于一个非常不受欢迎的境地。如果这是你的态度，你肯定会被驳回，被排除在外，或者更严重。我并不是说，你必须保持沉默，缄口不语，打退堂鼓躲在自己的办公室。如果你发现自己必须坚决固执己见地反对派员工去某个特定的地区或国家工作，请做一次深呼吸。你需要同盟者和信息。你需要向你的经理陈述、证明你的道理，希望他或她支持你。然后，你还需要拿出一个行动计划。我将告诉你，我曾经非常有把握地做出诸如此类的概括计划。但是，在全世界一些你能想象出的极度危险和动乱的地区成功地保护了员工之后，我现在的态度已经更为缓和。

你将需要诸如我在本书中所提出的建议，以便说明和证实在高危地区保护人员和财产的尽职调查。

作者简介

斯各特·阿兰·艾斯特先生拥有35年在私营和公共机构从事安全管理和咨询的经验。他的职责包括国际安全方案制订和管理、项目风险评估、安全漏洞/致命弱点评估、灾难管理/紧急应对团队建立、调查、安全意识培训、高级管理人员安全保卫、政府设施安全，以及与从阿富汗到委内瑞拉等海外及国内的政府和执法机构的联络。

斯各特·阿兰·艾斯特的经历，还包括在整个伊拉克、阿富汗以及全世界的遥远、清苦和怀有敌意的建设工地开展广泛的风险分析和行动安全评估。他的旅行使他踏遍了伊拉克大多数的主要城市，以协助重要基础设施和电力设施的重建。他拥有广博的专业知识与技能，在多种多样各类关键性基础设施内建立安全体系与保卫措施，包括水利和废水处理设备、石油与化工基础设施，以及传统电力和核电力设施。

斯各特·阿兰·艾斯特是获得资格认证的专业保护人员（Certified Protection Professional）、注册反欺诈审查师（Certified Fraud Examiner）和环境设计预防犯罪注册计划师（Certified Crime Prevention through Environmental Design Planner）。他曾协助美国国土安全部（Department of Homeland Security）、环境保护局（Environmental Protection Agency）、白宫国家药品控制政策办公室（White House Office of National Drug Control Policy）、美国农业部（U.S. Department of Agriculture）和兰德公司（RAND

Corporation）制定保护国家重要基础设施的政策。他曾主持制定安全保卫指导原则和建议，用于联邦政府机构的模板。斯各特·阿兰·艾斯特曾主持行业国家安全保卫工作组，以保护至关重要的基础设施，并因此而获得联邦调查局的表彰。他曾获得过美国特勤局（the U.S. Secret Service）颁发的奖状，并曾出席国土安全部、化学与安全行业全国大会。他是美国情报科学学会（American Society for Information Science）的《安全保卫管理》（Security Management）杂志的专业作者。斯各特·阿兰·艾斯特拥有位于堪萨斯城的密苏里大学（University of Missouri）的政治学学士学位和公共管理学硕士学位。

第 1 章

全球及高风险地区企业
安全管理面临的挑战

> 安全是一种错觉。生活或者是一场勇敢的冒险，或者什么都不是。
>
> ——海伦·凯勒

祝贺！你是一名成功的安全保卫专业人员，效力于某个业务遍布全球的机构。你所服务的公司具备国际性/跨国性经营方式。因此，根据你作为安全保卫经理的职责，你刚刚被告之，你的公司将要在哥伦比亚修建一个化工设施，你现在的主要责任与义务，是要确保你公司的人员与财产得到充分的保护。无论你是否已具备国际安全保卫经验，你都会在与美国本土之外（或者无论可能哪个国家）的人们打交道中，在和项目运作过程的曲折起伏、来龙去脉的细节中，接受教育与培训。

你要面对重要的机遇和巨大的挑战。

机遇包括：

- 确保你的公司重要资源、人员和财产得到充分的保护；
- 获得高层管理者、你的同事和整个机构的信任，树立信心；
- 展示你对机构的战略价值。

挑战包括：

- 确保你的公司重要资源、人员和财产得到充分的保护；
- 获得高层管理者、你的同事和整个机构的信任，树立信心；
- 展示你对机构的战略价值。

严肃认真地说，你应对处理挑战的方式方法，对你来说，代表的不仅仅是确保你的公司在风险（管控）方面处于最佳状态，而且可能对你的成功或在该机构的长期供职大有裨益，或者至关重要。我也曾经完全一样地经历过你目前正在经历的处境——新加入这个职业，新的国际安全保卫领域。也许，你从未到过即将非常熟悉的这个国家或这些国家，或者，也许你从未跨出过美国本土。也许甚至你还不曾有过护照。

所以，怎么办？这样，首先，深呼吸，不要紧张、担心。我刚刚就任安全保卫经理职位两个月后就接到通知，我们将派员工赴伊拉克，参与"伊拉克基础设施重建"和"伊拉克电力设施重建"项目。想想在两秒钟之内从零加速到60英里！你能够胜任！你能够逐步建立在国际安全保卫方面的能力与资质，同时树立信心。

你可能希望立即订购一幅目标国家的全面、精确的地图。这常常不是一件容易做到的事件。所以，我建议开始利用谷歌地图查找你的项目所在地的地理位置。你希望有一幅纸质地图，但是先在网上查找确认网上是否有你期望的详细情况和你需要了解的城市/位置。当然，找到一幅完整的地图，特别是要细致地标注出街道的地图确实比较困难，如果不是不可能的话。我就知道，美国驻外国的一些使馆就没有驻在国家标注了街道的城市地图，甚至连使领馆的所在地首都或主要城市的都没有。有些情况下，是因为东道国家不愿意将如此详细的信息轻易地就给无论什么人，或者，可能就是因为缺乏准确、细致的城市规划和基础设施。即使你有了该城市的准确、详细的地图，你也会发现常常会有许许多多早已发生的变化——如：彻底消失的街道和高耸的酒店或公寓大楼占据的街道、正在施工的建筑以及其他相关的建筑。

你需要找到、确认邻近的国家，因为如果这些邻国正在经历着政治或种族冲突，就有可能是一个需要担心的问题。如果任何形式的跨国境敌对状态往来不断，那么周边国家可能就成为一个需要担心的问题。你需要了解进入这些周边国家是容易还是很难，以备一旦需要撤退到这些地区（后面章节中有更多的介绍）。找到一幅这个国家地图，用数个图钉将地图钉在你房间的墙上。再找一幅城市地图，尽可能准确、详细的版本，也挂在房间里。现在，当人们进入你的房间时，他们一定会对你有很深的印象，因为你知道自己的员工将奔赴何地。地理知识，不论你意识到还是没有意识到，绝非像普通人理解的那么简单、平常。

你下一步的任务，就是尽自己最大的可能了解这个国家的一切。你可以查阅中央情报局出版的《世界概况》（CIA World Factbook）。这本书可以在网上查阅，可以让你迅速了解、评估该国的位置、地理、人口、政府、主要进出口货物、政治地位/政治紧张、犯罪情况以及其他有关资料和信息。你需要在美国国务院的官方网站查证、核实。你会找到许多国家的犯罪与安全状态报告，以及有关最新状况的媒体报道。但愿你已经是国务院的"海外安全顾问委员会"（Overseas Security Advisory Council）法定成员，该委员会向成员开放更多的网上信息和资源。海外安全顾问委员会有许多国家的委员会，是由诸如你这样的私营安全保卫专业人员组成，他们都驻扎在这些国家和地区。海外安全顾问委员会只对美国企业公开信息。如果你不是成员，现在就申请加入。同事之间分享/收集信息，受益无穷。

充分利用专业机构，如"美国行业安全国际协会"（American Society for Industrial Security International）。每当我要了解某个外国项目时，我首先要做的，就是运用美国行业安全国际协会的会员通讯录，按国家，甚至城市搜索查找。举例来说，我的公司正计划在印度的孟买开设办事机构。我就会在美国行业安全国际协会的会员通讯录上查找印度，希望能找到目前驻扎在孟买或加尔各答的会员。我会直接联系此人，自我介绍，然后开始努力工作，为尽可能多地搜集信息打下基础。我曾在许多项目上都是这么实践的——找到美国行业安全国际协会在外国城市的会员。我还没有遇到不愿意与我探讨安全局势，或谈论威胁事宜或外国人关注的其他事务的会员。人们还需要考虑诸多文化的敏感性，避免笼统。举例来说，你在与一位乍得共和国的公民沟通时，就不能以询问他或她这个国家如何危险或如何糟糕开始你们的对话。

最后，同等重要的是，到公开的图书馆去。你会希望查找旅行指南和这个国家的相关报告、地图集和《国家地理》（National Geographic）杂志，以及政治类和贸易类期刊（你可能会发现正在这个国家或地区工作的竞争对手）。我会查找所有类别的报纸和杂志上的文章，内容涉及这个国家和必须关注的事务。我会查找该国曾发生过的自然灾害的相关记录。如果你的运气好，你效力的这家机构可能已经建立起自己的图书馆资源，有主修图书馆学的员工。我在实际运作中就曾遇到过这样的人才，我极力推荐他们。他们不但能节省时间和精力寻找相关文章、书籍和杂志，而且，当你告诉他们目标国家时，他们能够梳理他们的全部资源，比你所能发现的更多。

你需要询问诸如道路状况方面的信息，以及从交通方面考虑，公司如何从 A 点到 B 点。你是否需要四轮驱动的机动车？你需要了解道路系统的交通能力和基础设施。你必须了解你的工程技术人员、科技人员、学术人员和员工将在这个国家所从事的所有工作和业务。

通常情况下，对于负责国际机构的安全保卫经理来说，至关重要的就是要参与国际项目、国际出差和国外行动的决策过程。尽可能地充分知晓和得到有关国际项目或行动，或者人员国际出差情况的报告，你就有了一半的成功把握。从某种程度上说，这可能被认为是所必需的情报，为了使你能够做出有根据的明智判断和决策，更有利于安全保卫计划。

人们如何获得、掌握在外国的地方或高危地区的项目、旅行和行动方面的情况，确实是一件非常复杂的事情。与决策者和项目管理人员建立并保持积极、密切的关系至关重要。获取和了解海外运营、旅行和项目关键信息和情况最有利的时间是在计划阶段。一旦项目进行执行阶段，无论是新设施、办公楼或生产工厂的建设，还是员工赴外国参加会议或谈判的出差旅行，要想成功地保证这些行动的安全以及人员的人身安全就非常困难。

预先获得即将实施的项目、办公室建设或员工出差等相关情况的方法之一，就是与你机构内不同运营部门的经理们建立良好的关系。认识、熟悉风险管理人员、法律事务团队成员、人力资源和环境健康与安全部门的员工，对于你的成功至关重要。如果你的公司设有危机管理小组（如果没有，这正是你的巨大荣耀，开始建立这样一个小组），在各个业务部门和企业职能部门都有广泛代表，与他们会见也是一个非常好的机会来确定谁将要去什么地方工作。你从企业安全和员工的人身安全立场出发，需要制订至关重要计划的绝大部分内容，都可以源自此类会见，或者依据这些初步了解与认识。

你的员工赴外国出差参加会议，而这些会议都在酒店内举行，这是一回事情。但是，如果你的同事们不仅仅是参加会议，而且还要拜访潜在的商业伙伴、未来的建设工地、生产基地，或其他什么地方，这就是极其重要、意义深远的一回事情。在某些情况下，仅仅是从机场到某城或某镇可能就充满风险。许多犯罪分子潜伏在机场和附近地区，实施"碰瓷式抢劫"——此类行动中，诸如出租车等机动车辆被故意追尾，当司机停车查看情况时，乘客遭到抢劫。

关键问题：进行人员培训　做好充分准备

高危地区工作，使你的工作——包括**进行人员培训**，使他们**做好充分准备**，并确定出诸多威胁以保护你们的资产避免受到这些威胁——成为举足轻重、势在必行。比如说，你已经确认，你们即将访问那个国家的主要都市区域属于街头高犯罪率困扰的地区，扒窃事件发生最为频繁。你就必须告之出差的员工和任何可能与他或她同行的随从人员，以及那些可能被委派常驻这个国家的外籍人员这一信息，并向他们提供一些建议以防止成为此类犯罪行为的受害者。这类培训可能包括"街头智慧"知识，不要表现出一看就让人知道是个受害者的模样：要查看周围，显出自信；不要显露出贵重珠宝；将便携式电脑隐藏好，千万不要在闲逛时就挎在肩膀暴露在外；注意周围环境，保持警惕，等等诸如此类的建议。

如果你的基础研究表明，威胁来自恐怖分子的行动，比如曾经发生过的针对西方人常住酒店的卡车炸弹，人们可能希望禁止你的员工下榻这类连锁酒店。你可能会建议出差人员，他们应该设法选择住在酒店低楼层的房间——比如，不要选择一层，但一定要在 7 层以下。许多已经具备完善的应急措施能力的城市，也常常会因无法提供达到更高楼层的云梯车而陷于困境。你还需要向出差人员建议，选择位于酒店后侧的房间，远离酒店前门入口通道和道路的房间。选择这些区域可以提高阻力，加大与潜在爆炸源的距离。针对办公大楼和设施的炸弹威胁，你可能更有必要进一步加大对这些地方的防护：增加机动车检查站点；使用严密的机动车搜查技术手段；改进或增加照明、内部闭路电视系统、监视与跟踪和警卫时间。

案例分析：美国政府参与伊拉克重建项目

如本书前面开始就提到，我接受某个岗位刚刚两个月，就被要求参与一个会议并获悉，我们公司负责政府项目的团队签订了一份赴伊拉克实施项目的合同，属于美国政府在伊拉克重建项目的一部分。请注意：我是说，他们已经签订合同——不是说他们正在考虑签订合同，希望我从设施及人身安全的角度提出想法和建议。该合同已是既成事实，签署、盖章并且实施。既然已是既成事实，我必须要做的，就是确保我们的员工——在这个项目中，就是工程技术人员——在伊拉克境内最危险、最糟糕的一些地区内平安无事。是的，那是 2003 年，伊拉克境内的安全形势极其危险严重。我首先做的事情？你的意思是说，除了自己脑袋撞墙以外？在这个项目中，我们是次承包商；之后，我们将成为在伊拉克境内的另外一家公司的合资公司伙伴。根据合同，该项目的主承包商负责在伊拉克的设施及人员的人身安全，这也是通常的惯例。然而，这并没有减轻我审核和批准主承包商为我们员工所制定并实施的安全措施的责任。

在这个特定的案例中，主承包商已经在伊拉克工作了一段时间。它的安全措施已到位实施了数月。伊拉克正处于一片混乱、无序之中。"绿色区域"（The Green Zone）——我至今能找到的最名不符实的地名——将是我们办公的主要区域，但是，我们还要为了项目而冒险走出这个区域，并要在伊拉克全国各地勘查现场。"绿色区域"每天都受到火箭弹和迫击炮的密集轰炸，从巴格达国际机场到这里的9英里狭长路段，数年来一直是世界上最危险的高速路段。

考虑到车辆运输，我们的项目有两个最直接的选择：利用美国军方提供的保护，等待军方护送部队和供给车以及装甲车辆等诸如此类；或者我们自己冒险。细致的检查和分析发现，利用此类"保护"的许多承包商，常常受到袭击，仅仅就是因为加入到了军方护送车队，因为，坏人总是袭击军方车队。同样的情况，许多承包商决定只是与军方护送车队保持紧密的距离，但实际上没有加入进这些护送车队，也同样受到袭击。不行，形势迅速变得非常明显，我们需要自己的运输车队，我们自己的装甲车辆和保护力量——阻击手，这是创造出来的术语。我们的员工将穿上加厚防弹衣和头盔（虽然我们没有意识到未加陶瓷片的防弹衣的劣势，但我们很快就纠正了这一疏忽，因为具有陶瓷片的防弹衣可以阻挡7.62毫米口径子弹）。

静态安全是完全不同的事情。鉴于火箭弹和迫击炮不断在空中飞过，对我们办公区域周围或者区域内部频繁造成威胁和影响，我们修建了许多各式各样的避弹设施。有些就是简单的横置的混凝土涵管，人员可以在洞里面避难，四周由沙袋包围。之后，由于越来越频繁地受到袭击，我们开始挖掘、修建地下避弹设施，用混凝土加固，修建了台阶和照明设备直通地下安全地方。我们进行预先根本不通知的演习，旨在培养应对鸣笛和其他形式警报时产生的条件反射，此类鸣笛和警报预示着炮弹袭击迫在眉睫或正在进行。我们更要说服并确保员工戴上他们的防弹头盔，穿上防弹背心，即使是从居住的拖车式活动房屋走到办公的房屋这段距离也要穿上，或者是在"绿色区域"内任何时间都要穿上——不论是行走着，或是坐在车里面。

第 2 章

旅行跟踪及情报事务：
现在是凌晨 3 点——你知道你的侨民都在什么地方吗？

第 2 章 | 旅行跟踪及情报事务

如果你不知道你要去哪里，任何一条道路都将带你到那里……

——乔治·哈里森

知道员工所在的位置，尤其是在紧急情况的时刻，是一位成功的安全保卫经理随时随地能够获得最重要的计划或方法之一。可同样重要的是，要了解和知道员工即将出差旅行所去的国家、地区和场所，或者目前正在这些地方出差旅行；另外同样重要的是，要了解和知道员工在他们出差旅行之前准备去什么地方。

在紧急状态情况下，诸如美国发生的"9·11"事件或伦敦发生的"7·11"事件，至关重要的就是要具备迅速查明、弄清员工的所在之处的能力，比如说，这些员工可能正在纽约城或华盛顿特区出差旅行；或者当地铁炸弹和大规模交通袭击发生的时候正在伦敦。在非紧急状态情况下，在员工或者承包商离开之前就预先了解和知道他们即将出差旅行的地方也非常重要。

幸运的是，技术以及各种程序可以运用和建立起来，以解决信息缺乏的问题，并为你提供预先警告。另外，出差旅行人员现在能够通过电子邮件，或无时无刻不离的手机短信和掌上电脑接收到旅行安全与人身安全方面的信息，这些信息对他们的安全保护至关重要。这项技术被称为"旅行跟踪"，是由计算机软件构成,连接旅行社的预订平台。

"旅行跟踪"的工作原理:出差旅行人员继续与旅行社人员联系他们的旅行预订。电子机票订购以后,旅行社就会将信息编码上传至旅行跟踪/信息供应商。此类供应商将相应的通知转发送回到旅行者,告之他或她已经进入旅行跟踪/信息数据库。旅行者按照要求填写完成网上档案要求的额外信息,然后再回传到供应商。

出差旅行人员现在就能够获得相关国家和地区的旅行信息。他们能够收到"强行推送"的电子邮件,就是要向他们提供有关地方安全和人身安全方面的信息,内容上,举例来说,从麻疹病爆发到种族冲突、恐怖分子袭击、政变、疏散撤退通知,或者其他非常有用且又属于即时的小道消息。这些信息在机票确认订购之后立即开始推送,在整个旅行中一直持续推送。举例来说,旅行者星期二预订并购买了赴阿尔及利亚旅行的机票。他的行程一直持续到下一个周日。他会在星期二收到第一个通知,随后的一个星期都将收到电子邮件,直到他按计划周六回到家/到达最后目的地时才停止推送。

"旅行跟踪"系统还可以使出差旅行者的部门经理和企业安全保卫经理获得附加收益。依据谁能够获得旅行跟踪数据信息,该系统对预计的旅行计划在旅行实施之前就已有实时的记录。这使得此次旅行在实际行程之前就受到详细、严格的审查。举例来说,如果某一员工预订赴哥伦比亚的波哥大出差,安全保卫经理能够查明赴该地出差是否有正当合理的商务原因,可能需要与该员工的部门经理联系以核实此次出差是否有商务重要性。

"旅行跟踪"系统在紧急状态情况以这样一种形式发挥作用:如果伦敦、孟买、曼谷或以色列发生严重骚乱,有权获得这些数据的经理们就会上网,立即就能获得一个链接,既提供世界旅行跟踪地图,又能链接上任何一个涉事国家。只需点击这个链接,它就会提供每一位旅行者在特定的时间在该国的旅行日程。向下滚动该链接,它就会提供诸如所乘航空公司、居住酒店等详细情况,甚至他们租车的公司等等——他们在预订登记时就已预订的所有事务。如果世界地图显示(在印度)没有员工,举例来说,安全保卫经理就可以长长地舒一口气。

如果世界旅行跟踪地图没有显示某个出差旅行者在那个国家,特别是在所关注的涉事城市中预订了酒店的人,此时,安全保卫经理就要立即采取行动。可以尝试通过电话联系出差旅行者以确认他或她是否安全、是否意识到所处的紧急状况,并向他或她介绍、叙述所要采取的一系列最佳行动。如果出差旅行者的位置无法从预先录入到旅行跟踪数据库的旅行日程表上确认,那么就需要启用其他的旅行跟踪方法。

但愿你的公司已经建立了一套委托式"紧急联系人"计划,就是:出差旅行者在他们旅行之前指定一个紧急联系人。这个紧急联系人就是与旅行人员共同工作的人。这个被委托的人是一名同事,不是家庭成员或近亲,而是一名知道他或她出差旅行去什么地方、知道他或她将要会见什么人以及其他一些事实的人。这个紧急联系人可能是出差旅行人员的部门经理,因为经理的职位应该知道旅行的目的;可能是旅行人员要会见的供应商,知道某些至关重要的细节,可能对找到旅行者的位置有帮助。紧急联系人必须是很容易就联系上,包括预留的家里电话和移动电话信息。再次强调,这个紧急联系人的信息也应链接到旅行跟踪数据录入软件平台。

当你努力试图联系出差旅行人员,并随后通知警告紧急联系人时,这两种情况下,你其实就是处于搜索模式。出差旅行人员,如果旅行跟踪系统工作正常,就已经尝试与紧急联系人建立联系,因为他知道,如果自己的紧急联系人听说了所发生的严重事件，他或她肯定非常担心自己的情况。在你们三者之间，你现在已将紧急联系人系统准备就绪，因而可以找到出差旅行人员的位置，确定他或她目前的状态，并将相关的地区设施和人身安全的信息传递出去。最重要的是，你向紧急联系人叙述了他或她必须要从出差旅行人员那里获得什么信息，以及必须向出差旅行人员传递的信息。

"旅行跟踪"软件系统还具备一项至关重要的辅助功能。这项功能可以将即时的世界"群发"电子邮件信息同时向所有旅行人员发送，或者在某一时刻向某一特定旅行人员发送。短信内容属于自然性质："请立即向安全官员报到，获取重要信息"或"启动原地不动程序"。当然，这里的**"保持原地"**是一个专用名词，必须向出差旅行人员预先通报介绍，就是要求出差旅行者在遭遇自然灾害，或其他危险境遇时，必须保持在他或她目前所在的地方——而不是冒险跑到不安全的道路情况和路障区以外。你甚至可以将所在国家或地区的危机管理计划附在电子邮件同时发出。无论信息是否传送出去，总之，你现在拥有另外一个资源，添加一种电子方式联系出差旅行者的尝试。

旅行跟踪的另一个方法（也是不花费你公司任何成本的方法），是由美国政府管理运作。它是在美国国务院的网站 www.travelregistration.gov 进行旅行注册程序。旅行者根据要求提供诸如姓名、出生日期、护照号码、目的地国家和将要停留的地址以及联系电话等等。该数据库要求旅行者提供电子邮箱地址，目的是为了在旅行者注册之后立即，以及在他们的旅行期间向相关的旅行者提供警报和通知。出差旅行人员可以将一些人的姓名和联系电话输入该网站，这些人是他们正在某一国家停留期间，一旦家庭或个人发生紧急情况时，希望国务院或当地使领馆帮助分享他们的信息。在紧急情况或灾难发生时，美国大使馆及时将被称之为"旅行安全"重要通知发送到你的电子邮箱。这类信息安全地存储在美国国务院的数据库。在遇到国家紧急状态或一些个人紧急情况时，国务院通过美国驻该国的大使馆或领馆，试图确定旅行者的位置。另外，个人紧急情况时，也可以依据和利用具体旅行者的位置，比如：家庭成员由于需要向旅行者立即传送不幸的信息而联系国务院以追寻到旅行者的位置；或者是当旅行者失踪或很晚都未能报到的情况下。出差旅行人员也可以通过联系他们访问国家的美国大使馆进行注册。

毫不惊奇，旅行跟踪系统也已运用高科技。个人全球定位卫星系统（Personal Global Positioning Satellite）旅行跟踪发射接收设备已经出现。这些设备是数十年来用于海上搜索与救援的人员定位信标（Personal Locator Beacons）的衍生产品。此项技术设备的移动版本也已应用于公路上实践数年。简单的个人全球卫星定位设备或个人全球卫星定位信标装置也早已应用于运送贵重货物的大型卡车/拖车，或者被"内置"于被运送的包裹之内，以防止和阻止被盗。这项技术运用环绕地球的同步卫星技术，旅行跟踪设备一旦启动后就会向该设备发出信号提醒。该设备具备双向功能，当遇到紧急情况时，可以由出差旅行者启动，向监控设备发出警报信号。控制服务中心还能够将信息返送回到旅行者，以确定核实其当前状况。该设备体积相当小，可以放在公文包内，或者安置在汽车仪表盘下面。在紧急情况下，比如，犯罪行为，或犯罪企图，或正在实施的绑架行为，（旅行者）应立即按下信号发送按钮。如果遇到紧急医疗情况，按钮必须连续按两下。只要出差旅行人员将该设备携带在身上，或仍坐在车里，它就能够记录和跟踪到他或她到任何地方。

自动化与技术非常奇妙。然而这些年来，我知道有许多安全保卫经理和总监们，他们都因诸多原因而不愿意接受和采纳这些技术所带来的益处。有些人感到是一种威胁，担心新技术的应用可能取代他们或她们的位置。比如说，有人定购了旅行跟踪软件，可以提供每日情报信息摘要。此类情报信息摘要可能非常重要和及时。情报信息摘要是预先筛选出来的至关重要的事实和征兆相关的简短信息。这个摘要直接切入主题，很容易就能够确认在某个特定区域或国家的出差旅行者，也许由于自然或人为的灾难可能处于危险之中。我在许多情况下使用这些情报信息摘要向出差旅行者、项目经理以及高层管理者们提出预警，内容包括正在临近的台风、国家政变、暴力抗议和示威活动以及疾病暴发等。我定期将此类每日情报信息提供给我的经理和其他重要部门的经理以及员工。我曾经遇到某企业负责安全与保卫的副总裁，他表示，这是他所阅读过的内容最有用，编辑最精炼的信息。我同意。我曾接触过有些安全保卫专业人员，他们对传递、提供这类碎片信息犹犹豫豫，担心显得自己好像就是一个信息中间人，没有什么用。我认为，我们都曾经遇到许多人，他们都有兴趣收集信息，使用这些信息就像是银行存款的账户。与其说这类信息看上去没有用处，我倒认为，安全保卫专业人员看起来更像是英雄。他或她现在已经发现了这个信息宝藏，也就是，当与其他渠道的信息综合起来时，就能够确保企业提供最有效的监督以达到最大效益地保护人员和财产安全的目的。

　　充分利用诸如本书刚刚提及的技术与资源，可以加强、改善企业安全管理计划，并提供补充；可以使安全管理计划更符合当前局势、更及时、更应急、更灵活、更富于实施力和更具预警性。只要你的机构非常幸运地拥有一位全职分析人员，具备足够的能力综合数百种出版物和网络资源的信息（甚至你自己做这些事情），这类情报信息摘要和电子邮件通知可以使这个世界完全不同。

关键问题：旅行跟踪系统

关于**旅行跟踪系统**，最重要的是要铭记：知道和掌握员工旅行可能要去的地方，并且在他们执行任务和旅行途中有能力追踪到他们，这是如此的重要。更至关重要的是，在员工离境之前就知道他们计划去什么地方旅行，以便对其旅行的必要性进行评估，使你能够向他们介绍情况，并制订他们的行程和人身安全计划。如果你将旅行跟踪方案包装成为一项安全方案，向员工和高层管理者介绍和推荐旅行跟踪方案时常常就更成功。员工旅行之前获得准确的情报信息，适时适当地向员工介绍情况，以及紧急情况下可求助的技术支持，这些都是你的危机管理方案和安全计划成功或失败的关键。

案例分析：孟买爆炸事件

2006年7月11日，**印度的孟买发生一起火车爆炸事件**。爆炸设定在高峰时段，目的是为了使尽可能多的火车车厢受到重创。爆炸发生在美国中部标准时间的零点整，当时我正住在这一时区。我一意识到发生了什么事情，就立即通过互联网登录网上旅行跟踪系统上我的国际紧急账号。数分钟之内，我就找到并确定了数位旅行正要进入或撤出孟买，或就在印度地区的员工的位置。我能够获得这些出差旅行者们的行程，他们到过什么地方、他们准备什么时候离开，以及他们的住宿安排。我能够确定并找到他们的紧急联系人（出差旅行者预先确定的人/同事，他们掌握着出差旅行者在国内的工作日程、计划中的会见和其他关键性的信息）。我联络这些紧急联系人，询问是否有他们联系的出差旅行者的消息。7个联系人中，有4个人或者通过电话与旅行者联系上了，或者已接到旅行者电话，并向他们报告了平安。只有1个旅行者仍然下落不明，试图通过移动电话与此人联系也未成功。移动电话网络不久就超负荷，无法再使用。这位出差旅行者是一位出生在印度的美国公民。当时，我就使用国际紧急技术软件的群发电子邮件功能，得以发出一封电子邮件，说明我们非常关心这位旅行者的安全，请他立即联系他的紧急联系人或企业安全保卫经理。我找到了美国驻开罗大使馆的电话号码，正在此时，这位旅行者的紧急联系人给我打电话，告诉我此人刚刚给他打电话报了平安。这位旅行者用他的黑莓手机收到了那个电子邮件，就用座机给他的紧急联系人打电话，因为当时移动网络仍然处于关闭状态。企业安全保卫经理头上又添加了数根白发！

第 3 章

风险评估方法论:
星期五下午5点电话——"我们星期一在哥伦比亚有一个项目要启动"

第 3 章 | 风险评估方法论

> 人只要活着,他就随时随地有死亡的危险,尽管因为他的生活一开始就是半死不活,危险肯定相对比较低。人坐着时所承担的风险,与跑着一样高。
>
> ——亨利·大卫·梭罗

评估风险是确定你机构所需保护方案及所需关注领域至关重要的方法,这些都是你所从事的业务。此类评估与典型的风险评估截然不同,因为,此类风险评估必须涉及地缘政治,而且一般常常创造或添加其他因素。我更愿意将灾难分为两种风险类别:自然风险和人为风险。

我们先看看一个简单的案例。比如,你即将在安第斯山脉地区确立某个项目。你的办公室将建在高原上,靠近一个每星期都报道说要发生巨大雪崩的冰川。听上去是不是很危险?的确如此。重新提到前一章涉及的建议,但愿承担该项目的责任工程师/项目经理将此项目的计划建议书提供交给高级管理层之前 6 个月,就已向你征求过有关该项目的建议。如果你在那个时间就已经被告之此项目,你就可以向该项目小组建议,这个地区很可能发生雪崩(你查看智利政府提供的安第斯山脉滑雪者信息报告的数据后做出这一判断)。

你在安第斯山脉滑雪报告网站上查看你将要前往地区的情况,发现你们公司将要设立办事机构的城市，正好位于一座山脉脚下，雪季高峰时期大概每星期都发生一次雪崩。于是，你向正在准备赴该办事机构的项目工程师们建议，他们最好将雪地靴打包放进自己的行李箱。在所有的现实实践中，这类情况正是你需要向公司风险管理部门报告的担心和现实。如果你们即将去工作的某个地区很可能发生热带风暴、飓风或者地震，你就需要知道此类灾害的发生情况，并且尽量降低发生的风险。后面将有关于降低此类风险步骤的更多介绍。

评估自然灾害的可能性，在绝大多数情况下，比发现和确定人为事故和动乱的可能性要相对容易。令人担心的人为事故，包括民众动乱、政治突变、罢工或停工、抗议，当然还有犯罪和恐怖袭击。人们可以查看美国国务院官方网站www.osca.gov上发布的犯罪与恐怖袭击数据统计。另一个渠道是来自海外的普通公众撰写的报告。这就是www.talesmag.com网站上，被称为"小小星球的故事"。该网站涵盖了海外生活方方面面的大量信息。这类信息轻松、有趣，但写作意图非常清楚，就是通过分享这些信息，旅行者有可能战胜旅行中的各种挑战。

自然灾害属于需要担心的一个领域，因为自然灾害对你的员工的个人安全有直接影响。个人安全以及保护侨民安全是至关重要、重中之重。在外国为你工作的人员，最最担心的就是他们自己的人身安全，以及他们挚爱的人们的人身安全。作为一名安全保卫经理，你要在这一点上分享他们的担心。

至于人事问题，如果你即将赴外国工作，你就需要评估任何为你工作的外国人的个性和动机——承包商、次承包商和供应商。你将在什么地方工作，你工作所需要的资产，都需要保护；这是既定的原则。你需要保护你的信息、专利和专有信息；而且，你在商业往来过程中，需要安全的通信设施。

第 3 章 | 风险评估方法论

至于风险评估，你所关注的，是要在你试图完成任务，与影响你完成任务或危机四伏之间，找到一条中庸之道。成功的一半，在某些情况下，就在于充分了解前面可能存在的风险。不可否认，这个世界存在诸多威胁。对于那些我们无法减少或抗击的威胁，我们必须考虑我们自己易受攻击的脆弱方面。

威胁一定是对方意图对你造成伤害。它们应具备将此伤害施加于你的能力。它们肯定有其方法和条件，并且知道如何运用这些方法和条件加以实施以伤害你。这就是风险，这个风险就成了你的威胁。你的工作，安全保卫先生或女士，就是发现、确定并且制定有效的反措施，以消除或者转移这些威胁，要不然就阻止风险。

威胁存在的形式多种多样，而眼前这些天和这些年立刻能想到的就是恐怖主义。但是，你作为身负保护你公司人员及财产安全职责的管理者来说，就必须意识到其他多种形式的威胁。你可能在特定的行业和商业领域里有一些竞争。外国企业可能通过偷窃，或者向员工购买（甚至迫使这些员工提供）的方式获取你的专有信息。员工，既包括你们国家的侨民，也包括外国国籍的人员，如果他们被开除或受到处罚，就有可能成为向其他公司或其他国家政府泄露你的秘密的潜在渠道资源。也许，外国的竞争公司得到了他们国家情报机构的帮助。也许，外国的这个情报机构将你们设定为他们的目标，不仅仅是出于自己国家的利益，而且可能是出于他们防御或进攻的利益需要。你们可能在某个国家经营，这个国家历史上就充满了暴力的民间冲突、暴动、种族难题和分裂活动，或者其他内部冲突。你们可能会在一个犯罪活动猖獗的国家或城市经营业务，造成这种猖獗的犯罪环境原因，可能是黑帮团伙或犯罪集团。更极端的情况，战争有可能爆发。你必须确保你们的人员和财产远离坏人。考虑将"远离坏人"作为某种"门禁控制"。

如果存在风险，你就必须考虑你们的员工工作的场所。它可能是传统的办公场所或者，如果他们的工作是在家里完成，可能是住宅楼、公寓和楼群等等。员工旅行途中居住的酒店时常也可能处于风险之中，或者也许他们在这些酒店内工作的时候。最经常处于风险的情况之一就是在出差旅行中。旅行风险的诸多不同要素必须考虑，如航空公司的班机、海运轮船、火车和汽车。

从国际上讲，犯罪可以被分为两个最令人担心的类别——分别是威胁你们的人员和威胁你们的财产。威胁你们人员的犯罪，形式包括从威胁他们的生命，如谋杀、绑架/勒索、强奸和殴打，到抢劫。威胁你们的财产的犯罪包括偷盗、资金盗用、敲诈勒索（为了商业利益）、毁坏产品和蓄意破坏。一个为美国某家公司工作的外国人来到美国时，也要面对这些同样的威胁。他或她在芝加哥、堪萨斯城或洛杉矶可能要面对针对他或她个人的威胁。这是负责员工在美国境外出差旅行安全的那些安全保卫经理们经常忽略的重要一点。到美国来出差的旅行者，在踏上我们的阳光海岸时也可能感到同样的焦虑和担心。他们可能听说过美国的"枪支文化"，听说过大都市所面临非常严重的犯罪问题。鉴于美国国土面积和我们的人口，取决你们公司的这些外国人旅行可能要去的地方，他们可能比那些你派到海外的任何其他人，更容易成为某些恶劣犯罪行为的受害者。因此，最重要的是要记住，不要因偏狭而忘记这一概念。

但是，我们说，你们的员工将要赴某个城市出差旅行、参加会议和工作，你联系驻扎在该城市里的美国使馆地区安全官员。使馆安全官员告诉你，你提到的酒店周围的犯罪行为一直以来都相当猖獗，行凶抢劫事件就在距离那个酒店附近几个街区内经常发生。你可能需要告知你们的员工放弃步行，直接乘坐出租车。接下来，你从地区安全官员这里获悉，"特快绑架"案件(express kidnappings——特指某人时而突然被劫持,直接开车到自动取款机前,被强迫取出他们卡上的钱,直到卡被刷爆,然后受害者被随便地扔在大街,没有被殴打,也没有受到伤害,如果他们足够幸运的话)经常发生,通常都是与出租车司机合谋作案。现在,你就必须建议你们的员工,千万不要乘坐随处可见的"绿白"城市出租车,而是选择酒店专门安排的专用车交通服务。

对恐怖主义的担心,仍然是安全保卫经理们必须强烈深刻地意识到的一个重要问题。美国国务院每年都公布其全球恐怖主义报告。该报告实际上依据《美国法典》条款2656(a)中的第22条获得授权呈递到美国国会。该报告将与恐怖主义有联系的事件与组织编入一类,被视为"极其重要"。报告内容本身非常详细,收集了关于恐怖主义发展趋势方面的信息以及与恐怖主义相关的所有类型的问题。另一个信息资源是"国家恐怖主义研究和应对机制"(National Consortium for the Study of Terrorism and Response to Terrorism),其网站是www.start.umd.edu。国家恐怖主义研究和应对机制可以让使用者通过网站,依据国别和地区构想出详细的恐怖主义事件趋势。请记住,无论你发现涉及恐怖分子的事件的任何信息,都必须特别针对你在特定国家的职责和项目,因为你们将要派遣员工到那个国家。即使因为恐怖分子活动在某个国家发生,也并不意味着你就认定,你们的员工就会迫不及待地向你请教、寻求你的建议。我极少遇到员工主动提出关注过去或者当前恐怖分子活动方面的信息而受到这些恐怖活动的影响,以致放弃去某个国家出差旅行。

另一个至关重要的信息来源,就是与曾经去过那个国家的项目人员或其他员工交谈,以评估、判断他们的经验和担心。这是企业对侨居者赴其他国家工作进行风险分析过程中非常重要的一个方面。我发现,如果你要关注、了解某一个国家的犯罪情况，而且你工作的公司曾经在那个国家有过业务，那么，你最好与曾在那个国家工作过的人员交流、探讨他们的经验，尤其是高层管理者。如果这些人员广泛地，即使是有限地，深入接触这个国家，他们就会有印象，好印象或者坏印象。正是因为曾经去过这个地方，他们亲身经历过这类问题，若没有，根据当时的情况，作为一名安全保卫经理，如果你还没有去过这个国家，你的工作可能会相当困难。做好充分的心理准备——不，要坚定自己的心理——面对这一时刻"噢，你还没有去过那里，那么，你对那里的情况真正知道些什么？"。回应这种情况，我通常的做法是告诉提问的人们："是的，我还没有登上过太阳或月亮，但是，我告诉你，一个非常的热，你在到达之前就已被熔化了；另一个不是奶酪做的，而且没有大气层，所以，你最好自己带着。"当然，你要礼貌得体地说，但我没有这样说。

我希望听曾去许多国家的员工们向我介绍情况，这些国家是我尚未去过的。我愿意了解他们对一切事物的印象——他们到达机场的印象，交通、道路情况，住宿，以及他们访问过程中许许多多的其他方面。许多员工同我分享了他们访问外国非常详尽、非常有价值的信息——无论他们是否知道我曾经去过那里，或者他们意识到我从没去过。如果你们的公司已经有早已制订好的安全计划，比如，建筑工地或化学/生产基地安全方案，在这种情况下，你可能需要有一位曾与员工们共过事的安全员参与对话交流或情况介绍。如果这名安全员与那个特定的办公室或项目有联系，就太棒了。安全管理就是要尽可能地充分利用人们的各项技能。如果你可以预先与这名安全员见面，告诉他或她分享你在这项特定办公室或项目中的作用/担心/责任，你就会很踏实地在获得认可/信息分享方面已经有了一个同盟。

判断、确定风险的另一个方法，也是重要的原始材料，或者你所关注/

担心的国家正在发生的事情的当前印象,就是要做一些老旧的"搞好关系"。在风险分析方面,我确实喜欢用这种方法进行信息和情报收集。它之所以非常重要,有诸多原因。首先,正确地"搞好关系",你可以与同事建立良好的工作关系,他们将来可能向你提供生死攸关的(我在这个问题上绝对不是开玩笑)帮助。

某位风险经理,或你们公司专门负责保险条例的某个人会主动找到你,给你打电话提出:"我愿意给你送去我们保险公司的一个表格,说明我们在达尔富尔、阿尔及利亚、伊拉克和阿富汗都正在采取恰当的措施以保护我们的员工,你愿意为我们证实吗?"但愿这类主动找你的情况对你来说不是什么惊奇的事情。然而,它表明,那些接受信托责任保护(或确保)员工安全的人们是如此严肃、认真地承担风险。如果你们派员工进入某个战争区域,举例来说,伊拉克或阿富汗,你就必须在现有保单的承保条例上再购买一项附加条款。

有一份证明文件可能有助于你判断、确定风险,就是对现有工作场所、项目或办公地点的安全与应急准备方案类型的评估报告。这类报告能够让你知道已经做了多少,或者还缺多少,并且让你知道缺少什么,或你更精通什么。

简单地说,你需要为适度风险到高危地区的办公地点和项目的安全分析提供标准程序。海外(或美国境外)和国内风险地区的安全分析,对确保做好适当预防措施和完成预案非常必要。你的预案成功,将确保安全方案、程序或实践实时到位,为你们公司的专业人员提供一个安全的环境。对于许多地区来说,安全方案和撤退方案(见表格3.1)可能都是与你们公司的安全管理与项目管理人员,以及合资公司的管理层、合伙人、承包商和次承包商(见表格3.1)协作共同制订。在一些高危地区,举例来说,安全预防的极端情况可能要包括武装安全行动人员的贴身保安。安全分析包括了安全评估、实践和程序的成功实施，以保护人员、财产、社区和客户的安全。某个特定项目或办公场所的安全分析一旦开始，安全情况通报会就必须提供给项目/办公室管理层。这些做法与指南背后所蕴含的哲学，完全基于你们公司希望提供一个安全工作环境的目的。

表格 3.1 项目/办公场所安全与撤退方案

公司项目/办公场所名称	
公司项目/办公场所经理姓名	
项目经理联系信息	
座机	
移动电话	
电子邮箱	
国家	
州/省	
城市	
地址/邮政编码	
GPS 坐标	
数字地图上的位置（包括地图副本）	
大楼所有者/业主	
州/省	
城市	

地址/邮政编码	
联系人	
联系电话	
客户/代理公司名称	
国家	
州/省	
城市	
地址/邮政编码	
客户/代理公司联系人姓名	
客户/代理公司联系人电话	
座机	
移动电话	
电子邮箱	
项目/办公场所紧急联系方式是否完善/更新？ □是　　□否　　□正在进行中	
公司负责维护紧急联系方式的专业人员	
姓名	
联系信息	
电话	
电子邮箱	
紧急联系信息提交给	
姓名	
日期	

办公场所 / 项目现场安全系统（检查所有相关的内容）
联邦 / 国家警察或军事驻地 　　☐ 有　　☐ 无 　　警卫能力范围 　　　　☐ 检查所有车辆 / 人员证件 　　　　☐ 大厅或入口站岗 　　　　☐ 检查车辆入口 / 车辆
私营保安警卫 　　☐ 武装　　☐ 非武装 　　☐ 移动警卫（步行巡逻） 　　☐ 私营保安警卫时间（每周 7 天，每天 24 小时） 　　☐ 其他警卫时间（请具体描述）：
办公场所 / 项目现场禁入控制 　　☐ 大厅入口　　☐ 办公室入口　　☐ 车辆入口 / 检查站 　　由什么人站守： 　　　　☐ 私营保安人员 　　　　☐ 军方人员 / 警察 　　　　☐ 私营保安人员 / 军方人员 / 警察联合 　　　　☐ 没有被站守的入口 / 大门
☐ 使用门禁卡 ☐ 使用带有照片的胸卡 ☐ 密码键盘 ☐ 锁 / 钥匙
办公场所 / 项目现场警报系统（检查所有相关地方） 　　☐ 入室警报　　☐ 周围栅栏警报

其他安全警卫设备 / 安全保卫行动方法（请详细描述）：

客户或代理公司提供安全保卫方案了吗？ ☐ 是　　☐ 否

客户提供安全保卫方案复本了吗？ ☐ 是　　☐ 否

是否已向公司专业人员通报了安全保卫计划，他们是否理解？ ☐ 是　　☐ 否

请向公司企业安全保卫部门提供一份安全保卫方案，或与安全保卫方案相关的信息，或客户/代理公司的联系方式和信息以便讨论此类方案。 请向公司企业安全保卫部门提供任何已发生的犯罪事件描述，包括办公地点、工地现场等地方物品被盗，以及极其严重的事件——对人员的袭击、敲诈勒索/绑架威胁，或恐怖行动或威胁。

客户/代理公司是否已提供安全撤退方案？ ☐ 是　　☐ 否

客户/代理公司的安保代表是否定期与公司项目经理沟通和联系？ ☐ 是　　☐ 否 公司与客户/代理公司安保代表联系的专业人员的姓名：

办公大楼业主/客户方负责安保的人（或者：☐ 没有这类人员）	
姓名	
联系信息	
地址	
电话	
电子邮箱	

公司专业人员住宿情况包括： ☐客户提供的公寓/住宅 ☐酒店 ☐专门安排的公寓/住家	
住宿地点在： ☐就在项目/办公场所的现场 ☐到项目/办公场所有一定距离	
住宿地点的安全保卫是否就位： ☐是　☐不是	
住宿地点的安全保卫包括	
☐私营保安人员	☐武装　☐非武装
☐军方人员　☐警察	☐武装　☐非武装
住宿地点的安全保卫措施： ☐入室警报系统 ☐车辆控制检查 ☐大厅控制检查	
住宿地点其他安全保卫措施（请详细描述）：	
交通运输： ☐客户/代理公司提供交通运输 ☐客户/代理公司提供车辆和司机 ☐客户/代理公司提供车辆，但不提供司机 ☐公司专业人员负责交通运输 ☐公司专业人员自己驾驶	

公司专业人员具备驾驶过程中的安全意识 ☐是　☐否
办公场所/项目的专业人员是否已在相应的大使馆登记注册？ ☐已注册（哪些使馆）： ☐尚未注册 ☐正在注册中
是否接收使馆紧急通知或其他电子邮件/电话通知？ ☐是　☐否
办公场所/项目是否有现成的撤退方案？（如果有，请提供复印件） ☐有　☐无
办公场所/项目是否需要撤退方案？ ☐是　☐否
公司专业人员是否收到了撤退方案通报？ ☐是　☐否
公司向专业人员通报撤退方案的专业人员

姓名	
联系方式	
电话	
电子邮箱	

办公场所/项目是否需要赴现场进行详细的安全保卫评估： ☐是　☐否

　　你需要向你们的员工表明，公司安全保卫部门已经完成了易受攻击分析和基础研究。另外，与国内和国外的相关行业、政府部门和执法部门的联络，将提供积极的，具有前瞻意义的风险评估，以及位于中度至高度危险地区办公场所和项目现场的降低风险评估（见表格3.2）。这些方案与计划肯定为

公司管理者和专业人员的日常管理行为提供指导。之后就是每个部门的责任，在中度至高度危险地区实际开展项目之前，必须与企业的安全保卫人员联系。"中度至高度危险"的定义，可能包括诸如高犯罪率、政治动荡/不稳定以及恐怖主义等多种因素。建议你的内部合伙人、业务单位和部门，可以通过企业安全保卫官员获得国内的犯罪率（如果涉及美国，或者国际地区），以及恐怖主义国家风险和政治不稳定方面的信息。企业安全保卫官员还可以将国家预警和风险等级上传到企业、安全保卫及人身安全相关的网站上，并根据环境安全的等级，提出安全运营方式的建议。这一切对企业制定预算、项目建议和采购都非常有帮助。风险分析和降低风险方案可以在企业安全保卫官员的协助下进行调整，以满足特定的部门、客户或项目需求。

你们进行安全分析的目的，就是要确定并设法降低在高危地区项目和办公地点工作的专业人员及财产的风险。你们的安全方案，将提供一个行政管理架构，业务单位、各部门和项目经理可以在此架构内启动风险分析、风险评估和降低风险等程序。这个方案与高风险地区安全保卫措施是一致的。你也许要考虑在一幅世界高风险地区图上标注出这些高风险地区。

表格 3.2 针对潜在合资伙伴的海外项目的问卷调查表
（也可由您的客户完成）

你公司项目现场/办公场所名称	
你公司项目现场/办公场所经理姓名	
项目经理联系信息	
座机	

移动电话	
电子邮箱	
国家	
州/省	
城市	
地址/邮政编码	
GPS 坐标	
数字地图上的位置（包括地图副本）	
大楼所有者/业主	
州/省	
城市	
地址/邮政编码	
联系人	
联系电话	
客户/代理公司名称	
国家	
州/省	
城市	
地址/邮政编码	
客户/代理公司联系人姓名	
客户/代理公司联系人电话	
座机	
移动电话	
电子邮箱	

项目 / 办公场所紧急联系方式是否完善 / 更新？	
□是　　□否　　□正在进行中	
你公司负责维护紧急联系方式的专业人员	
姓名	
联系信息	
电话	
电子邮箱	
紧急联系信息提交给	
姓名	
日期	
办公场所 / 项目现场安全系统（核查所有相关的内容）
联邦 / 国家警察或军事驻地　　□有　　□无 警卫能力范围 　　　□检查所有车辆 / 人员证件 　　　□大厅或入口站岗 　　　□检查车辆入口 / 车辆
私营保安警卫 　　□武装　　□非武装 　　□移动警卫（步行巡逻） 　　□私营保安警卫时间（每周 7 天，每天 24 小时） 　　□其他警卫时间（请具体描述）：
办公场所 / 项目现场禁入控制 　　□大厅入口　　□办公室入口　　□车辆入口 / 检查站 　　由什么人站守： 　　　□私营保安人员 　　　□军方人员 / 警察 　　　□私营保安人员 / 军方人员 / 警察联合 　　　□没有被站守的入口 / 大门

☐使用门禁卡 ☐使用带有照片的胸卡 ☐密码键盘 ☐锁/钥匙	
办公场所/项目现场警报系统（检查所有相关地方） 　　☐入室警报　　☐周围栅栏警报	
其他安全警卫设备/安全保卫行动方法（请详细描述）：	
客户或代理公司提供安全保卫方案了吗？ 　　☐是　　☐否	
客户提供安全保卫方案复本了吗？ 　　☐是　　☐否	
是否已向你公司专业人员通报了安全保卫方案，他们是否理解？ 　　☐是　　☐否	
请向你公司企业安全保卫部门提供一份安全保卫方案，或与安全保卫方案相关的信息，或客户/代理公司的联系方式和信息以便讨论此类方案。 请向你公司企业安全保卫部门提供任何已发生的犯罪事件描述，包括办公地点、工地现场等地方物品被盗，以及极其严重的事件——对人员的袭击、敲诈勒索/绑架威胁，或恐怖行动或威胁。	
客户/代理公司是否已提供安全撤退方案？ 　　☐是　　☐否	
客户/代理公司的安保代表是否定期与你公司项目经理沟通和联系？ 　　☐是　　☐否	
你公司与客户/代理公司安保代表联系的专业人员的姓名：	
办公大楼业主/客户方负责安保的人（或者：☐没有这类人员）	
姓名	
联系信息	

电话	
电子邮箱	

你公司专业人员住宿情况包括： ☐ 客户提供的公寓 / 住宅 ☐ 酒店 ☐ 专门安排的公寓 / 住家

住宿地点在： ☐ 就在项目 / 办公场所的现场 ☐ 到项目 / 办公场所有一定距离

住宿地点的安全保卫是否就位： ☐ 是　　☐ 不是

住宿地点的安全保卫包括		
☐ 私营保安人员	☐ 武装	☐ 非武装
☐ 军方人员　☐ 警察	☐ 武装	☐ 非武装

住宿地点的安全保卫措施： ☐ 入室警报系统 ☐ 车辆控制检查 ☐ 大厅控制检查

住宿地点其他安全保卫措施（请详细描述）：

交通运输： ☐ 客户 / 代理公司提供交通运输 ☐ 客户 / 代理公司提供车辆和司机 ☐ 客户 / 代理公司提供车辆，但不提供司机 ☐ 你公司专业人员负责交通运输 ☐ 你公司专业人员自己驾驶

你公司专业人员具备驾驶过程中的安全意识 ☐是　　☐否	
办公场所/项目的专业人员是否已在相应的大使馆登记注册？ 　　☐已注册（哪些使馆）： 　　☐尚未注册 　　☐正在注册中	
是否接收使馆紧急通知或其他电子邮件/电话通知？ ☐是　　☐否	
办公场所/项目是否有现成的撤退方案？（如果有，请提供复印件） ☐有　　☐无	
办公场所/项目是否需要撤退方案？ ☐是　　☐否	
你公司专业人员是否收到了撤退方案通报？ ☐是　　☐否	
你公司向专业人员通报撤退方案的专业人员	
姓名	
联系方式	
电话	
电子邮箱	
办公场所/项目是否需要赴现场进行详细的安全保卫评估： ☐是　　☐否	

开始进行安全评估

启动制订安全评估方案，你可能要从这些问题和需要考虑事项开始。

对企业的专业人员进行抽样调查，了解他们最为关注的事项：关于安全问题，他们担忧什么？他们曾经历过什么使得他们担忧？他们对于更好地保障停车场、大门/入口和工作区域等等地方的安全有什么建议？

方案应以如下问题开始：

- 办公区域是否有安全守卫？
- 办公区域的安全保卫措施是否安装了近距离感应读卡器或标准锁？
- 办公区域各个大门办公时间是否都保持开启？
- 办公时间各大门是否需要保持开启？
- 是否有其他入口/出口通往办公区域？
- 这些大门办公时间是否有安全守卫，或者为了便于出入、去卫生间、休息室等原因而没有上锁？
- 将这些门保持上锁状态，而利用诸如门禁、内部通话系统/电话联系等方式开门是否可能？
- 办公室是否制定了移动电脑安全上网的相关政策规定？
- 公司是否要求/建议专业人员每天晚上必须将移动电脑带回家？
- 公司是否要求专业人员在离开办公室或自己的桌位时，将他们的个人物品（钱包、手提袋等）锁在办公桌内？
- 公司有接待员吗？
- 如果有接待员，接待台是否总是有人值班，或者，是否某段时间接待台无人值班，正好有人可能进入办公区域而未被注意到？
- 大门是否有"进入提醒音乐"或者某种警示音，提醒可能暂时离开接待台的接待员，或者通知办公区域的专业人员，有人已经进入办公区域？
- 专业人员在什么地方停车？

- 停车场有人值守，还是无人值守？
- 停车场的灯光照明是否足够明亮？
- 停车场或车库是否有紧急呼叫站或电话？
- 谁负责监控这些紧急呼叫电话？他们是否每周 7 天，每天 24 小时值班？
- 专业人员是否使用楼梯或升降电梯通往办公区域？
- 办公大楼是否有负责安全的官员？
- 如果大楼有安全官员，他们在工作时间，或者正常下班之后的时间，是否对你们公司的办公区域巡视？
- 安全官员是否护送专业人员到达他们的汽车跟前，或者到他们的办公区域？
- 专业人员是否是在安全官员的视线之内进出办公设施？
- 办公区域、停车场、过道或其他区域是否有中央闭路电视监控系统？
- 中央闭路电视监控系统是否每天 24 小时有安全官员监控？
- 专业人员是否有这些安全官员的联系电话号码？
- 如果没有安全官员在场，这些专业人员是否能联系大楼的维修人员求助？如果可以联系到，是否保证每周 7 天，每天 24 小时都能联系到？
- 清洁服务人员是在工作时间进行保洁，或者是在你们公司专业人员离开之后？
- 清洁服务人员是否接受指示，在对你们公司区域进行保洁服务时必须将门锁住，以保证不允许非授权人员进入区域？
- 清洁服务人员是否可以在工作时间进行保洁服务？
- 大楼管理部是否告诉过你们公司该大楼、停车场或周围地方曾发生过的事故/犯罪活动？
- 你们公司区域的洗手间是否位于走廊外面？
- 如果洗手间位于公共出入的区域，洗手间的门是否能上锁，使用洗手间的人们必须用钥匙才能进入？
- 人们进入洗手间之后，门是否能锁上？

向你们公司的企业安全保卫官员提交这份评估结果报告以寻求协助。

联系当地的执法部门，对项目工地／办公区域实施安全考察。

另外，你必须与大楼管理部门进行定期的会面，探讨该地区的安全状况，以及你的担忧和需求。如果有任何可疑的事情发生，联系大楼的安全官员、维护人员或行政管理人员。遇到紧急情况，或没有安全官员在场时，立即拨打电话报警（如911）。将任何可疑的情况报告给安全官员、维护人员，或者大楼管理部门，或者联系警察局。将犯罪活动报告给警察、大楼管理人员和你们公司的企业安全保卫人员。

如果你有任何涉及安全的事务需要帮助，联系你们公司的企业安全保卫人员。

风险分析和安全保卫方案

请记住，风险因素包括，但不限于：
- 叛乱、内部／部落／派系之间冲突，或战争状态；
- 针对外籍人员／企业／行业极为严重的敌对事件，或兼具犯罪和恐怖性质的事件（简易爆炸装置、汽车改装的简易爆炸装置、炸弹、谋杀、绑架、纵火、骚乱，或者其他类似活动）；
- 针对外籍人员／企业／行业极为严重的恐怖分子威胁；
- 未爆炸的爆炸性武器，如地雷、炮弹等；
- 高犯罪率和暴力犯罪事件，包括谋杀、强奸、持械抢劫、持械暴力殴打和纵火。

根据地点、条件、资源和风险的具体情况，安全保卫方案可以包括：
- 配有装甲运输车辆／武装警卫人员的武装安全护送；
- 非装甲运输车辆／非武装警卫人员的非武装安全护送；
- 实际的安全保卫，包括保护性围栏、障碍、警报系统、门禁和其他措施

- 叛乱事件中的安全撤退或避难；
- 你们公司的企业安全保卫官员进行预先部署，安全通报。

你的安全方案必须根据每个独立的项目，以特定的格式撰写和制订。向你的公司建议，为了启动海外风险区域的安全分析，他们必须联系你们公司的企业安全经理。

为了使此类安全方案更能发挥作用，每个分支的管理层都必须阅读这些指南，并将其综合在管理和处理该分支业务的相关条例和程序中。为了确保对需求的彻底理解和有效执行，各个分支必须落实有组织结构的沟通方案，包括公告、条例与程序，实施审阅，以及针对由此而产生的条例与程序方面的培训。

你必须向经理们建议，具有风险的国家信息必须上传到你们公司的安全保卫及人员安全的网站上。部门、分支、项目经理或相关的人员，可以确定项目是否应在中度/高度风险的地区实施，或人员是否应到这些地区出差旅行。

部门或分支经理、项目经理或相关人员，在中度/高度风险地区实施项目，或赴这些地区出差旅行之前，应与你们公司的企业安全保卫人员充分沟通。

你们公司的安全保卫人员将做好风险评估，并与相关专业人员进行探讨。在必要的时候，企业安全保卫人员将制订安全保卫管理方案及撤退计划、联络方案及项目所需的其他重要方案。

关键问题：风险评估

对怀有敌意地区的**风险进行评估**，也许是任何一位安全保卫经理需要处理的最重要，也是最棘手的任务。评估风险，是一项极具挑战性又耗费时间的任务。为保证评估的成功，安全保卫经理必须依赖，并且期望预先获知企业项目和最初设想。依靠与机构内部决策者精心、细致地建立起来的关系，以及从这些人们的专业技能中获得的有效内部资源，你的努力可以更加万无一失、成功在即。缜密地考虑你能够确定、判断出的各类风险，是成功的关键。这一切，再加上适应意外情况和事物发展的能力，就能够确保随时注意到风险动向。

案例分析：非洲项目

我曾被召唤并得到通知，我的公司要**在非洲某个国家开展业务**。要求公司服务的合同即将签字，谈判已进行了多次，工程研究也已完成，员工们也根据他们各自的能力接到通知，愿意赴这个荒凉的非洲国家执行这个两年期的项目，其中一位员工将这个国家定义为"艰难地区"。确实艰难。我看了项目地图，并用GPS定位了确切位置之后，我开始提出常规问题。客户将提供安全保卫吗？能够提供什么样的紧急应对/撤退能力？政府是否提供辅助支持？该项目是政府项目，还是私人投资项目？我发现，一直在策划该项目的员工，根本就没有意识到进行现场安全核查的需要，而前大门外的守卫，只是一名在当地雇佣的部落族人。我还发现，轻微的犯罪行为在一定程度上比预期有所上升，但尚未弄清楚这种情况是否会消失。严重犯罪行为较为罕见，这是一个好的现象。然而，数年前，我曾也听说过有关这个国家的一些事情，因而，做了更详细的调研，获得了一些至关重要的信息。我所发现的并不是严重的绑架或敲诈风险。这个国家并非是恐怖主义活动的温床。该国过去曾经有过麻烦,联合国维和部队(联合国的报告为我的风险分析提供了主要内容)到过一些地区。最棘手的问题——也是促使我给曾在这个地区工作过的同事打了一系列的电话了解情况,并对媒体的报道和政府的报告做了大量的检索——就是,地雷布设区的大规模扩散。近 140 千米长的范围,据信都处于地雷的危险之中。大约已有 5000 起伤亡事件归咎于地雷。我提出了非常直接、明确的问题,得到的答案令我震惊。尚未有任何清除未爆炸的武器和地雷的计划或预算。绝对没有。正是这个时期,那个地区,也就是该项目将要实施的地方,当地人和那些倒霉的访问者因担心地雷而从不将车驶离公路而为世人所知。该项目的主要员工甚至都没有去过这个拟议中的工地,也许是一件非常幸运的事情,当然这是事后诸葛亮。这个项目被终止,胎死腹中,原因就是前面所说的关键点。

人们在中国进行国家风险评估的样本

与许多其他国家相比,中国被认为世界上人身最安全的国家之一。但是,轻微犯罪行为近年来有所增加,尤其是在主要都市及其周围区域。

然而,针对外国人的严重犯罪事件相对比较罕见。诸如扒窃、抢包等轻微犯罪时有发生,特别是在人群拥挤的地方,如火车站、市场、购物中心、旅游景点等。因此,在公共场所,一定要注意自己的私人物品,这是非常明智之举。以下是一些防范措施,可以避免潜在问题的发生。

- 不要在公共场合炫耀/露出你的钱财。
- 外衣口袋里留出足够的零钱以应急需,将其他的钱财放在随身的其他地方,或将备用钱财放在酒店的保险箱内。

- 永远将贵重物品放入酒店的保险箱内，千万不要将它们放在房间内。
- 出门散步前，务必将身上可能吸引窃贼注意的珠宝取下来。
- （出门时）永远不要将包或手提袋挎在靠近马路那边的肩膀上，以避免成为"飞车抢劫"的目标。
- 永远不要将护照／签证、信用卡、旅行支票或其他旅行文件放在你的挎肩包或腰包里。
- 确认你自己意识到当地货币不同面值的价值，以避免被欺骗。
- 在人群拥挤的地方尤其注意你的个人物品，如地方节日、市场、旅游景点、火车站、汽车站以及火车和汽车上。
- 尊重当地少数民族的习惯和风俗。
- 旅行途中不要与任何人争吵。
- 任何争端都必须向你的导游报告以解决。
- 避免去任何不对外国人开放的地区或景点旅行。
- 不要公开表达任何与中国的法律和道德规范相违背的意见。

中国的犯罪威胁等级低，而恐怖主义威胁等级属于中等。美国大使馆没有注意到任何特定的、暗含的或者普遍的可能直接影响或针对在中国的美国公民和利益的威胁。如果某个威胁有所增加，中国的安全部门会尽职尽责地通报相关使馆这方面的信息，并提供必要的安全保卫措施和服务。

恐怖主义在中国相当罕见，尽管整个中国地区曾发生少数爆炸案件。近期的爆炸事件绝大多数属于犯罪行为，常常是商业纠纷的后果。据中国政府的报告，去年共发生8万起社会骚乱事件。这些地方事件的绝大多数都与土地占有、社会问题或环境问题引发的争端密切相关。而一旦事件发展成为大规模群体事件，出现某些暴力活动时，这些示威性的活动就不再是直接针对外国人。2005年4月，一起"反日"示威活动最终导致了公共财产的破坏，有报道说某些暴力活动直接针对了亚洲面孔的外国人。

在诸多旅游景点，外国人常常会受到许多人的打扰，意图换美元，或者出售盗版产品或赝品，如 CD 盘和 DVD 盘等。这类交易经常会导致外国人与犯罪分子一同被拘留的结果。犯罪事件持续增加，主要原因是农村人口涌入城市（由于取消对城市人口的控制，允许这些农业人口进入／移居到城市）、城市与农村收入悬殊、执法部门腐败以及执法队伍培训无序等。与其他大城市相比较，北京的犯罪率相对较低。小偷小摸行为在人群拥挤的地方比较常见，比如市场、商店和旅游景点。将你的钱包放在衣服前面的口袋内，将你的护照复印件随时带在身上，四处闲逛时可以有效地证明你的身份。只在信用良好的商业机构使用信用卡消费，将收据撕碎后再扔掉。

据报道，绝大多数美国人员都不在中国情报机构的监视之下，但是，参与谈判或掌握至关重要的专利信息的人员，以及拥有多重国籍的人员，必须确保安全，慎重使用所有形式的通信工具。敏感纸质文件或电子文件的数量必须维持在最低，绝对不能放在无人照管的地方。

中国的公安人员可能时而将外国来访者置于监视之下。酒店房间、电话和传真机可能被监控，放在酒店房间内的个人物品，包括个人电脑，可能在未经旅行者本人允许或被告之的情况受到检查。对任何被认定属于军事地区或安全设施进行拍照，都有可能引起与政府之间的问题。任何接触先进专利技术的外国政府官员、记者和商人尤其可能受到监视。

注册报到／使馆位置

居住在中国或在中国旅行的美国人，应通过美国国务院的旅行注册网站，在最近的使馆或领事馆注册报到，这样他们就能够获得最新的中国境内旅行和安全信息。无法连接互联网的美国人可以直接到最近的美国使／领馆注册报到。注册报到之后，美国公民就能够让使馆／领馆在发生紧急情况时很容易地联系上他们。

其他国家的描述介绍和附加信息可浏览：
http://travel.state.gov/travel/cis_pa_tw/cis/cis_1089.htm

安全方案阶段

威胁评估完成并提交客户之后，安全方案就必须开始制订，运用威胁评估报告作为起始点。安全方案制订过程在如下文中详细说明。

根据评估方与被评估设施／工地方之间的协议，安全方案制订阶段将于项目实施前开始制订。此阶段将包括：

- 在目标国家会见企业经理，以充分了解他们的运营计划和需求。
- 对居住地和可能的工地进行详细的勘查。
- 与（目标国家的）警方、安全保卫小组联络、协调。
- 实际制订安全方案，由下列内容构成：
  1. 如果需要，对已选择的居住地和办公地点进行加强和改善。这包括一系列的技术措施，如中央闭路电视系统、入口电话系统、入侵者察觉系统以及紧急联络系统。（现有的小型、手持型设备很容易购买。）
  2. 出行安全方案的制订，为保证员工来往于不同居住地、办公地和其他地方时最安全可行的出行安全。
  3. 安全生产通报和员工安全程序。
  4. 发生事故时必须执行的紧急程序。
- 通讯方案必须确保企业所有员工每时每刻都能够被联系上。该方案包括紧急联系电话号码和备用通信设备，如卫星电话、紧急无线电联系频道／频率。

第4章

保护那些自以为无须被保护的人们：
"我宁愿保持低调"

第 4 章 | 保护那些自以为无须被保护的人们

夫未战而庙算胜者,得算多也;未战而庙算不胜者,得算少也。

——《孙子兵法》

"我宁愿保持低调",是我听到许许多多人的陈词滥调。"低调",是基于这样一个基本前提:你的当事人(那些需要被保护的人们),不论他们是被保护乘车穿过某个高危地区,或者是在工地或办公大楼内指挥工作,都必须以不引起对被保护者(或行动)注意的方式加以保护。这个理论就是,如果提供诸如武装贴身保镖、装甲车运送、周围设防警戒或其他类似可能被认为有效的、合适的安全保卫,那么,你实际上是在吸引"坏人"的注意力。

低调理论的鼓吹者们,出于某种原因,往往都是英国的安全保卫专业人员,也许追溯到当年他们曾奔赴遥远、辽阔的全球帝国,所去过的许许多多地方,绝大多数人甚至在地图上都找不到。这个理论在诸如伊拉克或阿富汗等国家较为普遍,在中、南美洲以及非洲某些国家也是非常流行。该理论的实际应用涉及个人贴身保安行动,无须荷枪实弹地来回走动,使用不显山不显水的运输车辆,而不是典型的超大型装甲SUV。使用这类"破旧",而不是光鲜艳丽运输车辆,其背后的理论就是,这些旧车更容易与周围环境"融为一体"或者更相称——另一个专业名词就是"低调"。

我曾与固执己见坚持该理论的实践者们就这一哲学进行辩论。他们告诉我，该理论的实践，使他们的客户及他们自己在高危地区避免受到了伤害，包括在伊拉克和阿富汗。我的主要论点一直就是（或许这就是美国中西部人的观念），假如我正在工地，我可不希望只为一件小工具，而大老远地开车回家去取。我一定事先准备好我需要——或者我认为可能需要的——所有工具。我在伊拉克时，我十分肯定，当地人都知道我不是伊拉克人或中东人。我的金发碧眼和白皮肤，我确信，从我下飞机的那一时刻，他们就已认定我是个西方人。

　　无论你们是用套头衫遮盖、戴墨镜、绒线帽、连帽运动衫，还是小丑鞋，他们都会知道你们，而且是在非常短的时间之内。所以，不要开这类玩笑。坏人总能很快就发现，或者是通过秘密手段——比如知道你们的计划、旅行路线或其他详细情况，都是由其同谋者、酒店员工或办公室的工人提供，或者是通过其他途径。你们的汽车可能"像个普通车"，但你们的贴身保镖（你们确实有携带武器的贴身保镖——不是吗？）有可能会在某个不合时宜的时刻显露出武器。或者，某个站在街角的老人或男孩，可能会注意到两个健壮的汉子坐在前排，锐利的眼睛全角度地扫视着任何移动物体。一个或两个男子坐在后排，其中一个人看上去有些害怕，而另一个人的表情恰恰与坐在前排的两位一样的坚毅、冷静。噢，还有一个最后的彻底大暴露：另一辆车紧随这辆车。哦，天哪，我看到了，那是无线电通信耳机？嗯，对对。

　　如果你们想遮盖自己的脸部，使用破旧汽车（当然，我们希望，你们的破旧汽车至少应具备一些装甲保护——以及性能良好的发动机，以保证在你们需要的时候逃离险境），你们甚至可以使用录音机或CD播放器高声播放当地音乐。我曾听说过，公司某个传奇人物声称，他能"混入"当地环境，披

第 4 章 | 保护那些自以为无须被保护的人们

上一件套头装"像个普通人"使自己脱了身,之后开车直接进入了沙漠。算了吧!你们跟我说的,这是一位高加索裔美国商人,根本就不是美国出生的,当然可以混入中东地区任何一个国家而绝不会被认定为是一个西方人;我将向你们说明的是,一个与当地风俗格格不入的人,最大的可能性是让当地人围观娱乐。正如人们所说的,猪鼻子插根葱,它仍然是头猪。

即便这么说,我还是认为,使自己低调仍然是一个非常有效,且经过实践检验的避免受到伤害的方法。那些出生于特定国家或地区,或者具备同一国家的国籍,且能够流利地说当地语言的人们,他们能够做到。然而,即使是这样的旅行者,如果忽视他或她自己早已成为西方人这一事实,也会在不小心的时候疏忽犯错。举例来说,如果你正在某个国家旅行,该国是以对美国人印象不好,或者就是彻底的敌意而著称,那么,身穿一件胸前背后都印有美国国旗的新 T- 恤就太不明智了。同样地,戴着纽约扬基队棒球帽,甚至身着印有"马球"商标的 T- 恤衫,也是彻底的大暴露。运动队的外套和球衣,也以同样的方式引起人们对自己的注意。总体来说,我会避免在所有各类服装上印有商标,即使这些不是英语商标。你们可能会使某些人烦感,或者提醒其他人这样一个事实——你们至少属于有足够的钱购买高档服装的人群,因为,这些服装是一般收入人群或更低收入人群买不起的。

如果你去参加一个盛大活动,珠宝让你锦上添花;但是,如果你去某个不发达国家旅行,珠宝对你无任何用处。首先,你试图给谁留下深刻印象?你们很有可能已经使当地人惊叹不已了,就因为穿了双好看的鞋、质量上乘的 T- 恤衫和皮带、一块任何款式的手表,以及你们来到这个国家乘飞机(也许是商务舱或头等舱)的机票花费,都超过他们一年的收入这样一个事实。不要在这方面太夸张;尽量不要惹人注意。我在下面这些事务方面同意低调观点的人们。你们喜欢古驰或香奈尔？非常好！但是，将这些包包放在机场停车场内的劳斯莱斯的后备箱内。奢华的衣服、手包，贵重的珠宝，所有这一切都使你们成了羊群里的骆驼。少即是更好。要考虑到，你们到这里是工作，或者度假，你们就是为这才在这里。作为西方人，你们绝对不希望被这里的坏人当作捞外快的机会，或者是他们的战利品。

对我来说，低调比绝大多数人所考虑的更不现实。低调，包括了对你的来历不能广而告之、是否公开使用公司的名称，或者你的行动和言词，以及什么时候旅行。这意味着要有这样一种风格，也就是不能"咄咄逼人"——大声喧闹、精力充沛的美国人委婉地讲述逸闻趣事，以取悦围绕着他或她的那些人；热情地拍着人们的后背"你好，是我，我是美国人"——这种典型的美国式特殊习惯。这些行为经常发生在西方人的聚会地点和豪华夜总会里。但是，这些行为也可能表现在酒店的大堂、机场和其他公共场所。你可以在那些专门吸引外国人和外籍人员的酒吧/俱乐部/餐厅看到这样的情况，因为这里有冰镇饮料、乐队不错、服务员非常可爱，当然还有美食等等。

对许多外籍人员那种典型的"卸下包袱、彻底放松"的心态有所准备。如果能向我证明，当工程人员和施工人员有机会时，他们之中有人不愿意出门，而是西服革履领带齐全地在家待着，我一定大为惊奇。事实是，在某些地方，外出吃饭可能对你的健康有危险。而且，我所说的并不仅仅是食物中毒，尽管食物中毒可能导致严重的身体病痛。这种情况一旦发生，就需要医疗急救，以缓解严重的食物中毒程度。建议一定不要在高危地区发生醉酒和妨碍治安的行为。我曾看到，员工们因微不足道的争执而大打出手，结果导致骨折，自尊心也受到极大伤害。你可能应该经常满足这样一个需求——在住地组织"欢乐营"或"欢乐中心"式的聚会，可以使人们尽情享乐、开怀畅饮。

无须担心喝酒和开车——人们可以跟跟跄跄、跌跌撞撞地走回他们的小屋、公寓或房车。

称呼我为老派人物，对于"低调"来说，我更倾向于"威慑"原理。高危地区的威慑作用意味着，你有一个豪华俱乐部，拥有一名保镖，或者安全警卫小组。主张低调理论的人们会说，"如果你有一个俱乐部，他们可能会有一个更大的俱乐部"。也许是这样。但是，当俱乐部遭遇麻烦时，我仍然称其为俱乐部，不论它的规模大少。我可能幸免，我可能活着逃跑，然后再拥有另一间规模更大的俱乐部。威慑原理意味着，当坏人盯上你以后，即使你总是低调出行也会被辨认出来，但是，他们发现你处于保护之中。他们可能不知道你乘坐的汽车里面具体安装、配备了什么武器。他们可以确认，这是配有装甲装置的汽车，有防弹琉璃、安全轮胎或其他保安装置。

我经常听到这样的论点，看到有提供保护的车，坏人就会这样认为，"嘿，这辆汽车里一定是一位重要的美国人"！我也不认可这个论点。我认为，这类经验主义的证据，根本无法支持某人被选定为目标的理论——就因为他们坐在装甲运输车到处跑，或者带着保镖保护自己。曾经有一次，一位阅历颇深、经验丰富的项目人员就保护问题提出异议，此人曾在某个特定的城市工作过，而我对这个城市非常担心，我与他进行争论。他认为，根据我的坚决主张，他们使用安全保卫小组，而实际上，我是在增加他们发生某些事情的概率。所以，我的经理要求我搜寻、查找一些资源，看能否找到某个事件或报告，或任何相关信息，以证明这一理论（即：增加安全保卫人员实际上会增加被袭击的概率）。我没有找到任何信息。如果你问任何5名劫持分子，他们选择谁的汽车作为目标，难道他们会告诉你"我选择一辆看上去有一个人坐在里而，另有两个我确信配备了武器的人也坐在里面的SUV"？

当你们的员工被绑架、谋杀，或者遭到殴打并遗弃在道路旁边，是由于你没有为他们在这个国家提供保镖或警卫小组，而这个国家的所有信息和情报都早已使你们已经考虑到了此类事件发生的可能性，你们会告诉受害者的配偶、姐妹、母亲、父亲或兄弟什么？难道你说"我们认为，为他们提供安全保卫小组，可能会引起别人对他们的注意？"我个人绝对不希望与一名寡妇有这样的对话。我也不希望我的企业因使员工受到伤害，或者更严重、至死的悲剧而被诉诸法庭。

关键问题：人身安全保护——被绑架后的生存建议

我的观点，如果你们即将赴某个曾发过武装冲突的地区工作，而且该地区经常发生绑架以及针对西方人，或者西方商人或利益的其他袭击事件，低调概念，在前面我所描述的**人身安全保护**这一语境下，不适合你们。如果必要，绝对不要选择让人们冒险进入他们没有任何资源摆脱的困境。另一方面，在海外旅行时，不四处招摇自己是个美国人，不失为一个聪明的策略。

案例分析：伊拉克——制订战争区域的安全计划

我曾经作为安全专家小组成员，断断续续地从 2003 年至 2006 年在伊拉

第 4 章 | 保护那些自以为无须被保护的人们

克工作。在此期间，我大量的时间是在伊拉克，包括在巴格达的"联盟驻伊拉克管理当局"(Coalition Provisional Authority)。联盟驻伊拉克管理当局目前是美国驻伊拉克大使馆。然而，在那段时期，这里是军方与文官人员讨论该国的占领和重建事宜的会晤地。在一个赤热炎炎、尘土飞扬（永远也散不尽）日子，我遇到了正来到这里的餐厅吃午餐的4个美国人，这个餐厅曾经是萨达姆·侯赛因政府的大会议室之一。其中1名美国人是美国一家重要企业的高层管理人员。其他3人是他的安全保卫小组成员。这3位安全保卫人员都是退役军人——2名海军陆战队侦察兵和1名陆军突击队员。我看见他们走进大厅的那一时刻，我就可以告诉你，他们是美国人，因为他们的衣着、举止和行动。他们张口说话之前，我就能够向你保证，这3个人都是退役军人，另1个人是他们的老板，或者是他们负责保护的人。我们在一起相互分享着各自所从事业务相关的故事，以及我们是如何做的。当话题谈到安全保卫时，我发现，他们工作及居住都是在"绿色地带"之外——西方许多承包商都出于这里提供的安全保卫的原因而将总部都集中在绿色地带之内。他们都在"红色地带"工作，位于巴格达市中心及周围区域，但不受联合部队的保护。他们经常来来往往地旅行，保持着低调。他们驾驶的不是无处不在的通用SUV或福特SUV，而是一辆欧洲老牌子的汽车，在巴格达混乱无序的大街上非常显眼地可以见到。这辆车已经略显破旧，每天绝大多数时间都在城里横冲直撞地穿梭往来，能期待这些美国人和锃光瓦亮的全新SUV是什么样子。这辆车具备可靠的发动机，机械功能也非常好，但没有装甲保护，只是原产商的薄钢板。3名退役军人理所当然地配备了武器，也有个人防护装备，比如，3名保镖及他们的老板都有防弹背心和头盔。由于保安小组其他成员没有配备额外的武器，这3名保镖承认，一旦受到攻击，他们最佳的选择，就是尽最大的可能逃离这个区域。这绝非易事，因为，我早就看到整个巴格达所有大街小巷都是拥堵不堪。我问这3名保镖，如果他们用伊拉克人戴的传统阿拉伯头巾包上头部，他们是否觉得融入了当地社会，他们声称，他们不这么认为。每当他们驾车到处跑，他们会觉得伊拉克人认为他们不是西方人或美国人吗？难道他们相信周围邻居对住在对面公馆的这些"新邻居"没有"流言蜚语"吗？他们表示真的不知道。正在这个时候，他们的伊拉克翻译在旁边插话了。他告诉我们，每次他们开车出去的时候，他确信，所有人都知道车里面全是西方人。翻译声称，邻居们不断地问他为什么美国人都有阿拉伯头巾包着他们的头。翻译告诉我，他们每次开进"绿色地区"，每次离开的时候，他都感觉到危险。他说，任何人都可以轻而易举地跟着进来，毫不费力地就可以认出他们。这3名美国保镖后来告诉我，他们已经意识到，他们一天或两天前就被跟踪监视了，现在，他们正在放弃"低调"原则，转而采取坚定的、更完善的保护方法。"为你高兴"。我回答。

被绑架后的生存建议

如果发生了令人难以置信的事情，该怎么办？如果你被绑架了，该怎么办？当前的绑架者，绝大多数自认为是商人。他们无意伤害受害者；他们只想交易，只希望得到钱，这时，他们就会将受害者释放。绑架者们早就发现，伤害个人毫无益处，因为，钱才是目的，方法、途径已经改变了。当然，受害者仍然会受到粗暴对待和恶语相加。

受害者被抓住后，情绪非常激动。由于受害者的意外惊吓而不知所措，而且寡不敌众，所以，逃跑的机会非常小。因而，你生存的最大机会就是不反抗。

遵循给你的所有指令。你可能会被塞进一辆车，也许有支枪抵着你的脑袋。你可能会挨打，只是显示谁在发号施令。你可能要受到恶语相加，也许还有死亡威胁。一定要保持冷静，不要反抗。在这种情况下，最关键的就是生存。

你会被带到一个预先准备好的地方。当最初的暴力行为和语言威胁过去之后，你可能得到合理的待遇。居住情况肯定不好但还是可容忍的。一般情况下，被扣押的平均时间是30天。坚持锻炼和玩智力游戏，保持体力和心理的警觉。时间就是生存武器，即使所有一切似乎都永无截止；绝对不要威胁或誓言一旦被释放就要报复；保持消极不反抗，但没有必要顺从；保持合作态度，不争辩、不敌意、不争强好胜。

你在被扣押期间，你的公司和你的家人肯定都在努力设法使你获释。谈判会在绑架者与公司／家庭的代表之间进行。释放条件要经过多次的反复谈判，最终才能达成协议。为了保持自己的士气，你要时刻记住，人们都在为解救你而不知疲倦地努力着。

以下是若干事项清单以及个人安全方面的建议。

避免被绑架及人身安全建议

绑架事件绝大多数情况发生在家里或车里。因此，以下这些地方的防护措施必须强调：

- 即使在家，也要将各个大门锁住。外大门的警报系统保持警报状态。
- 安装坚固的大门和门框，配备坚固的锁，并在大门上安装"猫眼"。
- 除非预先安排约定，绝对不要让陌生人进入房间。
- 不允许推销人员进入房间。
- 不参加（入户的）问卷调研活动。
- 接到误打进来的电话时，不要将自己的姓名和电话号码告诉来电者。
- 对任何声称代表某个电话公司员工的他或她都要有所怀疑。

- 如果公用事业公司的维修人员上门，获知他们的名字，要求看他们的身份证，并给公用事业公司办公室打电话确认此人上门的真正原因。
- 避免养成常规固定习惯，如固定时间取邮件／报纸、慢跑／散步，或其他类似的活动。
- 开车门上车之前先看一眼车内。
- 保持车门上锁，车窗摇到顶部。
- 对来电话声称家人成员受伤要所要怀疑。
- 留出特别的空间，一旦有人设法闯进家里时，家人可以撤出。
- 通过当地的警察局，为家庭每一位成员准备全套的指纹卡。

一旦被绑架，应立即做如下的事情

- 完全听从绑架者。
- 努力记住诸多细节，如汽车型号、行驶路线、声音、到达目的地的时间等等。
- 绝不要激怒绑架者。
- 如果需要医疗救助，一定提出要求。
- 对绑架者说话语气尽可能平静。
- 不要抱怨食物。
- 如果决定逃跑，一定要有计划，行动之前一定考虑后果。

被劫车时的安全与生存建议

从统计数据来说，如果车被劫，受害者生存机会较低；然而，预先防范行为可以降低你的风险。以下是此类犯罪相关的信息。

劫车者经常选择的地方

- 交通灯，或者"停止标志"所控制的路口；

- 大型交通枢纽、购物中心和大型商店的停车场和车库；
- 自助加油站和洗车房；
- 自动取款机；
- 居民停车场；
- 高速公路出入口的匝道。

降低风险
- 手里拿着钥匙走近你的车。
- 先看看车内，再开车门进入。
- 在手机上预先设置紧急情况电话按键。
- 向人问路时谨慎小心。
- 随时锁住车门，车窗摇上。
- 接近停车线时，与前方车辆保持一定的距离，以备其他车辆移动。
- 如果可以，尽量在中间线驾驶。
- 将车停放在停车场光线充足的区域。
- 陌生人的车出了故障，不要停车和帮助，而是打电话寻求帮助。
- 避免将车停在垃圾箱旁边、丛林边上和大型卡车旁边。

如果你遇到劫车
- 当受到威胁时，不要争执。放弃你的车。
- 尽快离开这个地方。
- 努力记住劫车者的模样。
- 尽快向警察报告。

制订战争区域的安全计划：
派往伊拉克参与基础设施重建的人员，面对他们所要接受的身体和心理挑战，必须接受全面的培训

伊拉克是一个非常美丽的国家，但是，它也展现了极端的挑战，既有自然的挑战，也有人为的挑战。因而，到达巴格达，可能是对人们身体和心理产生巨大的震动，所以，赴这里工作的人员必须有所准备。出于防御的策略，所有准备降落的飞机常常都是绕圈螺旋下降，落在飞行起落跑道上，地点似乎就是飞机在空中开始螺旋下降时的正下方。在这里，飞机降落是一个百般折磨，令人呕吐的过程，手里拎着满满的呕吐袋走下飞机，可不是执行此次任务的一个良好开始。

作为博莱克—威奇（Black & Veath）公司——位于堪萨斯州欧费兰帕克的一家工程设计与建筑公司——安全执行经理，我数次访问伊拉克，最近的一次是2004年5月，任务是对项目进行安全视察，并对我员工的安全保卫执行情况进行监督——该项目是"伊拉克基础设施重建"和"伊拉克电力设施重建"计划的重要部分。我的职责包括培训我们的工程设计人员和施工人员，他们都是自愿接受委派来到伊拉克，接受这项任务的挑战。我有机会亲自看到了预先培训的最佳效果，以及需要改进提高的地方。由于当地选举从那时就开始了，所以，暴力活动并没有减少。因而，所学到的培训课程对任何未来赴伊拉克的人们都不过时。

不要掩饰。针对员工们将要面对的风险，误导他们没有任何意义。伊拉克是一个战争区域，虽然在巴基斯坦、阿尔及利亚或其他热点地区的施工经历能够提供一些有价值的经验，但伊拉克终归是独一无二的地区。

我就知道，曾在世界上最危险、最困难的地区工作过，具有非常丰富经验的一些项目施工人员放弃赴伊拉克工作，或者到达伊拉克后不久又返回国内。公司对赴伊拉克工作的所要承担的风险必须实事求是，给那些尚未做好冒如此风险的工人撤出的机会。如果不实事求是，只会为今后制造更大的麻烦。

预先准备。那些计划赴伊拉克的人们，必须做好充分的身体和心理准备。举

例来说，这些人员必须穿上个人防护装置，包括30磅重左右的凯夫拉纤维防弹背心和头盔。他们还必须经常穿着防护装置，而且，我让他们做好思想准备，这将是一个负担，要求他们在家中也要穿着防护装置。

我还努力要求他们对生活在战争地区而产生的恐惧、惊吓和可能出现的心理创伤做好思想准备。我向他们的解释是，他们将会看到和听到爆炸的巨响和枪炮交火的声音。他们可能还会遭遇到简易爆炸装置、汽车改装的简易爆炸装置，或者汽车内隐藏的简易爆炸装置。

曳光弹照亮天空，大地在颤抖，浓烟突然腾起。我们花费了大量的时间，培训这些正在做准备的工人们，让他们在踏上伊拉克的土地之前就已做好准备避免这些威胁，或者对这些威胁已做好思想准备。

在伊拉克，还有另一个重要问题，就是绑架的威胁。培训人员必须清楚、坦诚地与被培训的工人们探讨这些事实和风险。被培训人员必须学会如何寻找逃跑的时机和方法。托马斯·哈米尔是凯洛格-布朗-路特技术公司（Kellogg, Brown and Root Inc.）的一名卡车司机，曾被绑架，之后成功地逃脱，这证明被绑架后逃脱是有可能的。

情况介绍和培训内容也包括了其他诸多不同方面。培训内容实在太宽范，无法在这里全部概要介绍，但是，必须包括在培训中的一些突出重要的信息，已经在这篇文章中提出。

个人的心态和看法也非常至关重要。每次赴伊拉克前，我都要对自己做一次"全面检查"，以确定我的精神和心理状态正常。这样，我就不会因家里没有解决的问题而分心，我确定了各项事务的轻重缓急，将事情整理有序，然后再出发。

慎言。堪萨斯城到巴格达要经过相当冗长、费时耗力的飞行，由美国赴伊拉克的人员一定非常渴望与同行的旅客轻松聊天，仅仅就是为了缓解他们紧张的神经。这没有问题，但一定要慎言。

特别注意再平常不过的问题"你是做什么工作的？"问题似乎毫无任何的恶意，但是，如果真实地回答这个问题，有可能就会违反"作战保密"（OPSEC）

的基本准则。

去年四月，我经阿姆斯特丹和科威特转机赴伊拉克的途中，站在机场售票处柜台前排队。正在这时，一个男子向我打招呼，问了我这个问题。他在等我的回答时自我声称，他是中东大学的一名学生。假如我已答说"我是国防部承包商，负责伊拉克电力/基础设备恢复重建的安全保卫事务，我们的总部在巴士拉"，那么，我们的对话可能会发展到哪一步？

当然，不是所有人都是恐怖分子或通敌者，但是，某些人——排队中的某个人，柜台后面的某个员工，推着拖把车从旁边经过的某个清洁人员——可能会发现你回答的内容是非常有用的信息。在这种情况下，谨慎小心就再也不为过了。

坚持"作战保密"的原则，在实践中，可以像我的回答一样简而易行："我就是在度假。"如果我被迫回答自己的国籍，我经常主动说"我是加拿大人"，对我的兴趣自然就降低。这个简单的"诡计"可以避免潜在的冲突。

举例来说，2003年"伊拉克自由行动"（Operation Iraqi Freedom）发起巡航导弹攻击的第一个夜晚，我当时正在某个伊斯兰国家。当巨幅电视机屏幕（电视机为此事件专门推到了酒店的大厅摆放）不断闪现时，那些认为我是美国人的观众们就质问我，为什么我的国家展开此次攻击。

我骄傲于自己身为美国公民，但是，意识到我的国籍在当时有可能不必要地破坏我的任务。所以，余下的旅程中，我成了加拿大人，出租车司机和酒店的客人们再没有打扰我。

我在尽可能的情况下，都乘坐美国的航空公司飞机，但是，无论是乘坐美国或是其他国家航空公司的飞机，我都不在飞机旅行的途中阅读业务相关的文件或材料，也不与任何与我同行的人讨论业务相关的事情，不论同行的人是同事或是完全陌生的人。

我一直坚持谨慎注意"肩窥"（shouldering surfing）行为。我向即将赴伊拉克工作的员工们建议，如果他们不希望看到第二天报纸刊登他们的文件内容，最好就根本不要在旅行途中拿出这些文件看。我还劝告他们在整个的旅行途中都不要工作。他们需要将全部精力用在他们到达目的地之后。

预期极端情况发生。基本的建议如下：上飞机之前不要吃得过多，避免喝酒。准备一些晕机药不失为一个好主意。

如果可以，赴伊拉克人员应在白天阳光充足的情况下到达机场。不论是在空中，还是陆地，夜间旅行风险非常高，因为，黑夜掩盖了潜在的威胁。高温酷热——温度可能超过华氏120度（接近于49℃）——可能削弱那些没有做好充分准备的人们的身体健康。为了让接受培训的人员体会他们将会遇到什么，我告诉他们想象一下，将电吹风机开到热风"高"这一档上，10分钟之后将自己的脸贴近吹风机的出风口处。这就是伊拉克极热的体验。

摄入水量也至关重要。我向这些人员建议，他们旅行之前就开始大量喝水，并在到达伊拉克后仍然保持或增加目前的水摄入量。如果他们到达伊拉克后再增加水摄入量，就有些晚了。因为，人体适应当地的水摄入量还需要若干天。

我第一次赴伊拉克期间，我曾经连续工作了数小时之后才意识到，我的防弹背心上已全部是白色的汗碱。这更强调说明了持续的水合作用的重要性。

时机并不是一切。经常可以看到，每当听到或感觉到有"嗡嗡声"时，新到伊拉克的人员就会抬手查看他们的腕表。有人曾散布消息说（毫无疑问，是为了安抚那些外行人和没有经验的人），军方每隔一个半小时就处理一次未爆炸的武器。事实上，这类信息非常危险。

如果相信这个消息，所以在袭击中仍然漫不经心地行动，认为这只是军方在处理爆炸物，那么，这些人就置他们自己及他们的同事于危险之中。即使这个消息是真实的（看手表确认未爆炸武器的处理时间曾经有一度还是可能的），叛乱分子足够精明，趁外籍人员尚未意识到，将他们的袭击时间设定在军方处理未爆炸武器的时间同时进行。

运输计划。在伊拉克旅行从来就没有规律。从巴格达机场到"国际区"（International Zone）——该城市里的"安全区"，通常被称为"绿色区域"——这段路程，是伊拉克最危险的路段之一，穿越这一区或必须格外的小心，而且必须要高度重视，做好一切预先准备。并且，穿越的全过程必须要求"点对点"

的保卫。

许多公司选择私人安全保护小组的运输车队来保证运输安全，而不是选择与美国军方运输车队在一起。这是因为，军方的运输队更容易成为引人注意、极具吸引力的目标。而且，军方运输队也很难按照承包商的时间安排随时都出发。

而且，私人汽车加在军方运输队中行进，成了这条运输链中最薄弱的环节。政府的承包商可以从政府部门和其他承包商那里找到私人安全保护小组运输队服务。这些私人安全保护小组运输队在任何重建人员到达伊拉克之前就早已在这里就位。

在机场，我们的人员与一家私人安全保护小组运输队汇合；运输队护送他们到达目的地，并且，他们在伊拉克期间，这个运输队护送他们去其他地方。我们雇佣的运输队由严格专业培训的前军方特种部队人员组成。绝大多数人员曾经是美国军队的人员，其他则来自美国在伊拉克的其他盟国。其他一些私人安全保护小组运输队也雇佣伊拉克人和其他外国人员作为他们的保镖人员。

优秀的私人安全保护小组运输队，在他们执行护送任务过程中随时"呼叫"提醒每一辆车，比如"3个人，3点钟方向"或者"2个人在房顶，9点钟方向"。这种方法让每一辆车及时评估针对他们自己的潜在威胁，如果必要，将武器对准目标。

这种方式至关重要，因为，不能仅仅是保安小组运输队成员要保持警觉，车上所有人都应保持警觉。而且，车上所有人都应是车队小组的眼睛和耳朵。

我训练我的人员要永远保持警惕，注视、警惕所有值得怀疑的活动、实物或人员，比如，迅速接近的汽车、房顶上的人员和道路两旁的垃圾。

在伊拉克，一定要做到"经常无常"，在可能的情况下，永远不要总是在同一时间，以同一条线路出行。我还鼓励我们的专业人员一定要与同事们采取"同行制"。也就是说，当他们与私人保安小组或者其他保护小组出行的时候，他们必须相互之间检查、照顾。

我要求他们询问自己的同事当天感觉如何？他们应该这样问，"你感觉一切很好吗？"如果他们的回答是"否定"，并且描述自己头疼、非常疲倦或其他不在最佳状态的不同情况,那么,他们就需要受到关注,接受观察,以确定到底是什么问题。他们也许是被某种小虫或动物咬了,或许是严重脱水,或许是阑尾炎,或许是传染病。

如果我对保护我旅行的私人安全保护小组没有应有的信任,那就是我的失职。与我合作的这个安全保护小组,在我赴希拉、费卢杰、纳杰夫、迪瓦尼耶、提克里特及其他诸如摩苏尔等地方过程中,提供了杰出的安全保护服务。

除提供人身安全以外,他们还对计划好的路线实施侦察,不断地重新评估风险,对他们的保护方式进行针对性的调整。他们的勇敢、毅力和果断,特别值得称赞。

制订紧急计划。 我一贯以"六个P原则"执行我的任务,即 Proper Planning Prevents Pretty Poor Performance ——"完善的计划预防糟糕的表现"。依赖美国政府或军方并不总是一个选择,所以,做好内部准备工作,配之以其他方面的相互帮助和未雨绸缪,势在必行。

在伊拉克,自救行动方案也至关重要,工人们对此类方案必须非常熟悉、了如指掌,所有人都应该了解自己的角色和发挥的作用,因而当受到导弹、迫击炮袭击或小型武器的攻击被迫逃离时能够随时准备行动。

每个工人都应发一份紧急情况下立即采取行动的清单。这份清单可以印制在索引卡片上,但是,每个人都应将行动清单内容牢牢地记在自己的脑子里。举例来说,作为紧急计划的一部分,一旦私人安全保护小组失去了战斗力,或者小组成员被绑架了,我们的员工应该知道他们自己必须做什么。

医疗救助。紧急医疗救助经常需要。医学治疗和护理要由受过培训的专业人员在工地、宿营地或公寓等地方处理和实施。受伤愈严重,可能或就更需要紧急医疗救护运输车,或空运到伊拉克境外最近的美国军方医院。

所有人员都必须接受培训,读懂、说明诸如疹子、头疼和无力等各种医学症状。他们也应了解一些基本的急救知识以及如何迅速地请求医疗处理。

撤退。工地撤退必须考虑在内。最关键的因素,就是确保所有人员知道所有防爆工事和地堡的位置,以及什么时候需要躲避、如何躲避和躲避之后应该做什么。知道什么形式的建筑用于防爆工事比较安全,也非常重要。

有些防爆工事是由方截面型混凝土构成,而这类工事将来可能被用于施设地下通道,只需要精心加工后,以特定的角度埋进地下,配上水泥制倾斜台阶和白炽灯。

进入任何防爆工事前,一个重要的预防措施就是要查验沙漠害虫,比如,蝎子和骆驼蜘蛛。白天最热的时候,这是千真万确的;这些沙漠害虫喜欢阴凉。

在一个案例中,有人由于对撤离程序心不在焉,造成我的颌骨剧烈疼痛。某个凉快的早上,当喀秋莎火箭弹呼啸着掠过宿营地上空时,2名恐慌的工人先是面对面撞在一起,之后,他们之中的1个人继续跑,直接将他的头撞向我的颌骨。我分别抓住他们俩人的衣领,拖着他们进入了最近的防爆工事,就在大约15英尺远的地方。

火箭弹的爆炸伴随着令人眩目的闪电,爆炸冲击波震得我们好长时间都晕头转向。一个活动房屋在此次爆炸中被摧毁,但幸运的是,无人受伤。不是所有人都能在这种情况下仍然保持机智,但是,知道离你所在位置最近的地堡,以及在其他任何紧急情况下应该做些什么,会对你有很大的帮助。

通讯。我的公司使用被称之为"紧急联系"的通讯程序,我们的某位专业人员任何时候离开美国出差旅行,我们都为他或她提供全天候紧急联系信息。这些联系信息可以用来直接联系到我们公司的安全保卫经理及他们的管理团队。

员工也可以将这个联系信息提供给他们的亲戚或朋友。在伊拉克的案例中,媒体只要报道袭击或爆炸,我就接到许多焦急的电话,都是试图急于确定他们所关心的人的安危,不论他们当时是在摩苏尔或巴格达。掌握、拥有迅速获悉并确定亲人平安的信息渠道,它的意义价值连城。幸运的是,我们的员工在这些事件中均未受到伤害。

人身安全。在伊拉克当时的环境下,即使是非安全人员,也必须熟悉有效人身安全的基本常识。这些非安全人员必须明白安全器材和安全人员所发挥的作用和目的,包括屏障的作用、人员和炮弹防御。他们也必须理解安全照明的适当应用。

屏障。屏障，比如 Jersey and Hesco（一种可折叠式钢丝网容器，配有坚实耐用的塑料衬，以沙子、泥土或砾石填充，正如美国《陆军新闻》所描述的），就是一个非常重要的分层次防御系统。不论是单排或双排，Hesco 屏障都必须迅速地设置，作为一种经济的保护措施，它至少可以使人们心里平和。

另外，预制水泥板高墙也可竖立起来，焊接在一起，形成一堵屏障。在这个预制水泥板高墙和现有的其他高墙顶部都加上铁丝网圈，并建立观察塔，形成强固的保护和预警作用。水泥屏障构成的机动车检查站，以及强固的警卫室提供检查站的保护。

警卫人员。观察塔和机动车的入口站都必须有经过适当培训、配备器材，且预先通过了背景审查、接受监督管理的安保人员值守，负责警卫机动车入口站。其他额外的辅助人员和流动的安保警卫人员应同时巡视，以形成正式的安全保卫力量。重要的是培训和演习、标准的安保警卫程序、武器使用熟练，以及介入规则等等。

爆炸保护。防御措施的内层，包括围绕着移动房/房车而堆积的沙袋或 Hesco 屏障，这些移动房/房车是供办公使用或居住。在可能的情况下，这些移动房绝对不能有窗户，以减少由于爆炸而引起的玻璃爆裂碎片。

人员必须将办公区域设置在远离窗户的地方，如果窗户上有玻璃，就必须用胶条或塑料贴上以防止爆炸后玻璃碎片飞溅。

钢板通常都应置于移动房的墙中、屋顶和地板的夹层，以增加额外的爆炸保护。只有在这种情况下，人员也就无须担心离墙太近。在任何建筑物周围堆积沙袋，可以增加人们的一种平和心理。

照明。与稳定社会的安全环境截然不同，在伊拉克，照明与其说是限制，不如说是危险。所有人员必须清楚，灯光实际上是为破坏分子的轻武器、迫击炮，或者火箭弹提供目标。太明亮的灯光使得破坏分子可以观察到安保人员的数量、他们的武器以及专业程度。

夜视设备对在围墙外面专门负责观察活动迹象的人们非常有用。但是，很多时候必须使用照明设备。应急照明和发电机、探照灯——不论是机动手提式，还是固定在观察塔上——也应随时可用。

当然，在战争环境下，人们必须持续不断地更新风险分析，重新评估安全态势。防范措施也必须经常改进完善以适应多层次的威胁和敌方策略。因此，人们必须预期安全措施会不断地调整。

建设伊拉克的基础设施，是一次微不足道而又精疲力竭，但却令人兴奋不已的经验。希望参与该项目的承包商们都没有经过军事培训，或者美国军方做后盾的充分资源，因此，企业有义不容辞的责任对其人员进行正确的、适当的、应对那种环境的培训，并且要评估、审视执行中的安全战略以保证这些战略的有效性。只要做到这一切，对确保他们的工作安全大有益处，虽然经常会遭遇险境，但不会受到实际伤害。

注：此文为我于2005年撰写的一篇文章，为赴敌对区域工作的外籍人员提出了有实用价值的建议，本文的案例是伊拉克。

第 5 章

安全、危机管理和撤退方案：
　　星期五深夜 2 点电话——
　　"导弹从我们的四周飞过！"

第 5 章 ｜ 安全、危机管理和撤退方案

让我们将事前的杞人忧天，变成预先的思考和计划。

——温斯顿·丘吉尔

在我看来，**安全与危机管理相互依赖**。每个概念都是在全世界保护人员生命与财产安全的一个重要程序。我实实在在地相信，如果没有一个危机管理方案或应急管理方案作为支持，你不可能拥有一个有效的安全保卫方案；但是，不论你是应对人为灾害，还是自然灾害，你的危机管理方案一定要全面、充分，而且包罗万象。

危机管理就好比是肌肉健身训练。为了使肌肉在最佳水平发挥作用，适当的训练计划必须应有尽有，且必须实践练习。危机管理计划制订与紧急应对方案，只有像熟练精通、高效果断的程序一样，在需要的时刻，随时立刻就能应用，才能发挥其最大的作用。当然，在紧急情况下，很多事情都有可能出错，但是，如果预先有适当、完善的方案和充分实践练习过的程序和计划，你就能够解决这些问题，甚至预料、感觉到可能发生的糟糕事情。

以 2005 年 7 月 7 日伦敦地铁交通线爆炸案为例。7 月 7 日，许多员工知道，他们不可能准时到达办公室了，而有些人想，自己应该转头回家，或者继续往办公室走，晚点到达。2006 年 7 月和 8 月，当黎巴嫩真主党发射火箭

袭击以色列时，在这个国家工作的员工中，有多少人知道将要发生什么事？伦敦地铁爆炸发生后，在伦敦有业务的许多公司，都开始给他们的人员打电话确认所有人的平安。身在伦敦的同事们也开始使用移动电话尝试联系员工。移动电话系统很快就超过了负荷，随之瘫痪。电子邮件系统仍然正常，但是，人们依然在家里试图用座机联系他们的人员，或者继续尝试使用移动电话。

就此而言，有多少员工在面对印度孟买或西班牙马德里的火车爆炸中知道该如何做，或者如何反应？假如你在这些国家和地方不但有派遣的员工和当地国家的员工，而且还有美国的出差旅行者和员工，他们可能都身处危险之中，你该怎么办？

事实是，当危机或自然灾害在世界各地发生时，你很有可能仍在睡觉。除非你有24小时行动中心，并且有人在事发的国家或其他任何地方有足够的意识给该中心打了电话，否则的话，你可能要到早上打开电视看新闻或开车听收音机时才知道所发生的事件。而那些直到走进办公室才搞清楚发生了什么事情的人，就太可悲了。只有经历过才知道。

在诸如此类的情况下，你的首要任务就是查寻到事发国家的所有当地的人员和外籍员工，以确认他们是否安全，他们都在什么地方，他们需要你或企业为他们做些什么。但是，如果电话系统无法正常运转，你，作为企业的安全保卫经理，是无法帮助他们。

你的工地、办公室和业务场所都必须有应急预案。你的外籍员工必须要制订他们自己的预案，尤其是把家人一起带到海外的人们。你可以帮助他们制订一个应急方案，使他们能够将重要文件和他们所需要的其他重要物品集中起来。他们必须与家人讨论，一旦发生自然或人为灾害时，或者家庭成员不知什么原因走散时，他们应该做什么。他们必须将紧急联系电话号码提供给家人和朋友。使用前面已提到的"紧急联系人计划"。该计划可以是你公司内的某个人，他或她知道该员工在什么位置，及在紧急情况与此人联系的最佳方法。官方文件和诸如遗嘱、保险文件、结婚和出生证明以及入籍证明等原始文件，必须保留在本国的家中。经过公证的复印件可以允许员工带在身边。记住，你要将这一条写进正式的应急方案中，由办公室或项目经理保管。

个人应急预案样本

知道你住宿、办公和工作场所的确切地址。地图和 GPS 坐标至关重要——它们可以在必要的时候帮助你找到具体位置；也可以指出逃出路线，如果情况必要。

保留一份"安全屋"（不仅仅是间谍术语）的清单，或者是在紧急情况下你可以去的安全位置清单，假如冒险走上大街被认为是安全的。安全屋可能是一个非常明显的地方，比如，警察局、消防中心和其他类似的地方，如果这些肯定没有受到紧急情况的影响。其他类似的地方还可能是其他值得信任的外籍人员或当地人员的住房。确定在紧急情况下你首先要去的安全屋，以及你将使用什么交通方式到达那里。

知道你交通最佳的选择，以及这些交通方式的联络方法：
- 机场／航空公司。将航班信息打印出来，放在随手可以拿到之处。
- 火车站／火车线路。将火车线路信息打印出来，放在随手可以拿到之处。
- 租车公司、专车和专车司机服务。
- 公共汽车站发车时间表。
- 地铁运行时间和线路。
- 船运／渡船／港口管理机构／游轮时间。

除了你的"紧急联系人计划"（公司员工，了解、知道你的项目/办公室及其他相关信息，拥有每周7天，每天24小时与你联系的电话号码）中的联络号码以外，强烈建议，你必须知道下列电话号码和位置：
- 所在国家类似911的紧急电话。
- 大使馆/领事馆的联络信息，包括地区安全官员的联系信息。
- 所有警察局/消防中心的名录和位置地址。
- 医院/救护车名录和联系信息。
- 邮政服务的位置。
- 政府签证/海关办公室位置和联系信息。
- 所在国家的红十字会联系信息，或国际红十字会在该国的联系信息。
- 翻译服务，或能够提供电话翻译和其他信息的当地人的联系信息。

沟通联络表格（根据具体国家情况，实际的沟通联络方式有所不同）：
- 电话
- 移动电话/电话短信
- 卫星电话
- 电子邮箱/互联网
- 邮政服务/联邦快递，等等

将急救箱放在随手可以拿到之处；你可称急救箱为"撤退装备"或"应急装备"。
- 钱，比如当地货币和美元。
- 急救箱是否储备充分？
- 如果银行关闭，没有自动取款机的情况下，手头是否有紧急情况所需的现金、旅行支票和信用卡？
- 你估计这些东西能够让你维持多少天？

第 5 章 | 安全、危机管理和撤退方案

关于应急管理和危机管理计划，我强烈地建议，你不要独自处理这些事务以及自己完成计划制订步骤/过程，或者只与你的安全小组。你可能无法完成所有这些事情，独自处理和自己完成会使你精疲力竭。因此，为使方案最广泛地成功应用，成立一个灾难恢复特别小组。这个特别小组应该包括企业的各职能部门，诸如保安及人身安全专业人员、人力资源、信息技术、危机管理、法律、运营（维护、接待和食品服务）和企业分支和业务部门——零售、制造、工程和咨询部门，涵盖了公司所有部门的代表。

办公室/项目的应急预案必须根据最终用户（赴高危地区工作的人员）的需求而计划与制订。预案要组织机构的专业术语、名称、职务及联系信息。预案必须说明需要什么资源才能使该预案成功实施。各类不同紧急情况下所需的信息必须列出一个清单。我坚信，在紧急情况下，必须使用事项检查清单。

关于应急预案，每在一个特定的地点或设施，方案的纸质复印件必须分发给所有员工。保证所有人员都熟悉和能够拿到预案的一个有效方法，就是将预案放在公司的内部网站上。各部门经理们必须保证所有员工按照预案接受培训，这也是新员工入职，或者被委派到海外工作必须经过的培训。如果某个项目、设施或工地建设分布在多个地方，那么必须保证每个地方都有针对这个特定地方的相应的应急预案。只有信息内容关键重要，应急预案手册才重要；因此，必须对手册进行强制性审核，以确保所有信息与时俱进、有的放矢。

关于外国地区和不友好区域的紧急医疗救助问题，你们需要考虑，这些国家是否有急救号码用于报告医疗急救。如当地没有类似的急救电话号码，负责设施安全及人身安全的经理就必须确定当地紧急医疗救助资源，而且需要建立内部的医疗救助能力。在极端的情况下，你们需要聘用你们自己的医疗人员——医生、护士，或接受专业培训的紧急救助专业人员——在项目或

设施所在地维持一个医疗诊所或医疗小组。如果最近的创伤中心或具备资格的医疗机构距离你们的住地非常远,那么,你们可能就需要制订一个紧急医疗撤退方案。

国际SOS救援中心(International SOS)为企业提供多功能紧急撤退服务和其他多样化服务。他们不仅仅有能力提供紧急医疗撤退,比如我上面提到的涉及员工创伤或严重的医疗急症需要立即撤退,而且,他们还能够在涉及动乱、政变和安全保障彻底失效的其他局势时提供安全撤退服务。另外,国际SOS救援中心还提供对周边的医疗设施、当地的主治医生、诊所、医院、牙医和其他医疗保健机构进行调研服务。该中心还能够向你以及你们的项目提供建议——哪位医生讲英语,医疗水平的职称等级和能力,并且协助你们制订应急预案计划、处理涉及员工的医疗急救相关事宜。在不友好的地区,精心细致的紧急医疗行动预案对救援成功和员工生存至关重要。

外国特定地区的消防应急机构,可能会让你们经历他们也要面对的非比寻常的挑战。我去过的许多外国城市,那里的高层建筑物可能没有大楼火警设备。或者,当发生火警时,消防部门是否回应警报就像是掷骰子碰运气。而当这些外国城市的消防人员回应后,他们可能配备了,也许没有配备最新的救生设备,包括云梯消防车和其他相应的工具。设施与人身安全经理必须事先做好调研,了解企业项目和办公所在地的火警消防反应能力。如果必要的话,当地的员工需要接受消防应急反应培训。当地更需要注意和担心的情况,包括没有消防楼梯、火警报警系统、消防喷淋系统和其他诸如此类的应急设备,或者大楼的这些设备严重不足。特别需要关注的是,如果你们的工作地点远在郊区,等待消防回应就不是一个选择,你们就需要建立自己的消防小队,一旦需要,他们能够处理这些事务。安排外籍人员住宿也是必须特别注意的事情，尤其是如果许多公寓和高层大楼可能没有相应的消防楼梯的情况下，或者这些建筑设计有问题，比如，窗户上的防护铁条在紧急情况无法卸除。

自然灾害，比如前面提到的地震，根据你们员工所在的具体地方及所在国家或地区的自然情况，也是必须考虑和应对的关注事宜。你们不仅需要确保员工接受遭遇自然灾害时的自我保护培训，更要制订你们自己的应急行动方案，尤其是当你们知道当地政府的资源和设备不足，且没有能力提供任何帮助的时候。

在不友好的地区和国家，应急预案中最有必要的一个方面就是应对炸弹威胁、绑架勒索威胁和蓄意破坏。至于消防应急计划，当地应对炸弹威胁的能力可能非常有限。你们必须考虑对当地的员工能力进行相应的培训，目的就是要保证你们的外籍人员和当地员工了解和意识到搜寻、查找可疑包裹。与其他诸如此类发生的事情一样，确定你们没有受到实际爆炸威胁影响的最佳的办法，就是将诸如严格的出入控制、加强处理不寻常邮件和包裹方面的培训、对设施和居住的建筑物进行退缩处理，以及降低风险的其他一些重要措施列入你们的准备和预案之中。同样，根据你们运营的所在位置，当地执法部门或军方可能也不无胜任应对和解决你们所遇到的紧急情况的能力，或者远水解不了近渴，你们只能依靠自己解决问题。与任何其他情况一样，如果你们认为已经发现了真正危险品，一定交给专家处理。如果当地执法部门不能处理这样的情况，或者他们没有在现场，就要求他们联系军方。如果这些都不能解决，有私营公司专门处理未爆炸武器。按照你的应急预案撤退人员，让所有人员远离现场。

阻止和应对工作场所的暴力活动，是不友好地区另一个令人担忧问题，与美国的情况一样——甚至更严重。正如前面已经提到，防止糟糕的事情发生，取决于震慑预备、侦察/察觉、延缓发生以及合理预案制订。外国某个地方的工作场所，而这个地方恰好又是不友好的地区，这里的暴力活动可能有多种形式。表现形式从常见的内部人员之间/不同人种之间/不同种族之间在工作岗位上的冲突，到持械武装侵犯外籍人员住处。防止暴力活动发生的措施多种多样，从在工作岗位上安排现场安全官员，到在外籍人员住处设置安全屋。应对工作场所暴力活动的培训至关重要，不仅仅是对安全官员和全体雇员，也是对业务主管人员和其他员工。注意个别员工——不论是合同工，还是全职雇员——的行为举止可能传出某种警告信号，这一点至关重要。遵循与医疗急救和消防警报同样的应急逻辑，如果此类事件发生时，当地的第一应对能力无法向你们提供正确、有效的支持，那么，你们就必须迫不得已要确保自己依靠员工的支持处理所面临的情况。

安全所涉及的事宜，还要包括血源性病原体职业暴露的防止和处置，以及相关的安全计划——其中的绝大部分是你们在美国就已具备的安全计划中涉及血源性病原体职业暴露防止和处置内容。

紧急电话号码、电话名录、重要电话顺序表——无论你们给起什么名称，在紧急情况及其他情况下都是至关重要的信息。陆线座机电话在正常情况下，一般通话可能没有问题，但是，在发生紧急事件、自然灾害、恐怖行动和其他事件期间，陆线电话系统可能崩溃，或者被立即关闭。移动电话系统也可能崩溃，或者受到很大的限制。卫星电话经过测试正常使用以后，应该考虑作为一个选择。卫星电话不断地在提高通话质量，能够成为至关重要的通信渠道。我在高危地区使用这些通信工具相当成功。你们的紧急电话号码清单应该包括所有的救护车和第一回应部门，包括消防、警察以及当地的中毒控制中心。

医疗机构的电话号码必须预先审查核实。将各类首选的非急诊医疗机构电话号码及诊室看病时间列出一个清单。将这些医疗机构的地址和电话做好备份。地址和地图非常有用。当然,你们还必须找到讲英语的医生和诊所,如果可能的话,或者随时可以找到翻译。

你还应该为你所在国家的应急小组准备一份电话名录:住宅电话、移动电话以及每个电话的备份。如果你正在使用卫星电话,强烈建议将卫星电话号码也加上。将办公室人员名单列上,包括当地员工。明确注明相应使馆的电话:美国、英国及其他国家。如果你已在当地结交了朋友,那么你应该将工作之后的联系方式交给地区安全官员和使馆/领事馆工作人员。将总部的应急小组、公司安全、风险管理及其他部门的联系电话也列成清单。(表格5.1是当地管理层和公司总部最重要和次要的关键小组成员联系方式;应急预案中额外的一些内容在本书附录一中)。

根据所处的位置和可能资源形式,消防是特别关注的重中之重领域。与绝大多数安全预案一样,常规性消防意识和安全意识属于充分宣传和实际演练的计划的一部分。工作区域应保持没有任何垃圾、碎片等,这些杂乱堆可能属于易燃物品,而且还可能成为紧急情况下撤退时的障碍物。吸烟区也是必须密切注意的一个区域,必须放有合适的掐灭烟头装置。必须有人专门负责灭火装置,确保这些灭火装置处于完好的工作状态,并被放置在最明显的地方。要求员工必须知道这些灭火装置的位置。消防栓和水龙带必须定期检查,员工必须接受如何使用消防栓和其他消防设备的培训。消防安全出口必须有明显标注,出口处必须没有任何可能造成滑倒的任何障碍。撤退演练必须进行,楼层或区域消防官员负责清理撤退区域,以保证所有人能撤离。

关于炸弹威胁,员工收到信息后必须记录下来,然后交给他们的经理和负责安全的人员。员工需要尽最大努力保持冷静，按照预先提供的表格上的指示收集信息。如果，炸弹威胁是通过电话收到的，那么，应尽量拖延来电者或保持通话。来电者通话时间越长，你就越能够获得更多的信息，你就有更大的潜在机会听到耳机中的背景噪音，或者其他非常有用的信息。如果获得授权允许，撤退必须按部就班，就像是遇到火警时一样。门和窗都必须打开，以减少压力波，也许能将破坏降到最低限度。关于火灾撤退，员工必须清楚地知道去什么地方、如何集结以及各自的责任。撤退完成以后，只有专门负责的员工才有权力下令让所有员工重新进入大楼。炸弹搜寻绝非是一项轻而易举的任务；然而，培训员工如何展开搜索也是可能的。当然，如果你们公司有这方面背景经历的安全官员，他们可以充分发挥作用。

下面是向公司应急管理小组和危机管理小组报告紧急情况程序样本，以及详细解释这类小组的一些功能作用。

向公司危机管理小组报告紧急情况时的事项清单

任何需要向公司危机管理小组报告高危情况时，最基本的就是，最初提供的消息一定要尽可能地具备更多的信息。提供的消息应该：

- 描述紧急情况的类别（恐怖分子袭击、宣布战争状态、民事骚乱、反美示威、反对公司的示威、自然灾害以及其他）。
- 报告谁宣布的紧急状态：东道国政府、大使或其代表、项目经理或其副手以及其他人。
- 报告谁接到的通知：总经理、办公室主任、秘书或接待员、其他美国雇员、当地员工以及其他人。
- 报告该通知是如何传达的：电话、信使、公共广播、私人渠道、个人观察以及其他。
- 报告什么时候宣布的紧急状态：时间／日期（用24小时制，以当地时间为准。）
- 报告宣布什么地方进入紧急状态：乡村、某些州或省或地区、指定的城市以及其他。
- 报告为什么宣布紧急状态：对生命造成直接危险、对财产造成直接威胁、预防措施以保护人员或财产以及其他原因。
- 报告东道国政府面对紧急情况已采取哪些可能影响撤退或其他行动的措施：机场对民航机关闭、主要交通干道上设置了路障、商业通讯被切断、实施宵禁、禁止公共聚会以及其他。
- 报告该地区使馆已采取什么行动：命令立即撤退、只安排专门人员"警戒"事态发展、召回边远地区的人员、销毁文件、命令他们的公民到集中点或疏散点以及其他。
- 报告相关的大使馆和美国大使馆建议采取什么行动：等待指示、留在室内、到集中点汇合、销毁设备和记录以及其他。
- 详细报告你已采取了什么行动。

公司危机管理小组

公司危机管理小组，由预先指定的公司人员与应急响应小组共同组成以保护员工和财产。这个公司危机管理小组将制订和运用：
- 公司危机管理方案；
- 当地管理小组的指导原则；
- 应急小组的指导原则；
- 培训会议，至少每半年一次，以保持高度的警惕和熟悉水平；
- 对主要高层管理人员进行海外人员安全意识和觉悟培训。

应急反应小组

应急反应小组,由公司内部拥有经历和经验的全球企业安全小组成员构成,根据公司危机管理小组的要求,协助当地的管理部门解决主要紧急事件。应急反应小组负责提供所在地区/国家数据、为公司危机管理小组规划方案、收到通知4个小时之内作出相应部署以及协助/支持当地管理层。

当地小组负责人必须包括:
- 事发区域的高级运营代表;
- 财务部门代表;
- 当地法律事务代表;
- 人力资源/行政部门/工资部门代表。

公司小组成员必须包括:
- 公司危机管理小组协调人员;
- 公司危机管理小组组长;
- 公司危机管理小组副组长;
- 行政副总裁;
- 审计官/首席财务官;
- 负责人力资源的副总裁;
- 公司高级法律顾问;
- 传播/媒体总监。

注意,只要公司危机管理小组的轮值协调员被召唤,所有小组成员必须都要接到通知。

表格 5.1 企业危机管理团队成员和地方管理人员联系方式表

主要人员:	
住宅电话:	办公室电话:
移动电话:	电子邮箱:
替代人员:	
住宅电话:	办公室电话:
移动电话:	电子邮箱:

下面是向公司应急管理小组和危机管理小组报告紧急情况程序样本,以及详细解释这类小组的一些功能作用。

紧急通知程序

如果任何人意识到危机情况,或者任何涉及或影响公司人员安全的紧急情况时,立即电话至:

1. 当地管理机构;如果没有联系上:
2. 公司危机管理小组;如果没有联系上:
3. 下列各地的应急反应小组:
   - 相应的美国、英国或目标国家的使馆或领馆——工作时间
   - 下班之后/假日期间的电话号码:
   - 24小时服务特别号码:

   (24小时服务特别号码只有在紧急情况下才能使用。请限制知晓范围。)

如果没有联系上,请联系相应的美国、英国或目标国家大使馆/领事馆的地区安全官员。

如果没有联系上，请联系友好国家的使馆。

除非接到指示，否则，不要联系当地政府机构。只有在生命受到威胁的情况才可以例外地联系当地政府机构，因为，紧急出警和火灾救援是拯救生命和财产安全的绝对必要。

过程

当地管理小组

公司当地管理小组的确切职责，在危机事件发生时将与公司危机小组协调发挥作用。然而，当地管理小组的负责通常包括如下内容。

当接到某个危机事件通报时，当地管理小组立即通知公司危机管理小组，之后尽一切可能立即会面。公司危机管理小组接到通知后，下列事项必须完成：

- 选择某个安全的基地。选择安全场地供当地管理小组使用。
- 将愈加趋于紧张的局势通报危机管理小组进行分析。建立并保持与公司危机管理小组的可靠沟通渠道。必须保持一条安全的电话线路，专门用于与公司危机管理小组的通讯联络，每天24小时有专人值守。另外，建立与公司危机管理小组的备用通讯联络方法，以备主要通讯联络线路中断时使用。
- 启动事件日志，记录24小时所有相关细节。
- 与当地有关部门、主要联系人和国务院人员（美国使馆等）保持密切联系。
- 向所有人员说明事件原因。
- 建立追踪程序，确定所有人员任何时候所在的位置。
- 出于严格的安全考虑，确保任何相关人员只有在需要时才收到情况通报。
- 指示所有人员要保持低调。
- 为所有员工和随行人员制订临时的旅行安排（使用预留机票等）。安排备用交通方式，以备初步方案受到阻碍的情况下撤出该国。

- 确保所有员工将他们个人的重要文件汇集齐全（护照、档案和其他旅行文件），以备必须撤退时需要。
- 如果时间允许，安排将个人物品、行李和轻便的家庭用品进行存储。必须使用仓库或其他专门用于存储物品的地方，以备将来重新找回来。
- 确保所有员工清楚知道去机场的最佳方式，包括备选方式和路线。
- 指导人员将随身物品打包在一个手提箱内，每个人可携带重量不要超过66磅。
- 如果时间允许，对办公室做相应的准备——整理文件，确认带走和销毁。考虑安排未完成的合同、账目等。清查、打包并存储所有办公室器材和用品。
- 确保随时向公司管理小组汇报！
- 随着事件发生和发展继续进行评估。
- 与公司危机管理小组协调、联络。向公司危机管理小组提供准确、及时、客观和没有任何偏见的信息，以确保所有各方的有效协调。
- 采取恰当的措施防止人员受到挑衅者的可能袭击，以确保所有员工的安全。
- 防止敏感信息被非授权人获得。

小组职能——公共关系

在公司危机管理小组的指导下，以授权发言人的方式，控制对媒体的声明、新闻内容和发布时间。

与新闻记者建立友好关系，因为他们可能随时协助你们在媒体上刊发有帮助作用的文章。除非获得公司危机管理小组的授权，否则，不能对媒体做出任何评论；媒体的所有要求必须转到授权发言人。

在公司危机管理小组的指导下，准备对媒体的声明，未雨绸缪，以应对媒体可能的问询。

启动详细的法律后果审核，包括：
- 公司的债务

- 消费者和客户合同

小组职责——行政管理
- 组织安排总体的设施、交通、住宿、设备和医疗辅助等等，以维持在整个持续的暴乱过程中当地的管理（和家庭）。
- 就员工受伤或被捕之后所涉及的医疗和法律后果，全公司可能的责任问题向公司危机管理小组提出建议。
- 考虑涉及与其他利益相关的公司、客户、工会等联络事宜。
- 考虑与该地区的其他外国公司进行沟通，共享信息和资源事宜。
- 为公司危机管理小组准备情况报告，阐述：
  - 威胁的性质
  - 目前已采取的行动
  - 警方介入和要求
  - 法律风险
  - 当地政府利益
  - 公共关系政策
  - 联络政策
  - 沟通细节
  - 商业意义
- 首选目标和行动流程

小组职责——公司管理小组
只要接到严重事件发生的预告，公司危机管理小组的最初应急措施应该包括：
- 公司危机管理小组协调人员（公司的安全保卫经理）立即开始通知各部门。
- 向公司危机管理小组组长发出警报，并确定会议的时间和地点。
- 向公司危机管理小组所有成员通报事件及会议时间和地点。
- 根据指示，向公司其他高层管理人员或者环境资源人员发出警报。

- 启动24小时安全指挥中心，专门接收、评估并向公司危机管理小组传达相关信息。
- 联系相关的当地管理人员。
- 坚持24小时事件记录日志。
- 建立安全电话线路或与事件发生区域建立网络连接以获得信息。
- 确保公司危机管理小组可以提供指导之前，相关的当地管理人员已能够集中和采取行动。
- 在公司危机管理小组指导下向应急反应小组发出警报。

公司危机管理小组的召集人职责包括：

1. 法律事宜：负责在事件发生期间及之后就所有法律方面的事务提供信息并提出建议，包括：
   - 股东诉讼提出的责任；
   - 受到事件影响的公众或其他人诉讼提出的责任；
   - 因执行公司政策而受伤或受到控告的个人提出的责任；
   - 涉及向执法机构传递信息的地方法律；
   - 文件档案内容、允许接触这些文件的范围和决定最终销毁。

2. 财务事宜：负责在事件发生期间及之后就所有财务方面的事务提供信息并提出建议，包括：
   - 决定应急资金的来源，无论是从公司账户，还是从子公司某个账户提款，或者使用银行的"特殊用途"；
   - 安排银行谨慎适当提取现金；
   - 将资金列入预算所使用的程序；
   - 应急资金的运送，包括跨国境运送；
   - 了解汇率政策和规定；
   - 紧急行动中公司或子公司财政支出额抵税的可能性。

3. 人力资源事宜：负责在事件发生期间及之后就所有公司关系/人力资源

方面的事务提供信息并提出建议，包括：

- 持久动乱／骚乱期间明智／适当地更换人员；
- 因动乱／骚乱而受困人员家庭的联络、福利和情况通报；
- 员工的士气与精神面貌；
- 事件对当地劳资关系的影响；
- 公司高层管理人员在高风险地区工作的服务条款；
- 动乱／骚乱之后回归的员工接待和治疗；
- 如果适当的话，提供涉及受害者身体健康的医疗或其他信息。

4. 公共关系事宜：负责在事件发生期间及之后就所有公共关系方面的事务提供信息并提出建议，包括：

- 任命公司总部及其他受影响地区的授权新闻发言人；
- 控制向媒体发布的所有事项的内容、发布时间和发布方式；
- 与媒体的联络；
- 与所涉及的其他公司或机构的公共事务代表进行联络；
- 控制媒体接触受困人员的家庭和其他参与人员；
- 公司内部的公共关系；
- 事件解决之后向专家及家庭提供建议。

5. 安全应急：负责在事件发生期间及之后就所有安全方面的事务提供信息并提出建议，包括：

- 通信安全；
- 公司危机管理小组会议室的安全；
- 卷入动乱／骚乱的人员的亲戚及其他相关人员的安全；
- 当地管理人员和员工的安全；
- 与相应的执法部门／机构联络与协调；
- 根据具体情况，工厂安全、办公室安全，或受到影响的产品；
- 正确处理所有可能被要求提供的物品（信函，等等）以协助警方调查，或作为证据。

6. 国际问题：负责在事件发生期间及之后就所有国际方面的事务提供信息并提出建议，包括：
- 与东道国政府相关的事件后果；
- 事件涉及的合资公司管理后果；
- 可能的商业制裁；
- 公司在所在国家当前及长期贸易地位谈判政策的影响；
- 全部或部分人员从所在国家撤退的必要性，或，临时或长期基础上经营的必要性。

小组职责——应急反应小组

应急反应小组，由公司内部拥有经历和经验的全球企业安全小组成员构成，根据公司危机管理小组的要求，协助当地的管理部门解决主要紧急事件。应急反应小组负责提供所在地区/国家数据、为公司危机管理小组规划方案、收到通知4个小时之内作出相应部署以及协助/支持当地管理层。

应急反应小组负责：
- 监控危机局势；
- 提供所在国家危机的第一手分析；
- 向公司危机管理小组和当地管理部门采取相应行动提出建议；
- 协助搜集危机地区情报信息；
- 作为政府官员、敌方组织、侵略者、抗议者和使馆人员之间的联络，以及撤退联络；
- 危机中帮助协调人身安全与设备安全相关事宜；
- 向公司高层管理人员提供人身保护。

后危机评估：安全与危机管理相互依赖

危机之后，高层管理小组要对危机的所有方面进行评估——应对和处理成功之处，以及需要改进的地方。

一份评估表格对收集相关信息进行分析非常有帮助。这类信息表格之后可以被收集起来，分发给当地的管理小组和危机小组。

危机管理小组在危机过去之后应迅速会面集中，将各自的笔记进行对比，并提出建议以加强现有的程序。之后，新的版本和建议将被分送给相关的经理，以补充到他们的危机管理方案中。

全球办公室：确保全球办公室通信系统

非常重要的一件事就是**确保全球办公室都具备通信系统。**

通信系统的建立和维护，对迅速和安全地实施危机管理方案至关重要。当地管理人员和运营负责人对建立通信系统/程序负有全面责任，并要确保现有的通信设备运营完好。当地管理人员必须配备多种现有的通信设备。民用波段的无线电通信设备常常都安装在家中和汽车里；手提式卫星电话早已被证明在最紧要关头是最可靠的通信设备；单边带调制无线电能够用于办公室以及员工中的业余无线电爱好者。当地的电话系统也许能够使用，尽管它们的通信效果无法指望，尤其是在与美国、英国和相关国家的大使馆和领事馆通信联络时。确认所在国家使用任何无线电通信的法律许可和规定，以确保遵循当地的法律。

若干不同类别的通信网络必须建立起来：

- **当地公司与公司危机管理小组之间**：这条通信网络的连接可能难于维持，因为它取决于当地的电话服务，很容易就被中断。手提式卫星电话、电子邮件或传真也许更可靠一些。当地公司的管理者必须获得公司危机管理小组的授权，可以单方决定实施紧急撤退计划。如果与公司危机管理小组的通信联络是一个薄弱环节，那么，在必要的情况下，就要求当地公司的管理者在没有公司危机管理小组的指导下必须有能力采取行动。当地运营管理的负责人必须确定，通过某种远程通信方式与公司其他全球办公室沟通联络是否可能。如果这种远程通信连接能够建立起来，应急方案就必须将邻近的全球办公室作为向公司危机管理小组传递信息的中转站。

- **当地办公室与美国、英国或相关国家大使馆或领事馆之间**：不论是哪国公民，美国、英国或相关国家的大使馆或领事馆通常都是愿意支持和帮助某家美国公司的所有外籍人员。美国、英国或相关国家的大使馆或领事馆都在密切关注着所在国家的政治/军事事件和活动，都有外籍人员撤退方案。因此，建立与使馆通信、联络的可靠渠道，对当地公司紧急撤退方案有极大的帮助。与美国、英国或相关国家使馆或领馆的主要通讯连接可能就是电话。必须确切地知道使馆内负责撤退方案制订的人员，并将他们的电话号码与其他紧急文件存在一起。假如电话系统受到干扰，负责运营的人员就必须设法将公司列入使馆的紧急无线电网络之中。最后的选择就是与使馆安全官员进行面对面的沟通。如果使馆附近区域出现示威活动，去使馆与安全官员见面沟通可能是危险的，所以，负责运营的人员就必须根据他们对形势的评估来决定相关的选择。

- **公司内部的通信**：通信是宣布开始撤退和协调实施撤退中必不可少的。民用波段无线电、单边带调制无线电和卫星电话/蜂窝移动电话，都能够用于全球公司和其他地区之间建立联系。所有通信系统都必须定期测试，以确定他们能够提供最佳质量和最可靠的通信联络。在不稳定时期，这条通信联络线必须保证24小时的监控。

- **公司办公室与员工个人的家庭之间**：公司办公室和员工个人家中的通信联络方式，可以是存放在家中的民用波段无线电、便携式接收机，或者蜂窝移动电话/卫星电话。

每个全球办公室都必须具备：

- 所有当地管理成员的通讯录；
- 公司危机管理小组所有成员的通讯录；
- 应急反应小组成员的通讯录，包括24小时紧急电话号码；
- 美国、英国或相关国家使馆或领事馆辅助人员的通讯录；
- 与公司总部安全、可靠的通信联络，包括备用方式，以防常规方式中断；
- 撤出所在国家所需的交通资源通讯录，包括备选方式，以防常规方式无法实施（比如飞机、船只、汽车）；
- 所在地区备选机场名录，包括小型机场（它们的承运能力和联系方式）；
- 在这个国家的所有人员、外籍人员和他们的随行人员最新的人员信息表（比如近亲和其他紧急通知信息）；
- 风险分析和最易受攻击方面的评估报告/所在国家设备情况；
- 已制订完成的紧急撤退方案；
- 安全港，存储有紧急供应品/储备物资（定期检查供应品的新鲜度和数量）；
- 应急资金（现金）；
- 设施平面图，包括周围地区的，提供给公司危机管理小组和应急反应小组；
- 危机发生或撤退无法避免时，核实人员的程序；
- 事件报告程序。

公司危机管理小组的特别事件报告

信息必须通过最快的途径传递给公司危机管理小组。使用当地的时间和日期，以下内容必须记录下来：

- 事件发生的日期
- 事件发生的时间
- 事件发生的地点
- 事件的性质
- 事件描述（什么人、什么事、什么地方、什么时间和为什么）
- 通知（迄今）
- 公司内部
- 外部代理公司
- 是否有媒体/公众报道？
- 特别担心/需求？
- 报道事件的人的姓名：记者的办公室/家庭电话号码

根据客户最常规需求以及公司银行的情况，拟制一份《特殊事项安排情况说明》。在必要的情况下，可以对这个《特殊事项安排情况说明》进行调整以满足客户的特定需求。但是，实施程序必须尽可能地简便、灵活，同时保持必要的控制等级，因为这些程序都是在非正常情况下实施完成。

每个特殊事项协议都必须有签字的《特殊事项安排情况说明》和照片作为副本。

列在《特殊事项安排情况说明》上的代表人物——数据库中包括了这些个人，被授权请求发放资金和从公司获得资金。

现金管理方案

全球办公室必须建立迅速接受公司应急资金的方式与途径。以下是现金管理方案表，所有信息必须包括在内：

5名获得授权要求资金的人（包括在相应的联系人名录内）：

1.＿＿＿＿＿＿＿＿＿＿＿＿＿＿＿＿
2.＿＿＿＿＿＿＿＿＿＿＿＿＿＿＿＿
3.＿＿＿＿＿＿＿＿＿＿＿＿＿＿＿＿
4.＿＿＿＿＿＿＿＿＿＿＿＿＿＿＿＿
5.＿＿＿＿＿＿＿＿＿＿＿＿＿＿＿＿

3名获得授权亲自接收资金的代理人：

1.＿＿＿＿＿＿＿＿＿＿＿＿＿＿＿＿

2._____

3._____

必须遵循以下的程序：上述所列5名授权管理人之一，打电话给下面所列出的公司（银行）代表之一（包括相关的联系信息）：

1._____

2._____

考虑到可能受到时间限制的影响，资金可以运送到某个大都市地区的机场，以便于公司授权的某个代表领取和接收。

具备代表性的货币细节：重量 / 立方体积 / 数量 / 面额 / 磅 / 盎司 / 英寸 / 厘米

公司必须安排国际配送的情况下，美国海关总署将要求你填《1790表》："货币报告"。

海关联系人：

国际旅行安全管理

公司危机管理小组，在每位员工赴动乱区域之前，必须备有每个人的个人信息表格，包括如下信息：

1.姓名：名、中间名、姓，以及昵称；

2.身体外貌描述：身高、体重、眼睛颜色、头发颜色、明显伤痕、斑记和文身；

3.家庭常住地址和电话；

4. 所赴国家的工作地址和电话；

5. 婚姻状况；

6. 配偶及孩子的详细情况：全名、身体外貌描述、学校、学校课程安排、详细的医疗信息、紧急情况联系信息；

7. 医疗信息：过敏情况、服药情况、患有慢性病情况、注射记录、紧急情况下联系人信息；

8. 官方文件：护照和签证复印件，以及签发日期地点、护照有效期和签证有效期；

9. 所得税表；

10. 讲几种语言；

11. 特殊技能；

12. 个人车辆：外形描述、车牌号、汽车识别号码（刻在发动机上）；

13. 照片；

14. 抵达所赴国家时期；

15. 在该国的行程安排；

16. 飞机航班信息及其他旅行安排。

出差旅行的员工必须随身携带：

1. 随时可用的开放机票；

2. 护照和签证复印件，与原始件分开存放；

3. 额外的护照照片；

4. 距离最近的友好国家使馆的地图和方向指南；

5. 距离最近的美国、英国和相关国家的大使馆或领事馆地图和方向指南；

6. 预先确定好的安全港地图和方向指南。

出差旅行员工必须随时携带：

1. 护照和签证；

2. 紧急联系电话；
3. 当地管理人员的电话号码（附拨打指南）；
4. 距离最近的美国、英国和相关国家使馆或领馆电话号码（附拨打指南）；
5. 公司危机管理小组的电话（附拨打指南）；
6. 应急反应小组24小时电话（附拨打指南）；
7. 交通联系电话；
8. 酒店/住宿联系电话；
9. 当地警察局电话；
10. 当地医疗急救电话；
11. 当地货币。

你在制订安全、应急和撤退方案时，必须从项目名称、办公室名称和项目/办公室地址开始。你为员工提供面对诸多不同紧急情况时所应采取的程序和指导方针。这个方案以及该实施方案的方式方法，关系到人们的生命，是极其重要的。你们可能要面对的紧急情况，包括医疗救护和可能需要疏散、所在国家和地区动乱、安全撤退、恐怖活动、针对你们的项目/公司/办公室的犯罪行为，以及自然灾害。你们方案的必须精心制订，以适用于不同的地点和位置，比如，办公环境、制造工厂、建筑工地、外籍人员住处和涉及你们员工的其他地点位置和环境。

在充满敌意的区域，你的方案可能要包括从每日的人员及设备安全程序，到员工如何从居住地到工作场所/办公室，再安全地回到住处。你的撤退方案可能要从员工住处开始实施，或者从办公室/工作场所开始实施，可能是到某个邻近的安全国家。你的人员安全、设备安全和紧急/撤退方案，必须适用于你在方案中所概况出来的各类紧急情况，为项目经理、高层管理人员、安全保卫经理和所有员工提供紧急情况下行动指南。方案必须考虑到，也必须特别强调重视这些事实，即：你的方案针对的是外籍人员和所在国家当地的员工；你可能有许多办公场所/工地和地点；你要应对承包商、转包商、供应商以及所有办公场所/工地上的其他人员。

你的方案，不但必须要预先考虑到适用于外籍员工，还要考虑到那些临时项目人员和出差旅行到这里执行任务的人员。你需要指定一名负责人，以完善和维护计划与方案。我建议这名负责人应该是办公室主任，或者是被挑选出来的项目高级经理。需要得到帮助和协助的当地员工，包括当地的安全人员、危机管理小组成员、人力资源、财务和关键部门和职能部门的人员。正如前面所提到的，精确地了解和知道你们的外籍人员和当地员工所在的位置，并尽可能地及时采取行动，对计划和方案的成功至关重要。你们的安全计划里，还要包括驻守在外籍人员住宅、办公室或工作场所的安全官员，或者涉及上述所有地方负责交通运送的员工。安全警卫工作最大的可能性是转包出去，所以，可能包括当地雇佣的警卫人员，只要当地有合格的申请者。对这些当地警卫人员的培训，必须在公司安全官员的指导之下，由公司的地区安全经理或现场安全经理，或有资格的转包商负责实施。由现场安全经理实施培训，可以使得安全方案的成功更轻松易举。

关于撤退，求助于类似国际救援中心这样的机构，能够提供医疗救援和遣送回国服务，还可以提供个人帮助，包括丢失文件方面的帮助、应急现金筹备和使馆/领馆方面的信息服务等。国际救援中心的国际呼叫中心全年365天、每天24小时都有人值守。

高危地区紧急救援和安全管理方案的样本在附录一可以查阅。

关键问题：独立运用与执行计划和程序

安全和危机管理，是全球旨在保护人员与财产的生命安全计划与方案至关重要的两个部分。当必须考虑在外国地域工作的外籍人员安全时，这两个部分尤其重要。针对高危地区，你们的计划需要考虑到基于现有的国内安全和危机管理方案的方方面面，但有一个非常重要的区别。在外国和潜在的高危地区，你们的安全和危机管理方案中一个极其重要的内容就是，员工撤退必须依据当时的特定情况。你们的员工的安全和保护方案与程序的制订和构成，必须遵循这样一个原则，即：他们可以**不依赖于美国总部而独立地运用与执行这些计划和程序**。鉴于距离和通信可能中断的原因，以及当地的支持设施关闭这种潜在性，你们的安全和危机管理小组必须保持意志坚定、信心十足，必须经常性地演习，并且要得到总部机构的全面支持。

案例分析：东南亚地区项目的群体抗议

2006 年夏天，东南亚地区的某个项目正在经历着村里附近居民持续不断的骚乱和抗议。抗议活动导致本来就已很不幸的项目早在数年前就已关闭。现在，国际环境机构以及其他活动分子组织正在介入。这个非常不得人心的政府拒绝会见当地的领导者，继续忽视村民们的要求，此举无异于进一步对当地居民火上浇油。到目前为止，每天都有外籍人员仍在项目的所在地工作。这些外籍人员居住和工作都在附近的一座综合大院，被同一批抗议的村民包围着，因为这些居民对这个项目设施的持续施工非常不满。公司与外籍人员居住大院附近的村民曾经有关过良好的关系。然而，正在施工的项目设施工地附近的村民却极少同情心。这些村民只看到施工每天所取得的进展，而环境机构的人员不断地告诉村民，这些设施将会污染他们的村庄，对他们的身体健康造成损害。因此，小群体的抗议开始发展成为更大的群体抗议，局势被搅得越来越严重。抗议活动已引起国际关注，该项目的外籍人员越来越担心。这个项目已经有现成的安全和危机管理方案，而且外籍人员第一次住进这个国家时还曾经演习过。演习非常有效，因为，某个特定的星期六，在没有任何预警的情况下，数百名抗议者突然聚集在工地的前大门准备攻击。项目经理有一份危机管理方案的复本，因此，就在前门和控制中心的安保人员开始在工地周围布置额外的安全保卫人员时，这位项目经理开始向他的员工分派和布置危机管理方案中的各项任务。到一系列的电话打完之后，前大门已处于失控的混乱状态。村民组成的人群根本无法阻止，已经占领了前大门。危机管理小组的员工继续将危机管理的计划付诸行动。这个计划花费了数月时间精心制订，并经过了认真的演习。电话打到了当地警察局，并由警察局联系了军方。警方作出回应并开始准备，但是，仓库附近区域已经燃起了小火，一些设备被毁坏。当军方作出回应的时候，项目经理收到消息说，一架直升机已经准备好了，15分钟后就可以抵达工地，一旦需要，立即可以将外籍人员撤出。项目经理一直保持着电话通话，此时军方已开始控制局势。村民群体的进攻有些减弱了，将他们的怒气发泄在建筑设备上，放了一把火。直升机驾驶员接到通知说，局势已经得到控制，人群正在撤退，回到他们的村里。驾驶员接到命令留下来作好准备，因为，随后的数天将是关键时期。

第 6 章

危机管理行为准则:
制订危机管理方案

第 6 章 | 危机管理行为准则

全力以赴立即执行的合适计划,胜过下周才被执行的完美计划。

——乔治·巴顿

危机常常瞬息万变,正如前一章所讨论的马德里和孟买的爆炸局面。在马德里和孟买的爆炸案中,当爆炸的消息传到西方媒体时,事件已处在恢复阶段,或应对响应阶段。另一方面,2006年的以色列局势却是在数星期、数月的时间里逐步升级,黎巴嫩真主党的火箭弹开始慢慢地、一点一点地落在以色列土地,之后随着时间的推移变得越来越多,越来越常见。以色列在这段时间备受煎熬。随着火箭弹发射频率增加,准确率提高,我们这些在美国本土负责应急计划制订的人员开始担心项目小组的安全。我们与项目小组进行电话会议并举行内部会议。我联系了"海外安全顾问委员会"(Overseas Security Advisory Council),了解该委员会人员获得了什么消息,以及他们能提供什么额外的消息。我们决定将员工撤回特拉维夫,安排他们住在酒店里安全渡过这段时间。将员工撤回特拉维夫之后的某一天,两枚火箭弹就落在项目所在地前大门,就在院子的里面爆炸了。没有任何人受伤。

一次爆炸、一枚火箭弹袭击、一个汽车改装的简易爆炸装置、一次自杀式爆炸——所有这一切都符合我所描述的立即采取危机应对行动。人们必须保持警惕,虽然后续的袭击不会在同一座城市、同一地区或国家发生。但是,总体上说,你们的主要作用以及危机管理方案制订的作用,就是要确保你们的人员和财产幸免于袭击,并向所在国家当地的人员提供任何他们可能需要的帮助与协调。你们现在必须已经进入保持模式,与此同时,所在国家的内部资源、政府、急救人员和军方可能已经焦头烂额、无暇顾及,或者没有能力帮助你们。你们必须应对受到极度惊吓的员工,他们迫不及待地寻求你们的建议和意见。

根据传统的危机反应说法,方案制订与准备的方针,就是要确保你们在危机期间不仅要应对危机,还要适应危机。我在这里引证一个案例。数年前,我的雇主之一,其公司在某个正在经历内部政治剧变和政府更迭的国家派有驻外人员。当时的局势开始还是慢慢地升温,政客们在媒体上互相较量,整个国家到处都充斥着指责和反指责。之后,在没有任何警告的情况下,军方突然介入。在激进分子支持下,军方罢黜了现政府——一场政变。外国人,尤其是美国人/西方人立刻就成了最不受欢迎的人,被看作是勒索钱财的机会,或者更糟糕。最初,这些外籍人员都留在他们所在的原地——他们"保持低姿态",就地避难。

在另一个不同的国家的另外一种场合,外籍人员一直保持低姿态("坚持"是普通情况下正确的词语),直到他们认为他们可以不用再这么做的时候。他们只要可能,或者他们感觉需要聚集时,就聚集在一起,并且决定开车去海边。员工、随行人员带着宠物冒险出门,却发现满大街到处都是土匪、强盗,以及沿途上各个不同的政治派系把守的检查站。这次旅行确实继续进行了,但是被迫分散为不同的小组,各自冒自己的风险——真正的"人人为已"。令人惊奇的是,一路上无数次付线给路边的"收费站",并被武装人员阻止了多次以后，这些分散的小组到达了安全的海边小镇，他们在这里的一条包租的船上设法获得了去另外一个国家的船舱位。如果这些人员预先有现成的应急方案，总部或所在国家又配有称职能干的安全保卫经理对他们进行指导，他们事先就能够获得有关"这些警戒线"的通知，而且也就有策略地做好准备，慢慢地向安全地方撤退，如果有必要的话。警戒线就是我喜欢称之的"指示灯"，就像汽车仪表盘上的指示灯。

为了使你能够成功地制订非友好地区的风险管理方案，设计指示灯的一个必然要素，就是确定你们的安全风险。正如前面所涉及的，此类风险可能包括这个地区众所周知的自然灾害、民事骚乱和政治动荡的历史及可能性。潜在的政治局势、政变、外部势力影响、脱离共和国、种族紧张——等等所有因素。如果恐怖主义事件曾经在所在国家发生过，或者恐怖主义的因素似乎已经显现出来了，那么就将这个因素也考虑在内。涉及你的警戒线方案制订另一个需要关注的，就是健康问题带来的风险，可能是登革热、禽流感等等，你能想到的一切。如果某个项目或办公所在的城市中的空气或水源变得严重污染，或者发生了放射性物质泄漏而污染了环境，那么，这些情况都需要监控，可能要建立一个警戒线方案。在某些情况下，交通运输服务的倒闭、毁坏或中断，比如航空、铁路、地铁和其他形式的公共交通，或者诸如电力和供水等公共设施的中断，或者燃料供应停止，等等，都可能是这个国家内部支撑机制最终进一步崩溃、垮掉的前兆。

另外一些情况可能也应考虑引起你们注意，以完成某一层面应急方案的指示灯。这些指示灯有可能进一步发展为严重的情况，比如：经常性的或不间断的抗议和示威。反对党领袖、反政府组织和新闻团体可能开始通过文章、演讲和出版物公开传播反对美国。恐怖组织可能对所在国家的美国或西方利益进行威胁。发出这些威胁之后，甚至威胁之前，就伴随着直接针对美国或西方利益的实质性恐怖袭击。至于当地的各类资源，如电力设施、饮用水、燃油供应和其他生活必需品，只要出现短缺、定量供应和供应不足，就必须引起警觉。

假如关于飓风、台风、洪水、雪崩、森林大火以及其他迫在眉睫的自然灾害的报道真实可信，那么，你们的策略就必须等同于应对人为灾难。自2004年12月6日印度洋上所发生的事件之后，绝大多数人们对海啸预警极为重视。火山即将爆发的通知一经公布，在印度尼西亚工作的人们就必须认真关注。任何可预见的自然灾害，或造成巨大人员伤亡的自然灾害，都是完成你们的警戒线体系的必要考虑因素。

正如所提到的，制订你们的应急方案、检验并演习，至关重要。我经常使用事项检查清单，为发生民事骚乱、工人停工、一般性罢工或局部/非暴力的抗议等活动做好准备。附录二和附录三分别包括了一般性罢工/抗议和炸弹威胁的应急方案样本。

流行病应急方案

我实际上发现，许多机构就预先制订流行病应急方案的必要性有争议，是否必须将关键性资源——如时间、金钱、供应等，投入到预先制订此类应急方案中，将流行病当作实际存在的风险。事实是，新病毒流行性感冒的传播流行一而再，再而三地发生。此类事件不可预测，其后果将严重地影响大规模人群的健康，使当地整个地区的社会混乱、经济发展中断和人们的安全受到威胁。

我看到了足够的数据使我相信，制订流行病应急方案，与计算机"千禧年危机"方案的彻底失败——还记得吗？——不能相提并论。我们当中有多少人放弃了我们的2000年新年前夕，都是因为数据世界即将崩溃。对，流行病应急方案不是那个错误在21世纪的翻版。这个方案，是我极力推荐所有人都要预选制订好，并随时准备推出应用。如果你从未有机会应用此类方案，那么，从长远战略来看，紧急应对方案的演习对你们大有裨益。

如果你正在高危地区工作，流行病传播的影响可能就会更加严重。鉴于当地社区，甚至整个国家健康服务能力的限制，你们工作所在国家的当地人口很可能大面积地迅速，而且极为严重地被感染。

正是由于禽流感病毒H5N1的通知和媒体相关报道——诸多专家确信，该病毒可以变异为某种新病毒，能够在全世界转移到人类身上，所以，世界卫生组织（World Health Organization）使我确信，安全保卫职业人员及他们所服务的企业应该探讨的，不是此类事件发生的可能性，而是如何实实在在地制订预案以应对此类事件的发生。世界卫生组织鼓励、支持所有国家、州、市县以及所有机构都要为此类事件预先做好准备。鉴于此类事件可预见到的影响，政府、工商业、企业和公民如何做好应对全球流行病的准备是至关重要的。准备预案包括：

● 打电话请病假，原因是他们自己病重以致无法工作，或因为他们要照顾朋友或家庭成员。据估计，高达25%的劳动力最初将受到感染，其中许多人将死亡，进一步影响劳动力。员工数量的减少将减缓生产能力和产量，生产损失严重。大量愿意乘坐商业航空和火车赴海外任何地方出差旅行的人们将受到感染。为了保护员工，公司将告诉员工，他们不能旅行，或者旅行必须严格限制。**业务攸关**是解释此类旅行缩减的专业用语。对公司提供的产品与服务的消费将减少，购买将减少，而且由于不断加重的经济与社会健康问题，需求也将减少。应急反应的需求也减少，我们的基础建设员工将减少。医院、诊所和医生办公室的员工，以及公用事业的工人们也将受到感染。人们能够设想可能发生的情况——导致公众的杂货店供货短缺、员工储存生活必需品，甚至产业工人生产食品，令广大公众焦虑和担心。想想能够引起普通民众恐慌或导致暴乱的导火索是什么？

● 根据科学家的说法，禽流感已在整个亚洲、欧洲和非洲部分地区传播流行。许多人相信，病毒正在变异，正在重新组合它的基因结构。许多人都想知道，可用疫苗是否能保证供应，或者说正确的疫苗能否被生产出来。

● 公司安全保卫经理以及公司内部的相关人员——如安全及人力资源部门的员工，负责监控和追踪威胁、风险及应对诸如此类事件，必须知道哪里曾经暴发或发生过流行病传播流行事件。商业情报资源，如《国际工程技术杂志》（International Journal of Engineering Technology）和世界卫生组织网站，能够有效地扩大你对风险认识的视野。有效、恰当地制订方案、程序和培训课程，是你们机构的员工在应急计划中发挥作用所必需的。假设你们已具备应急行动方案小组或委员会、灾难应急和恢复小组。这些跨职能内部工作小组的准则和行为，对于提供有效应急措施所需的全面、正确技能与才能来说，是必不可少的。全球的办公机构、设施和项目的应急反应方案，都必须有类似部门专职于这项工作。

- 正是由于此类问题的特性和许多人被感染的可能性，因此，你们的所有计划都必须有备份，或者替代方案。所以，你们方案的制订，必须配备充分胜任的人员，他们在方案所涉及的方方面面应接受过培训，并且具备相当的能力。你们的方案与应急文件记录旨在提供一个平台——基于这个平台，你们可以继续营运，有效地应对。这个平台实质上是一个过程。方案将为你们的应急小组和危机小组成员提供应急反应所需的程序和方法。方案将为你们的小组提供初期的启动和部署。按术语称为**业务持续**，对此类方案的程序再重要，或至关重要不过了。从电话群组、员工名录以及它们的备份的意义上说，一如既往，通信对于你们如何向员工通告公司正在做什么和将要做什么至关重要。文件的绝大部分内容应属于教育意义，为员工提供重要的健康相关的信息、预防信息和处置支持信息。与所有的文件一样，人们最终需要将应急方案落实到文字。这个过程经过了制表总结、探讨和微调改动。

- 流感的传播流行要经过许多的阶段，你们的计划和安排必须符合世界卫生组织提供的建议和特定信息。我强烈建议你们一定要让组织机构的最高管理层支持你们的计划。只有高层管理者才能推动此项工作，因为他们才应该是该项目的最初启动者。与其他任何方案和计划一样，你们需要征得公司内部业务单位的支持，需要公司各部门提供支持，并设法将当前最先进的医疗信息包括在内。流行病计划或者方案，必须是首要的应急准备和危机管理方案的一部分。因此，证明某种流行病是可能发生的事件，而你们需要投入时间和资源，这是成功的关键。

- 你们的计划与任何应急反应文件一样，以受到国内或全球性流感暴发的袭击作为开头部分。你们的公司及全球的员工需要统一的应急反应指南。你们的计划和应急反应措施必须借鉴世界卫生组织的建议。公司计划可能包括抗病毒治疗药物的订购和存储，因为，如果公司项目或办公设施的所在地非常远，就有可能缺乏医疗资源，或者医疗资源远在千里之外。在这样的情况下，所有人员可能都处于急需抗病毒的预防性资源的紧急需求中。如果公司的项目，或者办公场所或设施已与相关的医疗诊所或医疗人员——如项目的医生，建立了密切联系，那么，这些医疗服务机构／医生必须储存有抗病毒和抗生素药类。对当地的医疗资源进行评估，了解这些资源是否有足够的资源和能力应对某种流行病或流感情况，是非常必要的。

● 安全保卫经理必须意识到，根据流行病的性质，鉴于所在国家的卫生健康状况，立即将员工撤出某个特定国家也许不太可能——比如：人们有可能已经接触了高传染度的病毒，所以就要防止他们出国旅行。世界卫生组织的要求可能也要强制关闭国界或严格限制国际旅行。同样的情况和禁止令也适用于所有随从人员。所在国家的当地员工也会发现，他们也处于政府和世界卫生组织所要求的境况之下。如果某个员工需要医疗救治，而当地医疗服务没有能力的话，可以求助国际救援中心。国际救援中心了解距离最近的具备合格条件的医疗资源，以及相关的法律和当前的管制法规或其中规定的旅行限制。公司可以规定，只要条件许可或者理由正当，应准允员工根据自己的意愿将他们的随行人员送走，或自己离开项目工地和办公场所。公司有必要为员工提供他们可以去或不能去的国家的相关信息，取决于这些国家当地的健康状况，比如，某个国家是否也因同一病毒的暴发而受到影响。

● 与你们的计划小组成员和员工沟通时，公司必须明确地说明，业务持续、维持运营以及产品和服务的交付至关重要，而最重要的就是保护员工以及也可能受到某种流行病感染的随行人员。你们的公司必须明确说明，公司将尽心尽力降低某种流感扩散的风险，阻止随时可能的暴发。这项工作应该是你们公司的企业政策主要内容。同样，这类企业政策必须自上而下地彻底贯彻。公司的声明必须是你们流行病应急方案和危机反应计划的一部分。

初期应对、缓解和恢复

一旦发生流感暴发或接到严重流感事件的报告，危机管理小组（最大的可能性就在这个国家或流感暴发的地区）就必须深入地研究所发生的事件，以决定应急行动中心是否需要启动建立并配置人员。而且，如果"应急行动中心"（Emergency Operations Center）当前所在的位置可能处于风险之中或因疾病暴发而受到破坏，立即确定一个备选地址就可能非常必要。

不论应急行动中心是否启动和配置人员，危机管理小组必须获得任何可能影响到公司任何国际办事机构或设施的流感事件或病毒暴发方面的信息。危机管理小组被赋予众望，向在流感暴发现场的高层管理人员提供必要的信息和建议，并决定需要哪一类的人力资源和物质资源。与任何类似的危机一样，这类自然灾害的暴发是一个长期存在的可能，所以，要相应地计划为危机管理小组的人员安排正常的工作和职责。如果危机管理小组的位置正处于受流行病感染的区域内，就必须全力以赴，高度重视，包括运用录像会议或其他标准的电话会议形式，以降低病毒传播的风险。每位成员都按照危机管理方案复印件上所列出的大纲行使自己的职责。

与任何危机管理方案一样，对主要员工的岗位和职责进行委派并且分工明确至关重要，并在关键人员受到感染的情况下以确定并提供人员对相应的岗位进行补充。这一措施可以被称为"对业务的影响"分析。

如果世界卫生组织宣布某种疾病大流行的全球阶段发生变化，你们公司就必须发布紧急声明。此类公告通常都是由受感染国家的首席医疗官颁布：美国的卫生部部长，或者是其他国家的卫生健康部长。世界卫生组织将在事件发生时，或者事件发生之后继续向这些受感染国家通告需要启动的应对步骤。这类通告可能是你们即将遇到麻烦的第一个征兆。

美国最大的可能是，美国卫生及公共服务部（U.S. Department of Health and Human Services）和疾病控制中心（U.S.Centers for Disease Control, CDC）将负责颁发指导原则和建议。然而，你们公司和国际机构必须遵循的衡量准则，正是世界卫生组织。

如果世界卫生组织表明，某种流行病或疾病传播已达到阶段四（注：从人与动物之间的传播，到人与人之间的传播，并能造成"区域爆发"的级别），公司就必须启动运作危机管理小组和应急行动中心。危机管理小组必须判断、确定危机程度，以及危机将如何影响到公司的员工和运营。公司必须采取直接、现实的步骤减轻对业务的影响，不论是什么直接和可能的步骤。你们的危机管理小组和高层管理部门将面临严峻的事件、决策和即将采取的应对措施。

为了使必要的决策足以适当地保护公司人员、财产和业务，对你们小组决策的批准必须来自公司的总裁/首席执行官和董事会成员。你们将要宣布某个灾害情况、督促迅速决策的实施，而且要耗费大量的时间以及可能的金钱。紧急情况等级及每个等级的解释如下。

流行病/疾病传播情况等级一：处在这个等级，对生命或财产没有直接威胁，但是，情况可能会在范围和程度上趋于严重。你们的危机管理小组最大的可能性设立在事件爆发的所在国家、城市或地区，而且相应地将会向你们的应急行动中心报告，且共同合作。应急行动中心将监控势态的发展，并与危机管理小组以及可能受到影响的公司所有地区保持频繁的沟通。应急行动中心的启动准备工作、应急行动中心是否坚持留在最初设立的地方还是迁移至其他地方以及撤退的可能性，这些事情都必须做好。流行病/疾病传播情况等级一，可能是在当地暴发，但是你们公司没有员工，或极少数员工受到感染。你们公司在报道中已经暴发流行病的国家、地区或区域的业务、设施和办公场所没有受到直接的影响。

流行病/疾病传播情况等级二： 在这个阶段，可能有必要将居住在流行病暴发的国家、地区或受感染区域的员工进行迁移、重新安置或撤出。那么，你们的危机管理小组可能判断当时的境况属于灾害，需要你们公司的应急行动中心立即启动成立。应急行动中心在此时此刻将继续密切监控事态发展，因为已经充分意识到，当前的等级有可能进一步加剧升级到等级三。等级二可能由在流行病暴发国家相关地区工作的应急官员和城市的应急官员宣布，或由州和联邦政府宣布，而且因为当地暴发或事件可能影响到你们在当地的项目和设施。这个阶段期间，许多员工及他们的随行人员都有可能受到病毒感染。

流行病/疾病传播情况等级三： 这种境况可能已被认定，你们的公司或设施可能已经，或者即将需要撤退的地步。你们公司资源的使用将达到极限，以致你们必须向当地紧急救助机构、政府部门或第三方供应商寻求帮助。当地行政部门或政府机构，或者国家政体可能宣布进入紧急状态。你们的应急行动中心必须将当前的情况视为灾难，因而，随之而来必定是相应的恢复和应对步骤。流行病暴发或疾病传播，肯定会影响到大规模的劳动力人群和整个世界。在这个等级阶段，世界卫生组织将公布，或已准备宣布可能某种流行病暴发，是特指在全球范围，或者是某种疾病暴发，是特指某个地区的暴发。

流行病／疾病传播情况等级四：进入这个等级，世界卫生组织就要宣布某种流行病（全球范围）或某种疾病（某个地区）即将暴发。危机管理小组必须考虑需要在全球范围和特定地区立即启动支持机制和布置人员。

你们公司的高层管理者在流行病暴发期间或疾病传播期间，必须参与公司行动方面的重要事项的决策。但是，决策需要的信息是由危机管理小组和应急行动中心传递到最高层管理者。驻守在当地受影响区域的危机管理小组被要求持续不断地提供最后消息和动态，以帮助最高层管理者调整决策和采取额外的步骤。每日例会和最新动态通报必不可少。所有相关小组，正如前面所提到的，必须保持精力充沛，并有足够的人员进行轮班制。参与这些小组的员工的本身岗位在这段时期由其他人执行。小组的各项职责必须保证优先次序和固定下来，所有决策以及采取的各项步骤都必须记录下来。更进一步，以当地的角度和方法应对当地事务，这一战略从长远观点来说非常有益。一旦当地高层管理小组和危机管理小组无法承受的时候，公司的资源随时提供支持。

你们的流行病或疾病传播应急方案中的一个重要方面，就是向员工传达你们的应急方案和你们公司的期望。举例来说，公司必须要求员工做到，一旦他们生病了，务必向他们的经理汇报，而且他们生病期间不要去上班。当地的医疗机构和世界卫生组织能够提供你们公司当地工作场所的卫生健康知识和基本的洗手技巧等相关信息，你们可以将这些信息汇入到你们的培训内容。公司必须要让经理们随时迅速地获得公司对事件的应急反应措施，以便他们能够将这些信息传达给所有员工和工人。考虑将所有相关信息公布在公司的官网，或者连接到健康和应急反应信息特定的链接。公司如果接到媒体的要求，一定将这些要求转到公司负责沟通与传播的专业人员，由他们进行处理。

卫生和清洁方面的信息，将包括建议员工使用卫生间里由公司安装的洗手液，以及如何正确地清扫卫生间和对座机电话手柄的消毒。误工情况必须记录并跟踪其变化，员工发病情况必须监控。委派员工专门负责与当地州和联邦卫生官员、政府部委和其他联络机构保持密切联系。

涉及国家与地方政府机构，流行病和疾病传播期间与这些机构维持良好关系的可能最有效。你们不但要保持从这些机构获得最新的卫生健康与应急信息，而且，你们还要确保，一旦在需要的情况下，你们的员工能够获得相应的应急措施和治疗选择。无论在任何地方，政府卫生健康服务部门（如医疗诊所、办公室、仓库、技术甚至金融辅助）都必须提供积极的支持。

如前所述，危机管理和业务持续方案需要授权委托强制实施，而且还需要组织机构内最高管理层的指导和管理。公司的部门高层管理者需要确保实施恰当的应急方案。此类方案的措施包括授权加班和倒班、关闭或停止某些环节、生产线或某些项目，或者缩减在岗员工人数等。同时，设法说服有能力的员工继续工作，中止公司其他无关紧要的工作成为必要的措施。显然，出差旅行必须限制或暂停。涉及公共大众的会议也必须终止，以避免病毒传播。视频会议和电话会议是恰当的选择。

你们的危机管理小组和应急反应小组的一个至关重要成员部门，就是出差旅行部，其成员或是公司的员工，或是承包商。这些旅行代理可以提供旅行建议，以确保出差旅行符合你们公司的相关规定，比如限制赴不同地区旅行等。正如前一章已经论述的，旅行跟踪软件和管理系统，能够使安全保卫经理获得任何人已预订（飞机票出票之后）赴可能受到感染地区或国家的旅行机票信息。这些准备出差旅行的员工就会得到通知取消旅行。更新的出差旅行规定和限制必须一直保留在公司的内部网站上。出差旅行人员必须随时获得通知查看网站信息，并维持使用当前疫苗以保证旅行健康安全。如果出差旅行对那个地区的业务非常重要，而这个地区可能正是在关注中，那么，最高管理层就必须承担授权责任。

为你们的应急行动中心配备合适的员工，与合适的应急反应努力同等重要。如果应急反应行动中心正处于受到流行病或疾病传播影响的范围之内，务必要小心谨慎。应急反应行动中心必须考虑使用电话会议作为沟通方式的选择。应急反应行动中心的负责人必须拥有授权，在需要的情况下要求额外的物质和人力资源。

为了充分地应对流行病或疾病传播，公司必须以每个部门为基础，确定这些部门的关键性职能，以及以最安全的方式做好完成这些职能所需要的员工、物质材料、器材和供给。做出一份业务影响分析是启动这一过程的最佳方法。实事求是地评估，如果你们有25%至50%的员工病倒，如何保证你们继续运营。如果这些病倒的员工离开工作岗位4个月，应该怎么办？

某些部门、办公地点、设施和资产等对保证业务持续至关重要。这些因素都必须识别、确定下来。考虑到生产能力的降低，你们公司的优先重点可能有所转变，那么，什么是公司新的优先重点？如果你们的业务产品属于国家安全或基础设施目的，对于政府至关重要，那么，政府是否介入以便支持你们公司维持运营？财务部门必须将全部的重点落实在受时间限制的报告和付款事务。有组织、有规律地关闭业务和程序需要展开。负责安全、有效地管理和运营公司的适当人员必须确定下来，这些员工必须有轮换人员作为他们的支持。将员工分为不同的小组，另外，将他们的经验和能力最大化地利用也是另外一个选择。假如重要的外部临时员工能够接受培训并引入危机管理小组，这种方式有用吗？监管人员必须接受培训，掌握如何发现那些看上去生病，或打电话请病假的员工，以及如何应对和报告这种情况。

  关于那些为你们公司的运营提供食品、材料和服务的公司，最关键的是，在流行病或疾病传播期间，你们需要与他们保持联系，确保这些物品持续地不断供应与公司运营优先考虑的需求协调一致。你们的供应商也许由于他们自己的境况，被迫减少给你们的供应。你们需要对这些不测的结果做好预先准备。同样，当你们的产品或服务准备好了，市场的需求却减少，完全取决于客户或终端用户当时的境况。你们的运营部门必须对支持你们生产的市场需求进行分析，包括你们如何运送重要的员工、必需的通信设备、食品和水的供应等等——如果员工必须"长期待在"某个设施——以及其他需求。类似的分析还包括：决定员工是否要待在家里通过计算机远程工作，因而需要为他们提供合适的计算机和通信器材以及连接；或者你们的运营是否能够实际上在另外一个地点。关于信息技术，公司必须对关键数据进行存储，绝对不能因为流行病暴发或疾病传播而中止，人们需要获得数据以完成他们的工作。你们的人力资源和福利部门的员工也许希望考虑配备提供心理健康服务的人员和设备，以帮助员工应对心理压力。安全保卫经理必须与职业的健康和安全人员密切合作，这些职业人员最擅长处理流行病暴发和疾病传播情况的预防和应急反应。

公司的沟通与传播部门以及其他部门,都必须按照世界卫生组织的最新消息、预警公告和其他关键数据和信息向内部持续不断地提供最新消息。这些部门的人员可以帮助你们精心制订将这些信息传达给员工的有效和必要的方法。你们沟通与传播部门的员工必须既是危机管理小组的关键性成员,又是应急行动中心的重要成员。

外国政府的通告以及流行病或疾病传播相关的通告,应遵循世界卫生组织的指导。在美国,疾病控制与防范中心(Centers for Disease Control and Prevention)遵循世界卫生组织所确立的原则。在美国,可寻求建议和应急反应的其他资源包括美国卫生与公共服务部。你们在当地的危机管理小组成员必须在应急行动中心的支持和指导之下,负责与所在国家的健康部门进行沟通。

如果你们的危机管理小组获得通知说,某种流行病已经暴发,或者某种疾病正在传播,你们公司的各部门必须将文字通告张贴在员工进出办公大楼/场所的所有通道,而且建议所有人,如果他们已经感觉到或怀疑自己感觉到有流感的征兆,他们就绝不要进入办公大楼/场所。充分利用布告栏和非常显眼的地方(包括洗手间),将信息通告张贴在这些地方,向员工们提供建议如何努力减少被传染的机会。

如果多种语言资源是必要的,那么,这个需求也必须考虑在内。如果有必要,应将一些卫生小窍门——如洗手方法、打喷嚏捂嘴、使用洗手液(必须准备好)等以及示范包括在内。那些被委以重任负责应对流行病暴发或疾病传播等紧急情况的人们,必须配备相应的个人保护装备,比如世界卫生组织建议的微型过滤面罩。供给物品必须还包括世界卫生组织建议的清洁包和清洁物品。在可能和符合实际的情况下,尽量将进出办公大楼/设施的出入口减少到最低数量。出入口的实际数量必须限制，以降低人们进入时没有注意到张贴通告内容的概率，以相应地遵循标准程序。洗手液应安放于所有的入口处，为鞋子消毒的特殊装备也必须准备好。

控制流感传播的另外一种方法被称之为"社区隔离"或"安全距离"。这种方法从根本上说，就是限制人与人的接触，因而降低他们相互感染病毒的机会。绝大多数人们认为，这种做法就是避免参加棒球赛、音乐会，甚至逛商店，但实际上，"社区隔离"或"安全距离"这一实践也适用于工作场所。限制员工之间的接触的一些方法已经提到了，如举行电话会议替代面对面会议，甚至在同一座大楼/设施里办公的员工们也使用视频电话或计算机电话会议。如果必须要举行面对面的会议，会议空间越大，员工之间分开的距离就越大，隔离效果就越好。一些专家建议，每位参会者之间的距离最好是3英尺。

员工们在一起吃饭的问题，比如在公司的自助餐厅或午餐厅，可能很难解决，除非员工们能够在他们自己的空间范围内吃饭。如果做不到这一点，午餐可以分时间段，这样可以减少由于固定午餐时间而造成的人员集中数量。该方针也适用于所有的休息室，而且休息室内的集体聚会活动也不提倡。与出差旅行的原则一样，工作场所以外组织的会议、培训和演讲安排等都是不必要的，这类活动必须取消或推迟。充分利用灵活的时间安排，以降低某特定时间在现场的员工数量。在一切可能的情况下，远程办公能够在这些方面对你们有所帮助，而且为员工提供便捷、舒适的技术能力联系并确认他们远在家乡的亲人和朋友们的情况。

必须制定严格的员工沟通制度，员工与他们的经理之间固定的通讯联络方法必须完备到位。如果员工感觉生病了，他们绝对不能到岗工作。这一点必须清晰地使用多种语言传达到所有员工。在工作岗位上感觉生病的员工，必须立即被送回家，提供正确的指导和寻求医疗帮助的资源/参考信息。对于任何曾与其他生病请假的员工直接接触过的员工，你们必须告诫这些员工要注意自己的任何病征，并将就诊地点信息告诉他们以备需要。

各个阶段和应对方案（根据 WHO 指导原则）描述

前两个阶段特指两次流行病暴发之间。

阶段一：没有新的流感病毒类型在人身上被检测到。这种类型可能在动物体内，而且已感染了人体；然而，此类感染或人体疾病的风险相对较低。

公司应对方案：监控情况的发展；意识到疾病控制与防范中心和世界卫生组织都在同样监控着情况的发展，同时努力开发新的疫苗和治疗方法。

阶段二：某种动物流感类型出现，动物与动物之间传染已发生。此种类型还没有在人体上发现。

公司应对方案：监控情况的发展，随时查阅、核实疾病控制与防范中心和世界卫生组织的最新消息。

下面的四个阶段特指流行病暴发期间。

阶段三：某种新型病毒已造成人类感染，但是人与人之间的传染病例尚未发现，或仅仅发生在非常亲密接触后的罕见情况。

公司应对方案：开始详细审阅流行病暴发/疾病传播应急方案。撰写不同的公告通知以备在适当的时候向员工们公布。

阶段四：人与人之间的传播案例已发生，但是，传播只发生在集中、局部人群，这一情况令专家相信，病毒在这个阶段还不具有传染力。

公司应对方案：所有危机管理小组和应急行动小组的成员必须充分意识到这一升级态势。继续监控世界卫生组织的最新信息和遵从相关的建议。加倍努力与员工们的沟通，以备不时之需。

阶段五：人与人之间的病毒传播案例数量正在增加，但仍然处于集中、局部的人群。已有证据说明，病毒正在适应，更加易于在人与人之间的传播，但尚未达到成功的程度（被认定是流行病暴发的重大风险）

公司应对方案：继续监控情况的发展，做好一切沟通方案准备。

阶段六：病毒已适应大众人群，而且已有确切的报告证明病毒正在不断地传播。

公司应对方案：必须严肃、认真地思考和探讨启动危机管理小组。如果做出这一决定，立即实施危机管理方案，以确保在受到感染的国家和地区实施相应的应急措施和恢复方案。

一些建议的应急步骤如下。

- 你们公司的危机管理和应急反应小组必须由你们的危机管理小组构

成，而你们的主要管理中心将成为应急行动中心。支持整个机制的是当地的各个危机管理小组以及诸多不同后勤职能部门的成员。所有的职能和程序在你们的危机管理方案中都必须分工明确。危机管理小组的目的，就是要在现场对应急反应提供辅助支持。该小组提供任何所必要的支持，以确保对所有危机情况有效、高效地掌控。如果认为情况极为严重，危机管理小组就将要求公司必须召集并启动应急行动中心。应急行动中心负有双重任务，既要评价、判断紧急情况和事件的应急反应，又要评估必须所需要的额外资源，或者所要采取的额外步骤。应急行动中心向危机管理小组提供与公司其他员工沟通和传播所需要的载体和渠道。影响公司政策、方向和运营的重要决策，都要在最高管理层的支持和参与之下通过应急行动中心制定。应急行动中心的成功行动，需要与所有的业务部门和每个分支内部的高层管理者保持频繁、有效的沟通。应急行动中心需要不断地配备人员，且必须尽快配备到位。如果危机管理小组的一线人员无法参与行动，或继续参与行动，那么后备人员和替代人员必须做好准备，装备齐全随时补充进来。职责必须分工明确，领导权和职能必须以文字确定下来，并预先进行作业演习。一个重要的注意事项：应急行动中心只能有一位领导人。

● 你们的分支机构或业务部门必须预先就已完成确定恢复小组的专家人选，旨在处理恢复运营事宜。这些恢复小组中的每位重要成员，都有备选人员和替代人员。他们的职责包括评估评估恢复运营的额外需求，然后将需求提交给每个分支机构的高层管理者，之后再提交到应急行动中心。将应急行动中心看作是一艘补给船，提供各类资源，空投给任何需要的人。

关键问题：危机在任何时候都可能发生

危机在任何时候都可能发生。某些危机随着时间推移发展，通常情况是那些人为变化的危机。诸如飓风一类的自然灾害可能会有某些预警，给予时间预先制订方案。然而，举例来说，地震的爆发可能就在一瞬间，且仅持续几秒钟。为了成功地保护人员生命与财产安全，危机管理各项方案必须要能够适应不断变化的境况。随着危机的发展，评估事件发展的严重性、知道何时开始启动应急程序和应急反应行动至关重要。应对危机，尤其涉及撤退员工的潜在可能，一个重要的方法就是有步骤、有层次，或者是利用事件发展警戒线，可以帮助安全保卫经理判断、确定某种严峻情况的发展愈加更糟糕或者转好。安排员工回国对于应急行动中心非常重要，也是关键性的行动，因而也更难于决策。

案例分析：火箭弹落在项目工地的北部

在中东某个国家，外籍员工在某个项目工地工作，从未与当地的民众有过任何过节，或者发生过任何麻烦。2006年夏季，某个恐怖组织开始从国境外向该国不同的城市星星点点地发射型号、大小不一的火箭弹。**火箭弹落在项目工地的北部**，尚未落在工地的范围之内。总体上说，炮击的目标似乎是在北方偏西的方位。随着紧张局势继续加剧，项目经理和公司安全保卫经理开始讨论有关警戒线的问题，以确定将员工从项目所在地运送到安全区域的必要时候。在那时，安全区域就是该国的首都。某天收到报告，一枚火箭弹落到了这个国家南部纵深的地区，就在项目所在地的正南方。火箭弹爆炸造成损失，但没有人员伤亡。这就证实了新闻媒体一直报道的消息以及通过私人渠道获得到的消息——恐怖组织自吹已经获得了性能优良、技术先进的火箭发射装备，他们正在证明值得引以为豪的事情——他们不是空谈。此次火箭弹落在项目工地正南方事件发生之前，每日的电话会议一直持续地举行。决定是在某个星期三做出的，如果火箭弹射程不断临近，我们就应停止工程项目，将员工撤退到某个安全地区。当报告证实射程范围已进一步向南趋近，所有的员工就在星期六的早上离开项目工地，撤退到安全地区。到了星期日早上，两枚火箭弹击中了项目工地，其中一枚正落在工地的前大门，另外一枚落在项目设施的内部。损失很小，无人伤亡。随后数星期，火箭弹袭击逐步减少。整个局势都在严密的监控之下，由于该国政府采取了军事行动，加上国际上的压力，员工们慢慢逐步回到了项目工地。项目经理最先回到工地，随后不久又有一些员工回到工地，直到局势完全得到控制以后，所有的员工才回到工地。

第7章

全球范围人员与资产的保护：
从"绿色田野"到"绿色地带"

第 7 章 ｜ 全球范围人员与资产保护

无论你走到哪里，愿圣帕特里克守护你，无论你做什么，愿圣帕特里克引导你，愿他慈爱的保护是对你永远的祝福。

——爱尔兰祝福词

在全球范围内保护人员和资产的安全，很多方面就像在纳什维尔、迪比克、纽约市或旧金山保护他们一样。而且，在很多方面，它与在巴黎执行任务毫不相同，与在撒哈拉沙漠野外作战截然不同。

例如，有些国家的安全管理和私营保安的概念过于宽泛，或者不是很完善。而在另一些国家，如德国、英国（有人认为现代治安和安全概念就是起源于英国）还有西班牙，安全保卫是一个备受尊敬的行当和专业。在那些需要武装安全保卫人员的地区（如伊拉克或阿富汗），从人员、建筑物，到财产和物资可能都需要你去保护。

正如之前我已经讨论过的，保护行动包括两个方面：危机管理的准备和应对，但此处我将着重探讨保护人员与资产的实际安全方面。保护行动就是要防止坏事发生，这也可能是事先检测出坏事，防患于未然。我此处要谈的是发现和化解高危的监视。

保护行动也许可称为缓解或采取反制措施。正如前面第三章提到的那样，所谓风险就是在你确认了威胁并应用了对策之后仍然存在的东西。而这个仍然存在的风险就是一些公司不愿投标伊拉克和阿富汗合同项目的顾虑，结果让我的一位雇主抓住契机提交了投标书和提案。前面我已经讨论过，在国际背景下从防护的角度上看，你的关注点分别会是保护你的人员和保护你的资产。如今，我们生活在一个信息时代，信息时代的资产还包含"信息"。

关于信息技术和安全保卫二者的关系，我要再多说一两句：有些人坚持认为，信息技术的安全与物理安全（physical security）合而为一将是一个不可避免的，也是合乎逻辑的历史进程。对这个观点我完全不敢苟同。他们使用的是一个好听的术语，叫"融合"，但对我而言，这虽是个巧妙的术语，却是一个非常糟糕的想法，因为有安全专家和信息技术安全专家之分。我在物理安全保卫、咨询和调查方面拥有 28 年的工作经验，我的客户和雇主遍及各行各业，包括美国政府、财富 1000 强和财富 500 强企业。我拥有多个证书：有安全保卫方面的（注册安全保卫专业证书），也有反欺诈方面的（注册反欺诈审查员证书）。我在"通过环境设计来预防犯罪"方面经验丰富，并且还是这种方法的倡导者。就物理安全而言，像我这样的专业人员，以及其他成千上万的同行，都是美国行业安全国际协会和其他类似的专业安全组织的成员，不需要再"去学校"上物理安全方面的课了。"物理安全保卫有什么难的？"我常常会被这个想法，甚至有人大言不惭、直截了当地这么宣称而感到震慑。信息技术方面的专业人士真的可以在诸如计算机房或其他重要区域周围构建一个物理安全带吗？这到底是势利还是愚昧呢？这和我们打官司是一个道理，在法庭上自辩，不如请律师替你辩护。我观察过机械工程师、结构工程师、电气工程师、甚至化学工程师，他们经常误入物理安全保卫领域越俎代庖。我会这样说：如果物理安全就像填个清单、勾选方框一样简单，而且所有这些专业团体中的人和所有信息专业人员都能够拥有物理安全保卫的本领，那么我就可以退休到加勒比海地区，按照我的个人休闲计划，尽情享受美妙人生了。但是，物理安全远没有这么简单。注册信息系统安全专家是我既尊重又钦佩的人，这是信息技术专业人员的安全证书，也许有人觉得他们的世界就是填填清单、搞搞审计和收集收集主观数据，但我觉得它不是这么简单。我有很多从事信息技术工作的亲朋好友，而且在涉及企业和政府安全方面，我与信息技术专业人士一直相处得很好。但是，在万不得已时，在信息技术安全保卫开始排挤物理安全保卫时，对不起，让我直接借用滚石乐队的歌词对你说"嘿，你——从我的那片云上下来！"

那么，在保护外国的，很可能是高危地区的信息方面，我是怎么做的呢？我从一开始就启用信息技术专业人员。但是，在与保护信息相关的物理安全方面，我则一直秉持一种治理兼监管的态度。

那些了解物理安全保卫的人一定记得行业内常说的"3D"概念，即阻止威胁（deterring threats）、侦破威胁（detecting threats）和延缓威胁（delaying threats）。有人又加了一个"D"——"拒绝"（deny）。有些对3D概念不离不弃的人还加了一个词"应对"（Deal with），因此我们可以称这个概念为**阻止、侦破、延缓，拒绝和应对**。正如我在本文中提到的，我认为任何一个称职的安全保卫专业人员最好都要为"应对阶段"做好准备，这个阶段可归类为"应对前的危机管理"。

有些人会认为**阻止**或震慑手段应包括物理障碍、链式栅栏、蛇腹形铁丝网、钢丝网、碰撞门、障碍、锁和围栏报警器、微波探测器、地面传感器、安全保卫人员/武装人员、守卫犬、瞭望塔、中央闭路电视、带有照片的身份证件、刷卡进出和感应卡等门禁系统，以及安全保卫巡逻和车辆或包裹检查。另外，安全保卫规章和程序，如执行访客通关和护送政策，以及安全意识的培训，也可以阻止潜在的坏人。

对于第二个 D，即**侦破**，上面说的各种系统和物力有些当然也用得上。首先我们能想到的可能是报警系统。报警器的种类从用于住宅或办公室的简单防盗报警装置，到地面传感器、体积检测和微波检测、围栏振动检测，到闭路电视和视频移动检测等不一而足。在美国，有人认为一些安装不当的报警器（比如安装在廉价的锁、门和门框上的家庭警报系统），其防盗性能实际上可能还比不上坚实的大门和门框、加固的窗户、合理的外观设计，后者更有保障。这个观点常引起激烈的争议，有时争议还是由执法专业人员和专家引发的。我很认可这个观点，因为再好的报警系统也无法阻止一扇廉价的门不被一脚踹开。请记住，当你需要并且想要一个报警系统时，你必须确保大门的物理结构足够结实到能安装一个报警系统。某些国家在某些情况下，例如在一些高危地区，你可能想要安排一名安全警卫人员，而且经常是全副武装的安全警卫人员担任侦破任务，并起到威慑作用。而且，为了做好这项工作，你可能需要足够的安全警卫人员在合适的区域进行观察。如果你运气好，拥有电子报警系统或闭路电视作为后盾，那没什么可说的。我相信，你一定能够找到那些经常担任安全警卫工作的人，还有退伍军人和退役的执法人员，他们更习惯于低科技含量的做法：眼观六路、耳听八方，随时准备应对可能发生的事情。我很喜欢守卫犬，因为它们的听觉和嗅觉非常敏锐，能比我们早很多察觉出异样，而且没有人想跟守卫犬过不去。除了守卫犬，还有炸弹嗅探犬。这两种狗我都喜欢，炸弹嗅探犬对于检查站检查过往车辆以及包裹都十分重要，但这两种狗有区别。守卫犬和保安人员在保护人员和资产方面至关重要，例如检查、二次检查和"规律性地不规律活动"，也就是不固定巡逻路线和巡逻时间的例行巡视。那些荷枪实弹、训练有素，并且纪律严明的武装警卫，会是你安全保卫的箭袋中最重要的箭矢之一（如果不是最重要的话）。

在敌对地区，就像在风险较小的地区一样，**延缓**他人的攻击对安全保卫是否成功起着重要作用。如果你在高危地区只使用链式围栏，那么做好链式围栏被割断、被从地下挖通，或者被翻过的心理准备。在链式围栏上方放置铁丝网、甚至是蛇腹形铁丝网或者是剃刀丝，都可能会给你一种虚假的安全感。我们可以把犯罪分子看作是物理学意义上的物体，他们总是选择阻力最小的路径攻入。延缓攻击理念上就是要使他人的进攻受阻速度放慢——也许可以将蛇腹形铁丝网放在链式围栏内的地面上，而不仅仅放在顶部，还可以安装带有强化钢框的实心门、钢铁门，使用高安全性能的固定门闩或挂锁。你还可以考虑构建一个中世纪城堡防御术概念的改良版"城堡"，依靠从外墙、守卫塔或瞭望塔，到同心环式的多层城墙的重重防线，辅以坚固的锁和门、防爆窗和其他措施。为了延缓敌方进攻，你的安全警卫人员也许还需要用开枪射击作出回应。

因此，下一步我要说的就是应对。在美国，我们更多地依靠执法部门来完成繁重的工作。也就是说，当需要武装应对时，我们可以拨打911。我们可以依靠我们所处地区的专业人员作出应对。不过他们应对的时间有长有短。在某些情况下，你可能认为有必要使用武装安全人员，一般的经验法则是：武装人员的参与和致命武力的使用，其风险（责任）应该低于现场进出工作场所或开展业务的员工所受到的威胁（如抢劫，身体受到攻击等）。在将来你去工作的许多国家里，你会发现合法地武装美国公民很难，甚至是不可能的。而且，在大多数情况下，我会阻止你这样做，除非这些员工是受过训练并具有安全保卫经验的（退伍军人、执法人员），并且只有当你可以合法运作时，比如在沙特阿拉伯或其他地区一个公司大院内部或周围。一旦你身处外国，你必须对你可能希望雇用的安全保卫官员和武装警察的资格进行验证。我发现与区域安全保卫官员交谈大有裨益；虽然他们不能推荐某家具体的公司，但他们可以告诉你哪些公司是驻扎在该国的西方公司和机构正在雇佣的。通过推荐寻找目标安全保卫公司，以及核实这些安全保卫人员所在的公司，将成为你整个过程中的一个重要组成部分。

对全局的认知可能是你安全管理计划中最重要的因素。没有这个认知，我敢说，阻止、侦破、延缓和响应（3个D + 1个R）注定会失败。除非你为你的公司创建了一个多层次的认知体系，比如对你分布在全球各地所有员工（如前所提到的旅行信息）所处位置的认知，你在每位员工头脑中创建了一个关于如何采取恰当行动尽可能避免风险并以正确方式做出响应的一揽子知识库，否则你的努力将是徒劳的。我会把"认知"排在所有其他能力之首，因为认知是阻止、侦破、延缓和应对的总能力。我经常会把在安全意识研讨会之前或之后员工们提出的问题、意见或询问用作开设新讲座的素材，并且我总是竭尽全力不嫌麻烦地回答他们的提问。你在网站授课、在线课程和面对面培训课程中，你做出的每一点努力，以及在保护全球员工和资产安全方面持续不断地下的功夫，你的员工和高级管理人员都会表示赞赏。

一般性安全保卫和安全提示

办公室的环境本应该是一个没有犯罪活动威胁、你可以安心办公的场所。

不过，你在这个工作环境中也有不少受害的可能。

工作场所的安全

应该使用门禁系统来阻止访客自由进出你的建筑物或你的办公区域。门禁系统有很多种类型，最常见的是出入卡系统。每个员工配发一张磁性或内嵌线圈或芯片的个人身份卡，用来刷卡进出。门禁系统应安装在工作区域之外，并且配备一名安全警卫人员或前台接待看守。如果有访客未经授权擅自闯入，他或她将被安全警卫人员发现并扣留。应该指出的是，还有其他类型的门禁控制手段，这包括生物识别设备，例如掌形识别器和视网膜（眼睛）扫描仪。

其他安全手段可以包括入口处安装摄像头，由前台保安员或接待员监视这些摄像头。该系统可以设置为允许监控摄像头的人员在必要时按下按钮，立即锁定所有的大门。

为了进一步加强安全保卫，高级行政管理人员的办公室应与其他办公室分开，其中一个室应设置为"安全屋"，并与住宅中的"安全屋"具有相同规格：实木门、加固门框、呆锁（死锁）和滑锁螺栓锁等。这种结构的门能延长攻入的时间，危急关头能争取一定的时间等待执法和安全保卫人员到达。当工作场所出现严重的暴力事件危及生命时，还可以利用这间"安全屋"。

停车场应该灯火通明，监控摄像头应该安放在关键位置，以便监控所有或大部分停车区域。高级行政管理人员的停车区应与员工的停车区隔开，而且必须使用一个重点门禁系统控制车辆的进出。高级行政管理人员的姓名和称谓不应出现在他们的停车位上。

大多数在美国境外或境内运营的公司都会遇到信息安全问题。许多员工并没有意识到丢弃在垃圾桶里的信息或放在书桌上的敏感文件中，很多都是某些寻求这些信息的人的目标。任何保密信息都应粉碎后再丢弃。员工电话簿和客户通讯录在丢弃之前也应该粉碎销毁。每当工作日结束时，应该把任何敏感或保密信息或目录从办公桌上清理掉。应该制订一个清洁桌面策略。

建议所有员工接受有关解决冲突方面的指导，并在潜在问题转化为明显行为之前认识到这些潜在问题，从而使员工能够"劝服"愤怒或暴躁的个人。据统计，工作场所暴力事件正逐步上升。

笔记本电脑

由于便携式计算机，即笔记本电脑，携带方便，具有转售价值，这些有用的工具已成为窃贼最想上手的目标之一。笔记本电脑不仅是件值钱的物品，如果被偷需要花钱更换，而且存储在硬盘上的信息可能是非常有价值的或不可替代的。你的笔记本电脑可能储存了令竞争对手垂涎的宝贵信息。无论你是在工作、家中还是旅行途中，盗窃风险总是存在。为了减少这种威胁，建议遵循下列安全措施：

- 把你的笔记本电脑当作私人物品对待。
- 当你估计在办公时间内会频繁使用笔记本电脑时，如果有条件，请使用可锁定的扩展坞或安全电缆。
- 需要隔夜存放，或其他时候长时间闲置不用时，应使用锁定的机柜／办公桌（抽屉）来存放你的笔记本电脑。
- 不得将没有安全防护的笔记本电脑放在你的办公桌上。
- 保存好笔记本电脑序列号的记录。
- 笔记本电脑如有丢失或被盗，必须立即向你公司的信息技术部门报告。

旅行时：

- 切勿将笔记本电脑当作行李托运。
- 通过 X 光安检程序时，请不要让笔记本电脑离开你的视线范围，一直拿着你的笔记本电脑，直到你是下一个通过金属探测器的人。如果安全警卫人员想要查看电脑的操作，则应该是你本人亲自执行该功能，不要让安检人员来操作。
- 切勿将笔记本电脑留在无人看管的汽车内。
- 不要在公共场合使用笔记本电脑，也不得在公共场合阅读电脑里的文件，

第 7 章 | 全球范围人员与资产保护

以防他人"偷窥"或在你身后瞄到。你会发现，乘飞机时，在你不知不觉中很容易发生这种情况。

- 在你下榻的酒店，如果房内无人，请使用房间内的保险箱（如果有的话），妥善保管笔记本电脑。
- 如果酒店房间没有保险箱，可以使用便携式锁或缆绳，也可以考虑使用酒店的行李储存或保险设施，以确保房内无人看管时笔记本电脑是安全的。
- 将笔记本电脑的生产商、型号和序列号单独保存在一个特别的地方。
- 乘飞机时不要把你的笔记本电脑放在你头顶上方的行李舱里。
- 不要在硬盘上储存敏感或专有信息。
- 把含有敏感或专有信息的光盘等介质存放在酒店的保险箱内。

移动电话

移动电话有几个安全隐患，它可能被偷，然后被盗贼用来诈骗，它还有易被窃听，身份号码被克隆等危险。所以，有关移动电话的安全建议包括下列几条：

- 切勿在手机上讨论机密信息，因为一个简单的射频接收器就可以拦截多个信息的传输。
- 为了减少被随机窃听的风险，请获得数字化会话能力。（digital conversation capability, 数字化会话能力，意思是不用语音沟通，而是将对话转化成数字化的东西。）
- 仔细查看你每月的话费账单，以便及时发现是否有人克隆你的身份号码打未经授权的电话。
- 如果有任何未经授权的电话号码出现在你的月结单上，请立即通知你的供应商。
- 请使用锁码功能，以防止有人打未经授权的电话。
- 不使用时，请将手机存放在锁柜或抽屉中加以保护。
- 如果手机遭窃，请立即报告给你的公司的管理人员。

预防和应对敲诈勒索的几个技巧

勒索,是指某些人为取得有价值的东西,侵犯或伤害他人的行为,或者是对财产造成损失。在很多情况下,敲诈勒索者会试图哄骗受害者,使其相信实际上并未发生的绑架事件。可能还会索要赎金去赎回根本不存在的人质。敲诈勒索者会试图切断受害人与据称被扣为人质者之间的通讯。为了使勒索难以得逞,可采取下列措施:

- 请保持家中手机通畅,能够不间断联络。
- 如果有人试图引诱你离开你的住所,告诉你必须出门去领奖或者你刚赢得某个大奖,请不要轻信。其他诓骗方法还有让你去取回存在某个寄放处的物品,或者给你一份医院的通知,说你的一位家人受伤住院了。在做出回应之前请用回电方式验证一下这个来电。
- 不要参与任何调查或民意测验。
- 不要将任何个人信息透露给你不认识或无权获取你个人信息的人。

住宅和家庭的一般性安全保卫和安全提示

住宅,也就是我们的家,应该是我们的避风港。为确保家居安全,你可采取多项措施。为了防止或减少家人受侵犯的机会,请记住"3个D":阻止、侦破和延缓。

建议采用以下做法:

- 阻止行为至关重要,因为它可能从一开始就让犯罪分子有所忌惮。对于犯罪分子,没有什么比灯光和声音更有震慑力了。
- 需要采取的第一个重要措施就是改善室外照明。可以利用人体感应的节能探照灯,必须安装在能覆盖住宅周边的关键位置上。探照灯的照明方向必须能把所有黑暗角落都照亮,使可能藏身的区域都处在灯光下。灌木和植物如果过于繁茂都必须修剪适当,以防被人利用。车库卷帘门和工作人员办公室的门应该安装锁闩和窥视孔。
- 安全防卫系统起着进一步的震慑作用。这些系统会在你居家和外出时检测到不速之客。该安全防卫系统应包括在进出的大门和窗户上安装感应器。有大型玻璃的区域，如玻璃推拉门，也应该安装玻璃破碎探测器。入侵者在房间里走动时必经的区域，一定要巧妙地安装至少一个运动探测器，房子内部和外部都要配备警报器。警报器除了制造噪音，警示房主有不速之客闯入外，它的令人紧张心悸的呼叫声还能引起左邻右舍的注意，从而提供帮助。警报声还可能让犯罪分子很快撤离该区域。如果你不是居住在农村或偏远地区，可能不需要由安全保卫公司来监控该系统。不过现如今许多安全防护系统都能通过互联网或远程监控，并及时"呼叫"发出警报。

- 如果有人不请自来，闯进了你的家，一旦警报响起，你需要有一个"安全屋"或区域，让家人能够在里面暂避风头。这个区域的建造应该牢固坚实，一来可以延缓入侵者的进攻，二来可以等待执法人员或其他援助赶到。能轻松提供这种保护的房间，通常是主卧室。进入主卧室的门应该是实木结构，带有至少1.5英寸（3.8厘米）锁舌的高安全性能门闩锁。门框应采用实心的加固结构，能延缓脚踢或钝器攻击，以进一步争取时间。门闩锁必须只能在卧室里面进行操作。在门里面的顶部和底部增加一个滑栓锁可以进一步加强门的防卫性能。

- 在安全屋内，你应该备有一部移动电话、灭火器、手电筒和紧急电话号码表。移动电话至关重要，因为家里固定电话的连线在这种情况下可能会被切断。（有一个办法就是将电话线埋入地下或用导管保护以减少电话线被切断的危险。报警系统也应该有移动电话做备份，或者安装一个电话线切断报警装置，以便向安全保卫公司发出电话线被切断的警报。）将紧急呼叫的电话号码预存到手机中是一个好主意，因为在紧急情况下，遭到胁迫，通常很难查阅电话号码本临时拨号。

- 整个家庭应该制订一个防灾救险计划。大多数家庭中央报警系统针对入侵、火灾或医疗急救等情况都具有不同的报警声音。当住宅遭到入侵时，所有成员都应该知道在警报响起时立即撤退到"安全屋"内。报警系统经过编程,可以加入一个遭到胁迫时专用的代码,如果歹徒企图迫使房主输入撤防代码,不输入就要遭到人身伤害,那么就可以用这个额外的"秘密"代码报警。这个额外的代码一方面可以使歹徒暂时解除警戒,同时还可以向警报检测公司报告发生了紧急情况,并且有可能遭到所描述的胁迫情况,需要立即向此住户派遣执法人员。另外,报警系统还可以配备"远程胁持报警指示器",它类似开启车库门的无线遥控器,是可装在口袋中的袖珍装置,并可远程向监控服务器发出遭遇胁迫的信号(比如用光束、警笛声,以及其他有声或无声的方式)。为应对火灾,你应该有一个逃生方案,确定撤离房屋的手段和路径,以及房屋外面什么地方是全家人的安全集合点。

- 检测有毒烟雾和气体泄漏的安全设备,以及探测火灾和烟雾的设备,都应该列入报警系统的一部分。该报警系统还可能包括房屋进水或漏水的检测报警,比如安装在地下室、火炉附近,以及循环热水式暖气周围等。
- 还应有发生医疗紧急情况时的预防措施。如果条件允许,让你的家人去上急救和心肺复苏术课。医生、医院和救护车服务等一系列电话号码应该放在电话机附近,并且将这些电话号码输入到移动电话和所有座机内储存。如果家庭成员中有人正在服用药物或有过敏史,请在电话机旁边留下清单或便条。

家庭成员的安全意识

以下是你应与全家每个成员讨论的一般性安全预防措施:

- 门外有访客时,除非你认识那个人,知道他或她想要干什么,否则不要打开第一道户门。请用门上的窥视孔看看外面是什么人。建议你安装一个连接大门外门铃的对讲系统。
- 如果你不认识门外的人,请不要让他/她进来。
- 不要在电话里说谁在家、谁不在家、他们去哪儿了,或他们什么时候回来。
- 如果有人说他或她正在做一项家访调查,要问你几个问题,即使他答应给你免费礼品，也决不要回答任何问题。
- 你的家庭电话号码只提供给合法需要该号码的人。

儿童注意事项

教育孩子们在外出以及独自在家时如何保护自己非常重要。陌生人刻意伤害儿童的风险从发生的概率上看很低。但跟孩子传达安全意识，同时又不至于吓着他们，仍然是一个好主意。我有如下建议：

- 应嘱咐儿童不要与陌生人交谈，不要接受陌生人的礼物，或搭他们的便车。
- 家长应陪送小孩上学或送到公共汽车站。
- 告诉孩子如果有陌生人接近他们，应采取什么行动。
- 告诫学校行政人员不要向任何人泄露个人信息。
- 明确你孩子学校的缺勤通知政策。如果孩子没来上课，而且学校又没有被告知孩子请假，应在开始上课后的 2 小时之内通知家长。
- 要求学校管理人员不得在未经你书面同意的情况下将孩子外放。家长（误时）应该在校长办公室而不是在大楼外面接孩子。
- 应鼓励孩子如果遇到有任何陌生人试图与他们交谈，一定要跟你汇报。
- 应教导孩子迷路时该怎么做，例如找警察，找某个商店的店主，找其他带着孩子的家长，还有找消防站等等。
- 告诫他们决不能向电话里的人透露信息。

家里的雇工

无论何时你都必须彻底预先筛选你正在考虑要招聘的家庭帮佣，特别是要雇来帮助照看孩子的。一旦聘用，还要制订要求他们必须遵守的家庭规则。我给你提供的预先筛选的建议是：

- 到当地、州和联邦当局去调查这个人有无刑事犯罪记录。
- 在取得待聘用人员的同意下检查她的信用记录。
- 找她之前的工作单位，以及面试时提供的推荐人进行核验。

- 如果家庭帮工是被聘用来带孩子，请验证她的教育背景。
- 向所有家庭帮工说明你在什么情况下才允许陌生人进家门的规定。
- 提醒家庭帮工要始终具有安全意识，发现任何可疑情况一定要及时报告。
- 向你的家庭帮工讲明你请的修理工、访客到家里来，以及接听电话时的注意事项。
- 必须把紧急电话号码留给你的家庭帮工。
- 不要在有家庭帮工的场合讨论敏感信息。

保护专有信息的警示和要防范的事项

- 专有信息的持有人或经授权拥有专有信息的人无意披露。
- 营销人员、行业协会会议、供应商的讨论会，员工、公关部门、政府机构在办公室以外的地方讨论。
- 外部人员蓄意盗窃专有信息，这是行业间谍的典型作为。
- 注意防范竞争对手的情报收集员，主要渠道：报刊、当地人提供的文件、技术期刊、文章、演示文稿、看似无心的闲聊等等。
- 行业间谍常用的手段：恋爱的对象、虚假招聘活动、擅自进入工作领地、翻垃圾桶，即所谓"垃圾箱潜水法"。
- 被授权的能接触到专有信息的内部人员蓄意盗窃。

评估一下你自身的软肋

- 公司的关键信息放在何处，什么时候放进去的？
- 信息容易被人以什么方式盗用？
- 竞争者为了有效回应你公司的举措，必须在什么时间获得这些信息？
- 我们都有哪些非直接的员工或同事（零售商、供应商、客户、分销商、商业顾问，以及其他人）？
- 这些人对公司的运营、计划、策略、能力和弱点都了解多少？
- 他们是如何处理公司的重要信息？

搞清楚重要的信息融合点：
- 采取安全保卫措施，限制接触到这些重要融合点的人。
- 不能因目标的实现或生产效率的提高而放松控制。

保护你的专有信息的技巧
- 安装有效的门禁控制系统（如果员工在100人以上，需要采用主动对非员工身份进行识别的措施，包括佩戴贴有照片的胸卡）。
- 所有来访者都必须登记，佩戴标有"访客"的胸牌表明身份，并且有专人护送，才能进入。
- 你的公司的所有员工对他们不认识的人员出现在办公场所或大堂内，都可以礼貌地质疑其出现的理由。
- 所有员工一发现可疑行动，必须立即向其主管或有关部门报告。
- 钥匙管理：钥匙上应刻有铭文（"请勿复制"），由接收钥匙的人进行编号，每半年审核一次。
- 签署保密协议。书面告知所有访客、零售商、供应商和承包商（填写"出入条款"协议表）。
- 任务终止后执行保密协议并询问协议执行情况。
- 员工招聘前的预筛选（与推荐人核实，向前雇主调查，进行犯罪案底调查）。
- 强调有关敏感信息的识别、分类和处理的政策和步骤。
- 掌握雇用前的筛选技巧，并完善现行的员工审查程序，以确保所有有权经手敏感数据的人员没有任何确凿的动机或理由欲非法利用这些数据，并且人格基本稳定。
- 所有员工都必须参加培训，提高主观认识，了解公司有敏感数据的存在，知道自己保护该数据的责任所在，以及应采取的相应步骤。
- 签署员工保密协议，让他们知晓他们受托的责任。
- 使用书面文字记录那些接触到重要种类和大量敏感数据的员工。这些记录还可能包括员工签署的定期重申的保密协议。

- 与非竞争的特殊类别人员签署协议，以防止他们在规定的未来期限内到指定的竞争对手单位就职。

- 采取物理措施，例如区域进出控制和门禁、准入控制，使用身份识别设备和例行检查，使用安全的储存容器，监控复印设备、碎纸机，管控垃圾处理，以及限制通信媒体的使用，以尽量减少未经授权的人员从工作场所内部或外部接触到敏感数据的机会。

- 对新聘员工，或接触过敏感数据但又不需要执行非竞争协议的前雇员要进行后续的跟踪。此类行动包括书面告知前雇员的现雇主他曾经接触过敏感数据，并有保守秘密的责任。

- 对现场进行持续的常规性监测活动，并告知当事人，以检测某个员工所掌握的敏感数据之所在。

关于识别欺骗性社交攻势的若干技巧

此处的社交攻势指的是用欺骗手段使他人泄露或传递私人的、机密性的或保密信息的过程。骗子所期望的东西可以是小到计算机登录密码，大到合同投标信息。试图获取信息的人通常使用以下几种方法：

- 培养信任感——刻意安排看上去是无意的行为、纯洁的关系等，目的是获取信息。

- 逆向式构建社交攻势——这个过程可能是先由某个人制造一个问题，比如计算机网络故障，然后去修复"故障"，因而获得信任，扮演英雄形象。

- 大街和媒体——骗子经常试图通过电话获取密码、某个项目／状态的信息，以及其他有用的点滴信息。经常还会使用某人乔装成维修人员、信息技术支持人员、承包商或清洁工的手段，到办公室来造访。他们可以从台式机的屏幕、垃圾桶、电话号码簿、组织或姓名图表中收集各种信息。

- 寻求信息的人往往还会趁你不备利用你的心理反应，比如你在工作区域突然看到一个陌生人时，大吃一惊——而你看到的这个人西服革履，或者一身商务休闲装，他们可能表现得好像是走错路了，或者他们要找的是你隔壁的那家公司（他们会有那家公司的名称，还有在那里工作的人的姓名）。还有一种手段就是无所不在的"请给我们你的个人信息"（社会保险号、信用卡等等），"恭喜你赢得了超级大奖"等等。经常还有人会猝不及防地要招聘你，其实是竞争对手派来的收集情报的代理，假扮成猎头，目的是想知道你从事过哪些项目，等等。

- 获取信息还有一种方法，就是对受害者进行"感官超载"——一下子给受害者输入过多事实，或者连珠炮似的一下提出过多问题，使他没有时间做出合理反应。
- "礼尚往来"，这个方法由两步构成，第一步是你的一个问题得到了解决，或者这个信息代理帮了你一个忙；第二步，这个"帮忙的人"随后或立刻提出一个请求让你还人情，使你沦为受害者。
- 与你建立各种欺骗性的关系，目的是哄骗你，使你成为受害者，让你在某个时间点透露有价值的信息。
- 你乘飞机时如果用笔记本电脑工作，有人可能会乘机偷窥；或者有人可能会去参加一个研讨会，从会上偷走你的笔记本电脑。敌对的外国情报机构可能会监控电子或其他形式的对话、电子邮件和传真，还可能针对酒店房间进行入室盗窃。

减少欺骗性社交攻势伎俩的若干技巧
- 弄清楚你拥有哪些有价值的产品和信息。
- 通过电话结识的人可能不是你的朋友。有人跟你建立起新的关系可能是想获得信息。
- 密码保护至关重要。
- 任何人都可以购买/窃取/伪造联合包裹（UPS）、联邦快递（FedEx）或是施乐（Xerox）等公司的制服或身份证明。
- 来一次真人调查：你正在经手的信息，对于竞争对手、犯罪企业或国内或国外的恐怖组织，有没有价值？

- 不要害怕说不。要求对方给一个回拨号码；答应将他们的请求、信息等转达给其他人（验证和核对对方请求的另一种方式）。

制订一个真正敌对地区的安全保卫计划是一项复杂的需要花气力的工作。若要了解敌对地区安全保卫和危机管理规划的范例，以及更多有用的安全保卫技巧、步骤和建议，请参看附录一。

武装抢劫的预防和应对措施

武装抢劫是当今美国最严重且是潜在威胁最大的犯罪活动之一。强盗打劫无非是因为他或她认为收益很大值得冒险，因此降低抢劫可能获得的收益，增加他们所冒的风险，就能减少潜在受害者被打劫的概率。在计划如何应对持械抢劫时，人身安全始终是最重要的考虑因素。本文提供一些最基本的建议，使你可以降低而且肯定能够降低成为受害者的机会。

预防和阻止抢劫

各个公司都必须实实在在地正视工作场所发生抢劫的可能性，而且应该高度重视安全演练，员工应该进行预防抢劫最新方法的培训，这将提高他们保持自身安全的概率，同时使他们更有能力提供有助于逮捕犯罪分子的信息。此外，这种训练可以减轻经历持械抢劫后的不良情绪。应该建立一套公司开门和关门的程序。这些程序可能包括：

- 公司开门营业和关门时，要有多名员工在场。
  - 在进入公司之前检查是否有强行入侵的痕迹。
  - 一名员工先进去把整个场地搜查一遍，然后再允许其他人进入。如果一切都安全了，那么首先进入公司的那名员工可以给同伴发送事先约定好的信号。
- 打烊关门时要确保没有人隐藏在公司里。
- 打烊后一名员工可先进入停车场，如果一切都平安无事，就可以向同伴发个事先约定好的信号。

- 在放现金的抽屉和保险箱中都要放置一小笔易于提取的现金。在晚间和深夜营业时，每台收银机的现金数额请维持在不影响交易的最低水平（50美元或更少）。应该禁止使用大额（超过20美元）的钞票。使用特殊设计的下投式保险柜快速存款，当现金不断增多时可以轻松地把钱保存进去"落袋为安"。将储备资金锁在另一个现金保险箱内，并仅在需要时才拿出新资金。

- 使用的现金保险箱，要有两名以上的员工一起开箱和取走每日的收入。每日运营资金取走后，必须始终锁好现金保险箱。每家商号都应该有一个现金保护系统来保证商号的安全运营。每位经手现金的员工都应接受培训，以应对可能遭到的各种类型的攻击，而且员工应遵循良好的现金处理规范。现金保护系统应该起双重作用：既要保护员工生命又能保护现金的安全。应定期检查，以确保所有现金保护规则都得到贯彻执行。如果员工一丝不苟地执行这些现金处理程序，这家商号在抢劫犯眼中的吸引力就会大大减少，限制了他们可获得的"利得"，同时降低了商号可能遭受的损失。还可以使用特制的、分开锁定的、内室式保险箱或储物柜存放"找零备用金"，以进一步减少损失。双控保险柜和双钥匙内室式钱箱需要至少两个人才能打开，从而有助于防止抢劫。

- 尽量不要过于频繁打开现金保险箱，不要在店内保留不必要的现金余额。
- 始终将钱存放在顾客无法接触到的地方。
- 确保员工不会向外人显露大量的资金。收银员不应该在打烊之前在结账区平衡账目。这一步应该在办公室或其他安全区域内完成，这些区域不像结账区那么显眼，不易受到攻击。银行出纳员工作的柜台应该设计得让外人看不见现金。

- 请不要允许员工在公众或其他员工可以看得见的区域内计数大量现金。大量现钞暴露在人们视线中,这不仅对抢劫犯,而且对雇员和顾客都是一种诱惑。
- 进行银行存款时应采取充分的预防措施。这些预防措施包括:
  - 请尽量在白天,由另一个人陪伴着一起去银行存款。
  - 时不时变更去银行的路线。
  - 沿途不要停下来。
  - 时不时变更去银行存款的时间。
  - 把现钞袋用普通包装纸包装起来掩人耳目,或者换一个容器来盛装,比如手提箱等。
  - 尽可能换不同人员去存款。
  - 不要总是使用同一辆车。
- 经手或运输大量现金时,要请警察或武装保安来护送。

物理安全措施包括:

- 保持室内灯火通明,从街上可以看到内部通亮。确保从街上看上去,客户服务区没有被标志、展台展板、植物等遮挡。始终保持业务机构的一目了然,是非常重要的。
- 物理障碍,比如客户与员工之间的防弹玻璃封闭室为工作人员提供了最大限度的保护。为客户交易安装传递窗口并在特定营业时间限制授权人员进出,也能控制风险。
- 储藏室应该具有可从内部打开的锁,因为劫匪有时会将员工锁在储藏室中。如果锁无法从储藏室内部打开,则要在室内藏一把钥匙。
  - 在门口边缘处标出不同高度的刻度,以便识别盗贼的身高。
  - 利用一些物理手段让员工能够360度看清周围环境,例如使用凸面镜,垫高的有利地势,以及精心布置的员工/客户服务和收银机区域,使得售卖区的一切活动都清晰可见,这样的安排对劫匪具有震慑的威力。

- 为确保出纳和收银员操作的安全，请安装障碍物，防止未经授权的人进入这些区域。
- 对于安全区域，请使用带插销的门和大门，以便关门时自动锁定。
- 请安装定时延时开关，以便员工夜晚离开后，可以自动关闭外部照明灯。
- 请安装画面分辨率高的监控摄像设备。请务必定期维护设备，并仅按照制造商推荐的时长使用录像带。
- 请使用带双钥匙、下投式，或者带延时行动定时闭锁功能的保险箱。
- 无声报警系统。这个报警系统应具有下列性能：
  - 可包含白天遭到打劫时能够向远程监督区域发出警报的报警功能。要确保员工知道怎样激活警报，何时激活警报，以及何时不要激活警报。
  - 当某雇员遭到胁迫，不得不打开保险箱或保险库时，可以乘劫匪不注意时悄悄激活。
  - 应包括待机电源。传输方法应定期测试。如系统被意外激活或发生故障，应立即向警方报告，以确保能够得到充分的响应。
  - 应该把使用方法教给新员工，并定期与需要了解的员工一起演习。
- 极少使用的后门和侧门、窗户和其他可进出的出口应该始终保持锁定。门应有人看守。用于交付的门在不使用时应锁定。
- 保持良好的室外照明。在夜间营业时，停车场以及营业场所周边应具有充足的外部照明，可给予员工更多的保护。用于检测和观察行人以及营业场地车辆入口的监视照明，也有助于提高安全防护。公司内部和外部都有充足的照明，使意图作案的强盗觉得更有可能被检测到，从而降低打劫的吸引力。
- 所有树篱和树木，凡是可能给犯罪分子提供藏身之处的，都应该得到修剪或砍伐。

在某些高风险地区或高风险的营业公司，应考虑使用额外的威慑措施。这些措施可能包括：

- 有退役警察或制服警卫出现在现场。
- 使用装甲车服务以保证运钞和提钞的安全。
- 在电话机旁边常备一个紧急联系人电话号码表,手头上常备"目击者描述表",以便抢劫发生后立即让员工和目击证人填写。
- 员工需轮流使用午餐时间和咖啡时间,以便总有数名员工当值。
- 应该培训员工,使他们敏于观察并报告场所内部、外部人员的可疑行为。如果担心可能发生潜在风险,请不要犹豫,立即致电警方。如果这个可疑人员在警察到达之前离开,请记下嫌疑人及他或她的车辆特征,以供警方需要时使用。今天看到的可疑人很可能是来踩点,明天就返回作案的强盗。可疑人的行动可能包括:
  - 仔细盯着经办业务的人看。
  - 询问关门时间、业务量和手头的现金额等问题。
  - 看起来只是在场地到处闲逛,其实是在侦察营业布局和运营情况。
  - 可能正在等待业务不忙并且客户很少的时候。
- 请给予每一位进入商号的客户友好的问候,直视每一位顾客。由于强盗不想被认出,这种人际接触可能会打消某些强盗意欲抢劫的念头。
- 要求你的员工先验明工人、修理人员、保安、警察等人的身份才允许他们进入安全保卫区域。
- 柜台或工作区域应定期清洁以除掉旧指纹。这么做,很可能使强盗打劫后留下的指纹更易采集。不应使用油基或蜡基清洁剂。
- 尽量总是安排至少两名员工值班。一次使用两名职员是"强化目标"的一种形式,因为两个人可能使抢劫更难成功,因此,对潜在的强盗,这个目标更不适合打劫。
- 不要受人诱惑使用中看不中用的标志或设备。例如,使用华而不实的监视摄像机可能会破坏所有其他安全预防措施的可信度。强盗很快就知道这些摆设是可以忽略掉的。
- 广泛宣传你的公司使用了完备的现金保护技术和良好的安防装备这个事实。

用合适的标志来传达这个信息，可让潜在的强盗明白他们的利润会很小，但风险却很高。这些视觉威慑物（如墙贴、标牌、标志等）应该解释你们使用了何种安全保卫方法（如双钥匙、下投式，或者延时保险箱等），以期能使潜在强盗望而却步，或者解释在发生抢劫时大家应该采取什么应对方法。

- 许多警察局有报警验证和抢劫响应的程序。请你最好了解一下这些程序都包括哪些步骤，以使你的员工知道在发生持械抢劫时警察会怎么做。

遭遇抢劫的过程中应采取的步骤

适当地演练，让员工了解在抢劫发生时应采取哪些步骤才能在与歹徒的对抗中活下来，是至关重要的。进行记录在案的演习，开设讨论课程，以便使每位员工都知道自己的角色，并有提问的机会。定期进行几分钟的简短复习，有助于确保发生抢劫时每个人都能做出适当的反应。应对抢劫首先要考虑的是减少受伤的可能性。

- 不要与抢劫犯对抗。钱不值得让我们去冒生命危险。不要采取会危及员工或顾客安全的行动。配合劫匪，不要试图去当英雄。在多数情况下，强盗几乎不会伤害与之合作的人。
- 不要使用或鼓励他人使用武器来对付劫匪。在这种情况下，把另一种武器带到现场会增加抢劫过程中人员受伤的概率。再多的钱也不值得我们拿人的性命去冒险。
- 如果有任何意外事情发生，要尝试告知强盗：如预计有人外出办事很快会回来，或是你无论如何都必须伸手去取一个东西，或身体必须要移动……都要先告诉强盗将会发生什么情况，这样他或她就不会受到惊吓。员工的一个可疑举动都可能引发（强盗）危及许多人生命的暴力反应。
- 服从强盗的命令，但不要主动帮忙。抢劫时间越长，劫匪可能变得越紧张，越容易变得暴力。
- 如果强盗要求给他一定数额的现金，只给他们要求的数额。

- 要尝试将"诱饵货币"和其他现金混在一起给劫匪。这种"诱饵货币"可能是一捆序列号都登记在案的钞票（把数张10美元和20美元钞票的面值、序列号和年份记录在一张纸上，然后把这张纸存放在远离收款机的某个地方），或者是带有隐形染料的钞票。还可以设置无声报警器，一旦"诱饵货币"被拿走，无声报警器就被激活。
- 抢劫期间尽量让客户和员工保持冷静。
- 如果强盗手里拿着枪支或声称拥有枪支，请认定枪支已装载子弹，并且强盗会使用它。
- 如果条件允许，就激活抢劫警报，但只有当强盗未注意到时才能去做这个动作。
- 尝试用预先设计的信号来提醒其他员工警报已被激活。
- 敏锐地观察一切。做个优秀的目击证人，尽可能多地记住这个强盗的特征。

务必心里要牢记

- 强盗的人数。
- 强盗的身体特征，包括种族、性别、年龄、身高、体重、面部特征（头型、头发颜色、眼睛颜色、眼睛形状、鼻子和嘴巴等）、说话的模式（即带什么口音）、疤痕、胎记，或者畸形、左撇子还是右撇子。
- 强盗的着装特征。
- 强盗们相互之间使用的称呼。
- 强盗表现出的任何独特之处（也就是说闻起来有没有酒味等，看上去是不是吸毒后的亢奋等）。
- 使用的武器特征——枪管长度、枪管颜色、手柄颜色，手枪是自动的还是左轮手枪。
- 如果强盗有留下手写的条子，请尽量收起来，以留作证据之用。
- 抢劫者得到钱后，请主动让员工和顾客躺下来，而不是等到强盗决定要他们怎么做，因为他们可能会把你们打倒在地，或捆绑起来。

抢劫发生后应采取的步骤

如果抢劫发生后能做到下列步骤，公司员工将能更好地提供信息，协助执法人员逮捕犯罪分子，而且更重要的是，保护员工和无辜顾客免受伤害。

- 首先要确定一旦发生抢劫，哪些人员需要采取哪些行动。即刻决定谁负责锁门，谁去打电话给警察，谁去照顾受伤的人，谁去寻找劫匪开的车，谁来保护现场证据等等。不要以为这些工作都会自动完成。
- 不要追逐或尾随强盗。强盗可能会向任何尾随者开枪，而且还会让警察误以为你是强盗，也可能向你开枪。
- 将门锁好，使劫匪无法重新进入店铺。停止业务运营并在门上放置一个标志，告知顾客"因紧急情况，临时停业"。除应急人员外，不要让任何人进入。
- 立即打电话给警察。一定要告诉他们是否有人受伤，以便警察在必要时派遣医务人员。告诉警察劫匪离开的时间、他或她的外表特征，以及劫匪逃逸的方向和方式。不要挂断电话，直到他们告诉你可以挂断为止。报警的速度对于逮捕罪犯至关重要。
- 照顾好受伤的人员。
- 在劫匪离开时如果能够安全地做这件事，请尝试记录他们的逃跑方法以及方向。如果劫匪使用车辆，请尝试发现车辆的制造商、颜色、车型、车牌号，以及是在哪个州注册。
- 尽量保留任何可能的证据。保护犯罪现场，不要触摸强盗可能触摸过的任何东西。让人们不要靠近抢劫现场。
- 写下强盗的外表特征。用"目击者陈述表"填写劫匪的外表特征及其他评价性话语，如果没有"目击者陈述表"可用，则使用手头上能找到的任何纸张。在警察到达并进行必要的质询之前，不要相互之间"比较所写的东西"。
- 要求目击证人留下，等待警察到来。如果他们坚持离开，请试图记下他们的姓名和地址。
- 联系可能需要联系的任何其他人员（即店主，银行安全保卫人员等）。紧急联系人的电话号码必须能够打通，并且事先已经制定了明确的告知政策。
- 在得到警方许可之前，请不要与外人讨论犯罪情况。如有疑问，全部交给警方处理。
- 除非绝对必要，否则不要说出，或者估算出劫匪抢走了多少钱。警察可能把劫匪掠走的钱数暂时称为"未定数额的现金"，直到审计之后确定了准确的被劫数额为止。找出并记录其他可能被抢劫的财物。如果某起抢劫案被抢的确切数额向媒体发布了，然后媒体报道说抢劫数额巨大，那么其他劫匪就会被吸引到这家商店，或是该连锁企业中的其他营业点。
- 尽一切可能协助调查人员。竭诚与警方合作，面谈时随叫随到，识别嫌疑人时不要不情愿，在接到通知后积极配合到法庭作证。

办公大楼和前台接待站的若干安全提示

第一也是最重要的，请敏锐观察前台区域发生的一切。不要低头坐着，或埋头读书。不要与同事没完没了地聊天，或者煲电话粥聊私事。要警惕走进大门的是什么人，搬进来的是什么东西。如果坐在等候区的某个人开始动作了，请注意他要去哪儿。

如果你的工作场所要求员工佩戴胸卡，请尽一切可能百分之百地按规定办事。如果你的同事，即使是你十分熟悉的同事，没有佩戴胸卡，或者看不到他佩戴的胸卡，请提醒他或她按照要求做。如果有金属探测器，请要求每个人毫无例外地通过这个金属探测器。任何人都不得绕开它！

虽然你可能很容易就不按这些标准程序办——毕竟有些人都是和你一起喝咖啡的伙伴，苏或乔，或许就是公司的某位高管——但是，既然有政策和要求，那么请按照政策和要求做，因为这就是你的工作，所以没有例外，无论何时都要毫无差池、逐章逐条地遵守安全指南。

如果你有办公大楼或内部大门的钥匙或门禁卡，请妥善保管。不要把钥匙借给任何人，也不要让任何人使用出于信任才交到你手上的这些钥匙或门禁卡。请勿将钥匙、通行卡或身份证放在工作区的桌子或工作台面上。最好始终将钥匙放在你身上或锁在柜子或抽屉里。某些你认为秘密的藏匿之处往往保不了多久的密。如果你的钥匙、通行卡或身份证丢失或被盗，请立即向安全保卫人员或其他指定人员报告。不要在钥匙上标注房间号。如果有小额现金存放在前台桌斗里，请始终保持在他人视线之外并上锁。

如果你因故必须离开工作区域，即使只是一两分钟，也要锁好一切。不要将钱包、公文包或袋子放在无人值守的前台。

如果你正在使用计算机，请关闭屏幕并注销后再走开。始终遵守所有互联网/局域网的安全准则；哪怕只有一个例外，也可能会造成计算机安全漏洞的蔓延，而且其代价高昂！不要将你的计算机密码放在他人可能会看到或容易找到的地方。再说一遍，没有任何藏匿之地是完美的。

如果你在桌面上有工作文件，请把它们放在抽屉里。避免把文件落在公共区域的共享打印机或传真机内。如果你工作中处理了无论如何都需要保密或专有的打印材料，请勿将其随手扔入前台区域的废纸篓中。如果当时前台区域没有碎纸机，请申领一台碎纸机供前台使用。如果无法申领到碎纸机，可以将废纸扔到办公大楼的外人不能进入的其他区域。

请避免在访客面前讨论机密信息或组织业务，并提醒你的同事遵守相关规定。请记住，即使是看似微不足道的对话也可能包含不应被组织外部人员听到的内容，对你而言似乎无关紧要的信息，可能会引起竞争对手或其他外部人员的极大兴趣，甚至某些员工也会很感兴趣，然后他们可能会利用这些信息做出对你的组织或其他员工不利的事。你的组织的业务计划、客户信息和其他敏感数据都是需要严加保护的资产。

如果条件允许，请错开你的休息时间和离开前台去用午餐的时间。不要太有规律使他人能推算出你离开的时间。一定别忘记向接替你的人交代一下：在等候区的是什么人？他们在等着见谁？有没有任何送货人或维护人员要来？发生了什么异常情况？让接替你的人知道正在发生的事情，并在你回来时问相同的问题。

始终警惕你的周围环境。报告任何可疑活动，例如前台区域内有个陌生人，没有什么理由却待着不走，或者有人无缘无故短时间内多次返回大楼。如有未经授权者进入办公大楼（比如已终止合约的员工），或者已被确定为有安全或安全保卫隐患的外部人员进入办公大楼，请立即报告。如果你有"禁止一切推销活动"的政策，请确保该政策得到强制执行。

始终一丝不苟地遵守所有进出管理条例——不能有例外。筛查所有访客，以验证他们是否有合法的需求进入大楼，是否有预约。让每个人都登记，并给他们佩发临时胸卡表明身份。永远不要自以为某人有权进入大楼。要核验不明身份者的身份。

所有访客在进入办公大楼的私人区域时都应有人护送。每位访客的到来，都应通过电话或对讲机事先通知访客要见的人，然后请客人在前台区域等候护送他们的员工。在他或她结束访问之后，这位客人还应该被护送回前台，办理出门手续。要求所有访客进入大楼时有人护送，这个强制执行的政策不仅是良好的安全保卫措施，也是老派的待客之礼。

有些机构还增加一项要求，即在进入大楼时再次检查访客身份；在有些限制更严格的地点，要求出示两份身份证明。其他更严格的要求可能包括搜查带进大楼内的包裹、钱包和公文包。是否需要添加这些额外的出入手续，这是管理层必须根据经验和所需安全级别作出的决定。

如果你看到有人开始离开前台区域，朝大楼其他地方走而未登记身份，可以上前询问"我可以帮你吗？"，或者"要不要我通知你要找的人你已到这里？"不要让他们进去，也不要让他们无人陪伴就进去。如果这个人是不应该在那里的人，他或她可能会不理会你，或者可能会给你一个简短的回答，然后向出口、楼梯或电梯走去。不要试图阻止他们，立即致电安全保卫部门或拨911，并描述此人的外表特征。

比如，让我们想象一下，就在工作日快要结束的时候，你看到一名陌生男子走进大厅,并在等候区坐下。当你主动询问如何能帮到他时,他回答你的声音小得几乎听不清,他说他正在预约簿中查找他将要见的人的姓名。几分钟后,你正在接电话,抬头看见那个人正朝着通往大楼主体的大门走去。这名男子没有按照你的要求在前台做访客登记,而是加快步伐,面带怒容,继续往大楼走。

不要犹豫,赶紧呼叫安全保卫,或者拨打911,报告大楼里有一个陌生人,你不知道他要见谁,不知道他要往大楼的具体哪个地方去,他去楼里有何贵干。请你不要离开前台,以便描述此人的外貌特征。

如果有人在前台区内或附近游逛,或者表现得形迹可疑,而你如果接近他们,可能心有余悸,那么请呼叫安全保卫人员,或呼叫另一预先确定的协助人。报告该人的位置和外貌特征。如果可能的话,请小心谨慎地留意这个人,直到救援到达。

当你看到有人做违法的事,或有犯罪行为时,无论什么时候都不要犹豫,立即致电911,并通知安全保卫人员或你的组织安全保卫程序中指定的其他人员。趁着事件的细节在你脑子里仍然记忆犹新,及时写下相关人员的外貌特征、具体发生了何事,以及犯罪活动的时间和地点。如果歹徒已经离开该区域,请告知你最后看到他们是在什么地方,以及他们撤离的方向。如果你的单位没有"事件报告表",你可能需要创建一个类似表格,以便提供一个需要记录的信息大纲。

有些前台还是包裹接收中心。即使在一些机构,大多数包裹都是寄送到中央收发区或邮件中心,但偶尔也会有包裹或信件被送到前台,这是常有的事。

如果前台定期收到货物,请验证所有日常送货人和维修服务供应商的清单。注意并报告任何可疑包裹。即使是一个公文包,当它无人值守,而你又不能轻易识别这个公文包属于谁的时候,应该视其为可疑物。不要处理或试图移动任何可疑物品。跟踪记录什么物品进了大楼,什么物品出了大楼,这是十分重要的。

请不要允许任何人,员工也好,访客也好,从楼里搬走计算机、计算机的配套设备或其他设备,除非你知道他们是谁,并且获得了批准才这样做。在当今高度计算机化的世界中,这些被搬出大楼的设备固然具有金钱价值,但它也可能内含机密或专有信息,而这样的东西是该机构无法让它走出门外的。对于允许员工带回家的设备，有些机构已经建立了跟踪政策和系统。首先必须由经理签署一张表格，批准该物品带出大楼。这张表格将由前台负责跟踪，如果该物品未在指定时间内送回并登记在案，前台将报告给签署表格的经理，以便跟进。

如今，还有一个安全保卫程序，使用它的机构比以往任何时候都多，尤其是在数据安全性至关重要的公司，这就是让所有访客在前台登记他们的笔记本电脑，记录该电脑的序列号，然后在访客拿着电脑离开大楼时再确认一次。

这么做的目的是确保进入大楼的这部电脑与离开大楼时携带的电脑是同一部，而没有被调包。

有人可能会怀疑有没有必要建立这些体系，有人甚至认为这样做太过分。每个机构根据所需的安全级别，都必须确定是否采用需要更严格程序的政策来跟踪通过前台的物品。你所在机构到底要不要建立这样的，或类似这样的政策和程序呢？几年前发生在一家大型公司的事件可能能为你提供一个很好的佐证。

一名员工发现一个外接电脑硬盘不见了。尽管任何设备不见了，都是一件令人头疼的事情，但这个硬盘的丢失却造成了极大的恐慌和极度的担忧，因为它存有退休员工的姓名、地址和银行账号。公司随即采取措施，首先联系硬盘驱动器上包含其信息的所有人员，来弥补这种局面，然后对带走任何属于公司财物离开大楼的员工和其他人员，都实行严格的检查程序。这个迷对于那些想要知道结果的人，一直也没有解开，而这块硬盘也再未找到。这块硬盘究竟是被弄错丢弃了，或是被某个居心叵测之人拿走，打算利用里面的信息干非法勾当，还是仅仅因为某人想要给家里的计算机系统加装一块硬盘抄走了，不得而知。

有些安全保卫程序要求你说不，或让你确保某人遵守既定的准则，而他很不愿这样做，发生这种情况时，我有几个简单的步骤，可以让你更轻松。

说"不"很正常

良好的前台专业人员是彬彬有礼、和蔼可亲的，他们经常不遗余力地竭诚为每一位接洽的人服务。虽然让你说"不"，你很可能总是感觉不舒服，但有时候出于对组织及对员工的安全保障负责，你绝对有必要说不。

一个包裹，在未经收件人授权的前提下，你决不能签收它。你不能让一个陌生的外来人员在大厅拍照。如果没有适当的身份证明，即使一个态度友善、貌似没有威胁的人，你也不能允许他进入大楼。如果没有适当的安检，你不能让一位同事带着朋友或家人进到大楼里。这些都是你该说不，但可能让你感到很不舒服的情况，但是，这又是必要的，是你该做的正确事情。下面给你几个小贴士，让你说"不行"而不是"行"时心中更舒服一点：

首先，请记住，并且在思想上说服自己，对不合理的要求说"不"是合适的回答。如果公司的政策和程序要求你给的答案是否定的，那么你这样做就是正当的、合适的。

看看下面这个例子：一位女士，手里拿着记事本和笔，向你走来，并问你最近公司裁员的事。她要你说出对公司裁员的看法，你认为他们是否必须裁掉，并让你说出几个失去工作的员工姓名。你很快就明白那个女士是记者，所以你一开始就回答说，本公司的政策是员工不接受媒体采访，她对此加以反驳，并咄咄逼人地罗列出一大堆理由说明你为什么应该向她提供相关信息。"我只需要你给我一个简短的陈述。你不想在这个报道中站在员工的立场上说话吗？贵公司有什么需要隐瞒的事吧，对吗？只要给我讲一讲你对所发生的事情怎么看就行了。你可以相信我；我不会原话照登你对我说的任何事情。"

请记住，你不必立即回应；花几秒钟来整理一下你的思绪。你知道政策是怎么规定的，而且你要为自己负责。

始终保持专业形象，避免与他人发生争执或对抗。自省一下，以确保你展露的不是一个不自信的形象：比如眼睛一直朝下看，显得垂头丧气，不敢与他人目光直接接触，姿势不正，坐立不安或者身体左摇右晃。你也不要表现出一副争强好胜的态度或样子。

通过用"不"这个词开始你的回答，往往更容易表现出自信。"不，我不能让你立即去史密斯先生的办公室，客人如果没有专人护送，只允许待在主大厅。"这么说，一来让客人清楚地理解了你的回答，而且还能让你继续咬定这个回答不放。

对你所说的话不要添加修饰，也不要闪烁其词。"我认为，你没有得到经理的批准，不应该把这台笔记本电脑带回家"，这让人觉得你似乎拿不准你要做什么，或者还有什么谈判的余地。一句简单的"公司要求所有员工必须获得书面许可才能把设备带出工作场所"就能掷地有声，没有任何犹疑的余地。

在你说话的时候，请让你的声音充满自信和安全感。结束一个陈述，然后又加上一个反意问句，无论这是一个真实的提问，还是尾音有升调变化，都表明你没有安全感且缺乏自信。请不要这么说："请在等候区坐一下，我确认一下你是否有预约，行吗？"把那个"行吗？"省掉，因为它把你肯定的陈述语气变成了一个疑问句，并打开了讨价还价的大门。

使用某些短语会破坏你所说的话的权威性。"你肯定不愿花费额外的时间，但我们要求所有包裹都运送到装卸码头。"不要在你的声明前面添加一些评论做开场白，这样会使你的话失去分量，降低力度。你要传达的信息就是"我们要求所有包裹都运送到装卸码头"，这就是你要说的话。

当需要说"不"时，使用自信的非语言性技巧。保持你的声音坚定、清晰和直截了当。不要说得太快。注意听对方说的话，让他们知道你在倾听，并不表示你同意或者你会屈从于他们的要求。

举个例子：一位客户在前台，要求立即见到客户服务部经理进行结算调整。你知道公司政策要求所有结算调整的请求都必须以书面形式提出。首先，你需要保持冷静并冲淡现场气氛，说："告诉我发生了什么事，然后我会看看我们如何帮到你。"在她向你讲述她所遇到的情况过程中，你可以偶尔点点头，或者对她说"后来呢"或者是"我知道了"，让她知道你在听。虽然仍然有必要对这位女性提出的要见顾客服务部经理的要求说不，但只要有人倾听，就会让她有机会冷静下来。然后你就可以对她最初的要求说不，然后提供一种解决问题的方法。

如果站起来有助于你采取更坚定的态度，那就站起来吧。无论是坐着还是站立，都挺直胸膛，直视对方的眼睛。说不的同时摇头。站立时，双臂放松垂在两侧，双脚稍微分开，膝盖略微弯曲。这样会使你看起来好像随时准备响应和采取行动。你坐着时,要抬头并将双手放在柜台或桌子上方。

如果有些时候你拿不准"不"是不是最好的回答,或者你被甜言蜜语一次又一次劝诱或哄骗,要你改变你的回应,请深吸一口气,花点时间考虑一下。提醒自己,这个决定完全取决于你。你是负责前台工作的。你知道需要做什么;不要被迫做出你以后追悔莫及的决定。

请记住,如果你在需要说"不"时说了"是",你可能会危及组织和同事的安危。

如何应对愤怒中的人

有的时候,来到大楼的访客一听你说"不"就火冒三丈,或者某个怒气冲冲或心怀敌意的顾客或客户就某个问题与你杠上了不肯善罢甘休。妥善处理这样的人也许可以阻止潜在的意外或灾难。

在前台,接待某些心有不满、讽刺挖苦、怒火中烧,或直暴粗口的人是件很有压力的事情,并且可能需要花去很多时间。虽然我们需要承认人们总是会时不时地发发火,但这样的人充其量也是一种挑战。在更极端的情况下,他们甚至可能辱骂你,试图恐吓你,或者威胁你。这些情况大部分都很容易处理,虽然每个令人棘手的情况各有不同,必须就事论事逐个应对,但我仍然有一些建议,可以帮助你避免恶劣情形升级为灾难性局面。

例如,你看到一名男子进了大门,大步朝前台走来。他双唇紧闭,面红耳赤,身子绷着很紧的样子。他拿眼瞪着你,二话没有,就用一种非常激动的语气说:"过去两周我给约翰·格雷留了好几通电话留言,但他还是没有回我的电话,今天我必须见到他,如果他现在还不愿见我,那就真的会有麻烦了。"他一拳头猛砸在桌子上。你该怎么做呢?

- 首先,请注意每个走近前台的人,如果他心情烦躁或惴惴不安,都有什么样的表象。怒气冲冲、心怀敌意的人甚至在他们开口说话之前,身体语言常常已经表达了他们的情绪。请特别注意耸肩弓身的、紧握拳头的、面带怒容的,或者满脸通红的,或者迈着沉重脚步,噔噔走来的。躁动不安,要么盯着你,要么避免目光接触,这都表明向你走过来的这个人需要你特别多加注意。

- 如果你认为走过来的这个人可能在生气，请做好心理准备。深呼吸并提醒自己，你绝对有能力应付这一切。

- 让走过来的这个人看到的你是一个冷静、友善，但公事公办的人。不要反应过快；从容面对一切。避免自己生气发怒，别人冲你叫喊，你也报之以叫喊，别人侮辱你，你也以牙还牙，只会加剧恶劣局面，并可能对你造成负面影响。请记住，这个人并不是对你个人有怨气。尽管你是他/她联系的第一个人，但通常情况下他或她的问题可能与整个组织有关，或与某件事、某个产品或某种服务，又抑或与组织中的其他某个人有关。

- 请以友好的态度说话，如果可能的话，请直呼其名，热忱地跟他打招呼。把你的兴趣和关注展示出来。请先仔细聆听此人的陈述，再开始你的回答。在大多数情况下，虽然他或她确实希望问题得到解决或情况有所改变，但愤怒的人并不一定指望你本人能够解决问题，他或她只是需要有人听见他们的诉求。请表达你的同理心，或用一句与下面类似的话来表达同情："如果账单连续三个月都出错，大多数人都会生气的。"请记住，一个在气头上的人其实是听不进你说的任何话的，而且心里也没有准备好要解决问题。所以，你就一直听他们说，集中精力对他们的个人感受表示理解。只有在他或她把怒气发泄完，并已经向你表明他们有多气愤，开始冷静下来之后，才有可能向前一步，找到解决问题的办法。

- 密切关注事态的发展以及此人的行动。如果你试图让她或他冷静下来却不成功，并且你有理由相信事态正在恶化，或者你自己的人身安全和身边其他人的安全都受到不同程度的威胁，请不要去处理已然升级而变得难以掌控的情况。请记住，你没有义务要容忍他人的粗言秽语或辱骂行为。如果你对侮辱行为的容忍度已经超过阈值或他人已经对你产生威胁，请采取必要措施应对这种情况。请联系安全保卫人员，按下紧急呼叫按钮。指示其他人拨打911。该特殊情形需要你做什么，你就立刻去做，确保每个人的安全。

- 当怒气冲冲的人不是站在你面前,而是在电话里冲你发怒时,请遵循相同的一般准则。就像这个人是站在前台一样,请认真对待致电人的所有威胁言辞,并立即采取适当的行动。

前台的缓和作用

前台区域的缓和作用可能需要你积极主动地做一些事情。为了确保访客和员工的安全,请检查以确保你的前台区域不存在任何安全风险。与设施维护或工程施工人员一起检查并消除此类风险。例如,地毯和地垫的状况是否良好?磨损的地毯或垫子,或者湿滑的地板有没有可能导致跌倒?

与设施维护和安全保卫人员协调一致,使前台区域尽可能便于监控。如果可行的话,在有多个入口的前台区域,指定唯一一个大门,供所有人进出。这可以更容易地观察谁正在进出大楼。不供人员进出的门不应该随意打开,以免有人避人耳目,乘虚溜进大楼。这些入口是不是在任何时候都没有障碍物遮挡?

请把前台安排在可以很方便地看到所有来往人员的位置,并且能为看清门口和尚未登记的人提供最佳视野,这可能包括搬运大型植物,重新布置访客等候区的家具。最好是设一个高度合适、便于访客登记填表的平滑台案。如果你需要在前台把访客数据输入电脑,请把电脑显示器摆放在适当位置,以便你使用电脑的同时还能留意前台区的动静。

请考虑要不要在入口或大厅添加布告牌,提示所有访客到前台登记,或者,如果你的安全程序要求这么做,请考虑要不要贴一个公告,声明凡是访客随身携带的包裹、手提包和公文包,一律都要搜查。

无声紧急报警开关,通常被称为"紧急呼叫按钮",是前台接待处的一个宝贵的安全保卫工具。轻轻触碰一下,即能触发这些隐藏的按钮,不需要大张旗鼓的动作就能招来援助人员。前台安装紧急呼叫按钮已经变得越来越普遍,这种装置也用于高层管理人员及其助理办公室,以及其他安全保卫要求级别很高的区域。如果没有安装紧急呼叫按钮,请试一试是否有安装的可行性。与安全专家一起商量选择一个合适位置安装,因为它需要易于激活且不会引起注意。

从前台遥控，就能远程锁定主要入口大门，这也许是你可以考虑的另一安防措施。在公共示威频繁发生或通常不安全的地区，遥控锁定大门尤其必要。

通过与安全保卫人员、设施维护人员，以及你组织中其他合适人员共同合作，事先约定好可用于快速请求帮助的暗号。通过电话或面对面告知这些暗号，可以在别人不知情的情况下迅速招来援应。

在一些组织中，前台区是与办公大楼分开的，或者被安排在较偏僻的区域。如果你的工作场地在较偏僻的区域，那么有一个很好的安全保卫举措：那就是指定白天某几个特定时间，比如说，你来上班的时候，9点10分，11点15分，13点20分，15点25分，以及在你离开大楼下班回家之前，要向某个具体人员报到，他可能是安全保卫人员，也可能是设施维护人员。如果这名指定人员没有收到你的消息，他或她会拨打电话给你，或亲自到前台来，以确保没有任何问题发生。

做好一切准备的责任

就像生活中的大多数事情一样，当你必须采取行动来应对安全或安全保卫威胁时，你准备得越充分，其结果就会越有效。

根据机构的规模大小，可能要求你担任所在办公大楼区的应急反应小组成员，或者你的角色可能是管理前台区的应急反应。无论二者中哪种情况，你都需要了解你应该采取哪些行动，要求你熟悉应急团队的角色和责任，并且了解自己要如何与紧急事件反应团队组织进行协作和协调。

要了解哪些员工在CPR（心肺复苏）和急救方面接受过培训并持有上岗证，他们的工作地点在何处，以及他们的分机号码是多少。每年至少两次更新这些人员的信息，以增加新的接受过培训的员工，删除那些证书可能已过期的员工，并更新那些工作地点或分机号码有变化的人员信息。

虽然911是出现任何类型的紧急情况或灾难时你要拨打的首选号码，但如果要联系消防部门、当地警察局或执法人员和医务人员，你还应该将其他号码常备在手头，这包括安全保卫人员的内部号码，应急响应小组协调员和设施维护人员的号码；救护车服务、最近的医院或紧急护理机构、你的安防公司、当地邮政检查员以及当地联邦调查局官员等人的电话号码，都是你可能希望添加到清单中的其他号码。

尽管在自动拨号程序中预置这些号码是一种很好的做法，但在某些重大紧急情况和灾难发生时，电话系统可能无法正常工作。当紧急情况导致停电时，未配备备用电池的自动拨号系统将不起作用。因此，手头上准备一份印刷的电话号码清单是必不可少的。使用大型可读字体打印紧急联系人列表。考虑使用彩色纸张，比如黄色、橙色或柠檬绿，并将列表制成塑封的压层存放，把它放在始终可见的位置，并确保每个在前台工作的员工都知道它放在哪里。每季度至少检查一次所有号码是否准确，如有更改或更正，请及时修改。

请在工作区域放置手电筒和两套备用电池。在停电的情况下，它将帮助你履行紧急职责，还可以用来安抚和疏导访客。

小型便携式收音机通常可以方便地用于监测自然灾害中的天气状况，或收听新闻报道以获取其他灾难的最新消息。如果你处在经常遇到恶劣天气的地区，例如飓风、龙卷风或冬季的寒流风暴，那么"国家海洋和大气管理局"的天气预报电台特别有帮助，当有极端恶劣天气即将到来时，电台会用一种音调提醒功能发出信号，并告诉你应该怎么做。与前面一样，请预备两套备用电池。每6个月，或者电池快要过期时，更换一次手电筒和无线收音机的电池，以确保它们在需要时能够工作。

每季度至少检查一次所有应急计划。如果你注意到有些区域需要更新，或需要额外的程序，请告诉组织中负责制订应急计划的人员。

熟悉前台区域和周边区域的布局。了解最近的火警报警器、灭火器、急救用品和应急设备放置的具体地点。熟知紧急出口的位置、疏散路线和指定的户外集合点。每个月走一次你所在地区的疏散路线。每月检查一次楼层应急反应团队成员或离前台最近的受过急救训练和心肺复苏培训的人员是否有任何变化。由于人员的流动，或被重新分配岗位或离开组织，所以这些人可能会频繁变动。

如果让你参加任何安全和安全保卫培训，请一定到场。如果你觉得需要额外的培训，请去打听一下是否能给你提供机会。请积极参加所有的疏散演习和紧急演习。

作为一项额外的准备措施，一些组织还为访客提供满满一整页的基本应急指南，其中包括他们将要访问的楼层的疏散路线图。与负责应急管理项目的负责人商量，看看这会不会是个不错的选择。

现在你已经做好了必要的准备工作，这能使你在发生紧急情况或灾难时快速高效地采取行动。

紧急情况下的责任

你在应急响应中的责任取决于你组织的应急管理方案以及相关的安全和安全保卫计划和程序。

无论你的职责和作用是什么，这里有一些基本的指导原则：

- 所有规则中首先要记住的一条就是：保护生命，包括自己的生命。永远不要把自己的安危置之度外。因为如果你受伤了，你不但不能帮助他人，而且还需要他人扶助。
- 保持冷静。深呼吸，慢呼吸，有助于控制你的紧张情绪。请记住，访客和同事们会期待你的安慰。保持专注于手头上需要完成的事情。要果断。将前台区置于你的控制之下，并按照既定程序，提供清晰、简要的指令。请记住，访客不熟悉你所在的大楼或程序；他们要依靠你。确保他们明白他们应该做什么以及他们如何离开建筑物，如有必要，亲自带领他们离开大楼，到集合点去。
- 急救方面有一个根深蒂固的原则，那就是不要造成伤害。切勿试图提供超出你能力的，或者未经培训没有把握的援助。请记住，你不可能为每个人做所有事。每个人对自己的安全负责，这是他或她的终极责任。
- 如果你有疑问，请始终谨小慎微，如履薄冰。如果你不确定是否需要拨打911或安全保卫部门电话，不要犹豫，马上打过去。等待紧急响应人员的到达。如果专业人士需要你的帮助，他们会让你知道他们需要你做什么。
- 尽可能遵守既定的计划和程序。万一由于不寻常的或不可预见的情况，这样做会不安全，或者当这些既定程序由于某种原因无法正常工作时，那么请灵活应变，富有创造精神。

首先，评估形势，然后采取行动使问题得到最好地解决。

根据前台区域的位置，办公大楼的配置和人员分布等因素，你可能被分配到一个应急反应小组。无论你是否是应急团队组织的成员，了解团队的组织方式和团队成员的角色都是十分重要的。

按照具体紧急情况的要求，应急反应小组的成员需要指导和协调各个员工的响应，展开基本搜索和救援活动，并在疏散后协助清点楼内的人。应急反应小组的成员还提供急救，或通知有关方面，以帮助病人或伤员及时获得医疗救助。他们安抚人们，并给他们宽慰，防止发生恐慌。通常人们只要知道现场有训练有素的团队在处理这个紧急情况，就会减少恐惧，并感到放心。

应急反应小组的成员都穿着识别背心，有时还戴着安全帽，这样做的好处之一就是可以让人们看到现场有一个组织严密、训练有素的团队负责处理这个紧急情况。有些组织还采取其他的办法，通过特殊标牌识别应急反应小组的成员以及他们正常工作的地点，以便用另一种方式来向员工和访客保证在发生紧急情况时总是有人来解救他们。

应急管理的负责人需要负责管理和协调组织的整个应急管理计划。具体的职责通常包括组织应急反应小组的成员、采购用品和设备、安排应急反应小组成员以及普通员工进行适当的培训演习，并在必要时与安全保卫部门和其他部门进行协调。

办公大楼的应急反应小组的协调员，负责指挥应急反应小组成员，并向紧急管理主管报告。该大楼的应急反应小组协调员，在紧急情况下拥有该设施与生命安全有关的全部决策权。大楼的应急反应小组协调员还可能拥有协调安全保卫、设施和任何参与应对紧急情况的外部机构的责任。在具有多栋大楼的组织中，每栋大楼都要指定一位大楼应急反应小组协调员。

楼层管理员负责监督指定楼层的应急准备和响应计划。当发生紧急情况时，楼层管理员通常负责指挥该指定楼层的应急反应小组成员、员工和访客的响应，汇总来自指定楼层其他团队成员的状态信息，并向大楼的应急反应小组协调员报告。楼层管理员的其他监督职责还可能包括进行初步的损失调查，并在初期响应工作结束后向大楼应急反应小组协调员汇报总体情况。

监督员必须与楼层管理员配合，指挥员工和客人向紧急出口疏离，同时帮助每个人保持冷静，并根据需要提供扶持。

在较高的楼层，电梯监督员必须将每个人从电梯中引导到紧急出口，同样要让大家保持冷静，并帮助任何需要帮助的人。出口监督员和电梯监督员都必须提醒员工在离开大楼后要向指定集合点报到。

搜索员必须始终两人一组展开工作，确保撤离时指定区域全部清空。他们必须对指定区域进行系统搜索，包括卫生间、档案室、午餐室和咖啡室、会议室和储物区，以确保指定区域内的每个人都听到警报，并在疏散命令发布后完全撤离。当每个房间、每个区域都检查完时，搜索员必须关闭所有的门户。

集合区协调员通常需要负责在大楼撤离后向指定的户外集合区报告，并指挥所有员工按预先指定的部门、工作小组或楼层集合。一旦员工完成集合，集合区协调员必须收集所有楼层管理员的报告，并与工作主管和同事协商，看看是否每个人都已经到达集合区；然后他或她要向大楼协调员提供完整的实况报告，其中包括那些下落不明的人以及最后见到他们的位置的列表。

每次讨论应急反应小组的行动，总是让我想起个性化定制应急管理方案，使它既能满足组织的要求和能力，同时还能与组织文化相辅相成是多么的重要。

例如，有家公司为了更好地契合公司文化，甚至改变了应急反应小组职位的名称。在向公司员工介绍应急反应小组的组织结构时（当时员工平均年龄大约为26岁），大家对"楼层管理员"这个名词随即表示极度不满。许多员工将"管理员"一词视为专属惩教机构的人员，而不是他们公司的一员（warden一词有"监狱典狱长"的含义。译者注）。最后为了让每个人都保持令人满意的舒适度，"楼层管理员"改名为"楼层协调员"。

你觉得这个改变重要吗？有必要吗？虽然员工最初的反应可能是过于"绝对的"夸张，但将紧急管理整合到组织文化中的重要性再怎么强调也不过分。一个机构的文化决定了员工的行为，并最终密切关系到所有员工支持或者不支持应急管理计划和应急反应小组成员的程度。有些事情，看似虽小，比如给职位改个名称，但对于紧急管理计划的成败可能具有很高的、长远的价值。

所有员工都需要充分理解在紧急情况下，无论应急反应小组成员日常职位或职责是什么，他们都有权全程负责指定楼层或区域内所有人员的响应，每个人都应听从应急反应小组成员、大楼安全员和安全保卫人员或公共安全保卫官员的指挥。

另一种可能出现的情况是，某些应急反应小组成员的职责可能过多，顾不过来，这时前台人员将履行该区域的多个应急反应小组成员的职责，通常是出口监督员、电梯监督员和搜索员的职责。如果是这种情况，你将负责指挥前台区域的员工和访客沿着指定的疏散路线前往紧急出口，指挥他们远离前台区域的任何电梯，并告知每个人走出大楼后到哪里集合。在你离开之前，先扫视一下前台区域，在确保所有员工和访客都已撤离该区域后，关上门窗，但不要锁上所有门。

你一旦走出大楼，请到指定集合区报告，遵循所有预设的报告渠道，并在可能的情况下，告知撤离命令下达时位于前台区域的每个人的行踪；如果你无法说出前台区域的所有人员的行踪，请立即告诉集合区协调员或其他相关人员失踪者是什么人，你最后一次看到他或她是在什么地点。请求急救或医疗人员来护理疏散期间受伤的人，并继续让可能心神不宁的人镇静和放心。

如果现场有记者，不要发表评论或接受采访，还要劝阻其他人不要这么做。

一旦危险过去，仍有工作要做。综合性应急计划还包括在紧急情况或灾难结束后采取的行动。

应急之后的责任

紧急情况处理完后，人员已经安全，或者已经接受了医疗护理，之前过来应援的公共安全保卫官员已经离开，这时，看看还需要你做哪些善后工作。

如果你已经做过正式汇报，请参加评估，并给出你对此次应急响应的表现做出的评估。可能会要求你提供书面报告以代替简报，或者除了简报外，还要求你写书面报告，要么是填写标准报告表，要么是从你的观点出发记叙所发生的事情。即使没有人要求你这样做，也请写一份报告并将其发送给组织中负责应急计划的领导。请在报告中涵盖在应急反应期间哪些方面运作良好，哪些方面还需要改进。根据你的评估，列出所需添加的设备清单、缺少的程序或未提供足够细节的程序，或者是否需要为指定的应急反应小组成员或所有员工提供更好的培训等等。

在可能的范围内，你还可以进一步指出你认为有必要采取的纠正措施。如果你无法亲自进行改进，跟进那些能进行改进的人，以便下一次出现紧急情况或灾难发生时，不会又遇到相同的问题。

良好的应急管理需要团队协同合作。谁也无法单独完成。

你的支持系统

你在你的机构和社区都会有许多盟友协助你准备并履行你的安全和保安责任。

要与机构中其他负责保护员工和访客安全的人员建立并保持开放的沟通渠道。这些沟通渠道不仅在紧急情况发生时有重大帮助，而且在缓和紧急情况和应急准备过程中也有重要帮助。

如果你的机构内有安全协调员或应急管理协调员，请与他们会面以确切了解哪些方案已经到位、你的角色和职责是什么，以及你可以获得哪些支持。

安全主管和现场安全保卫人员可能已经确定了对组织来说最大的威胁是什么，以及前台特有的威胁是什么。他们将指导你如何处理安全威胁或违规事件，在发生紧急情况时请与他们协调。如果需要额外的帮助，或者当你觉得自己处理某个局面不合适的时候，请打电话给他们。

人力资源管理部门或人事部门是你了解有关你的机构工作场所应对暴力政策详细信息的最佳渠道。他们还可以帮助你获得必要的安全和安全保卫培训。如果人力资源部门可以依照"职业安全及健康管理局"的合规性进行监督，那么他们可能会主动进行设施风险调查、职业健康和安全问题调查，以及配置所需的安全保卫设备。人力资源部可以率先制订一份沟通计划，向员工传播正确无误、非谣言性质的信息，以防止紧急情况发生后的恐慌，并在灾难发生后的几天或几周内及时提供最新信息。如果你的组织拥有一个由人力资源负责实施的员工援助计划，那么该计划就是紧急情况发生后提供心理创伤治疗的最佳来源。

设施部门或基建部门可以帮助实施巩固措施，例如修理有故障的出口标志，或重新布置前台区域。

把周边都检查一下。这些只是你拥有的可以协助你的内部资源。可能还有其他资源。（请相信）在组织外部还有许多有价值的信息和援助来源，随时可以帮助你和你的机构。

公共安全官员是在紧急情况发生时能作出响应和负责的专业人员。提供援助的两个主要地方机构是消防局和执法机关。这些机构除了应对紧急情况之外，都是重要的应急准备计划的信息和指导的来源，都是这方面的行家里手。他们能提供的服务因司法管辖范围而异，对提供的援助很少收取费用。在某些情况下，消防局会主动与你的机构联系，因为这是其法规实施和防火计划的一部分。

消防部门和执法机构将审核你的安全（设施）和安全保卫程序，以及应急计划，并提出改进意见。他们也可能会审查相关的员工培训课程大纲。

当地消防局可能会告知你所在地区存在哪些潜在的威胁和危险。他们会进行检查，以确保你的生命安全系统和应急程序符合当地法规和条例，并提出建议使你的机构都能按照规定办事。他们将审阅你的疏散方案，并在制订大楼最佳出口路线上提供指导。消防部门的代表可以帮助你策划疏散演习，来视察演习，并提供有价值的反馈，帮助你的员工更快更安全地撤离建筑物。一些消防部门将对员工进行现场使用灭火器的培训，通常让每个人都有机会亲自参与一些操作。

消防官员会来参观你的建筑物和场地，这使他们有机会与应急反应人员会面，并对你的设施加深了解。他们还可能要求你提供建筑物的图纸，标出所有入口和出口、燃气和电气总开关的位置，以及所有电梯，楼梯间和火警警报控制面板的位置。这些步骤有助于消防员提前规划你的机构发生紧急情况他们需要做出哪些应急响应。

许多当地警察机构提供安全检查服务。他们会与你和你的安全保卫人员一起检查大楼的安全措施、报警装置的可靠性和有效性，并提出改进建议。还会进行建筑物外部大检查，包括检查可能被攻破的进入点。大检查还可能包括找出建筑物外部被树木或灌木遮挡视线的地方，以及需要改善照明的地方。警方还会提供建议，帮助减少员工自盗事件，并向员工介绍安全和安全保卫问题。警官还会提供如何布置前台区域的建议，以提高安全性，并帮你确认安装紧急呼叫按钮或无声警报的最佳位置。

还有来自联邦政府的帮助。请到"联邦应急管理局"的网站获取信息和可供下载的表格和出版物，并且一定要索取一份如何准备和应对灾难的免费印刷材料的目录。

与设施、安全保卫、基建和其他相关部门的代表合作，找出应急专业人员可以在哪些领域为你提供帮助。然后给当地各个机构打电话，确切了解他们提供的是哪些服务，他们如何与你的组织合作，以帮助预防紧急情况的发生，并在发生紧急情况时提高响应效率。

附录四中列出了一些关于海外"安保、安全和撤退方案"的其他建议。附录五中则包含了一份简短的处理"工作场所暴力应对程序"的工作表。

关键问题：安全意识

保护人员和资产包括财产保护、员工保护和信息保护。自古以来**安全保卫的标准包括阻止、侦破和延缓这"3个D"**。我喜欢把反应说成是安全保卫"3D"三部曲的一部分。与安全管理一样，危机管理或反应也必须成为你议程的一部分。我建议你把"安全意识"看作是你保护计划中的关键因素。"安全意识"包括在员工中营造环境：即你的目标就是保护他们，保护公司资产。你还可以在获得他们帮助的同时，把此计划大部分的所有权和掌控权都交到他们手上。

案例分析：人员——自我救助与专业安保

有几个雇员驻扎在某个国家的南部，这个地区被叛军占领。叛乱分子正在为争夺一些尚不稳定的地区控制权而交火。这些雇员是美国的外派人员，他们不仅依靠公司雇用的全副武装的安全专业人员的保护，而且还**依赖驻扎在附近的武装部队的保护。**

一个炎热的周五晚上，施工现场开始听到汽车炸弹爆炸，随后是迫击炮、小型武器射击的声音，以及数不清的令人心惊胆战的炮火声。该设施本身受到火箭弹和迫击炮的直接进攻，造成的破坏程度不大，但令人恐慌的速度却相当快。按照现场已有的项目危机管理方案，他们立即给美国的安全管理部门打电话，还向驻扎在附近市中心的武装部队内的联系人发出呼叫。安全保卫主管首先询问是否已经启动当地的应急管理计划，回答说已经启动了。员工们都躲进防空洞和掩体，并且已做好需要撤离此地的所有准备。根据危机管理计划，参加此项目的员工要与附近的负责该项目所在地区和城市安全保卫的外国军队联络。这支外国部队表示，他们正面临敌方的进攻，被困住了，无法行进到雇员所在的位置。因此，随后整个周末都在疯狂地打电话，有的电话是员工与在美国的安全保卫主管联络报告最新情况，有的电话是打到项目现场的手机以了解情况。私人撤离资源是根本不可能用到的。如果连这支军队都无法动弹，那就没有人能够在天上飞或在路上跑。项目现场的安全保卫和危机管理计划的制订者得到了一个很好的教训。两周后，道路才勉强可以通行，向项目现场派来了一支应急小分队。当美军到达时，他们询问员工是希望继续留在该项目工作，还是撤离，他们都选择留下来。如果没有一个精心编写和策划的方案，可能随之而来的会是严重恐慌，甚至可能有人丧命。

第 8 章

预先部署和安全意识培训：
"用 15 分钟的时间告诉我关于这个国家我必须知道的一切事情。"

第 8 章 | 预先部署和安全意识培训

只有那些警惕性最高的人,才会做最可怕的噩梦。

——圣雄甘地

为部署到全球各地的人员做好准备工作,可能既具挑战性又会让你有成就感。具有挑战性的是,如果你觉得很容易就能说服忙碌的初级主管、律师、工程师、信息技术专家或任何其他专业人员,告诉他们必须认真去上部署前的培训课程,了解他们将要去的目的国,那么,我在月球上的那几套公寓,你只要唱首歌我就送给你。尽管如此,但部署前的培训对于你的安全保卫和危机管理运营是否能成功是至关重要的,因为这些员工将是你作战前线上的前锋。你的保护计划的成败将取决于你制订的方案是否精准、这些人的培训是否到位,还有他们和你在实际发生紧急情况时是否能有效执行该方案。

部署前的培训可能像从基于网络的监控服务系统上收到的"旅行跟踪电子邮件推送"一样必不可少。这些推送为旅客提供有关健康、安全和安保问题的通知、对口且及时的信息等。部署前的培训可以是十分详尽面面俱到的,就和请国家级安保安全专家为你的外派人员举办讲座和研讨会一样,比如请我们前面提到的中央情报局退休的专案官员来给一个制药科研人员小组作报告,指导他们在前苏联旅行时,哪些事情可做,哪些事情是禁忌。

你显然需要为你的受众量身定制你的信息，同时也需要满足他们保护上的需求。确保你为你的员工提供尽可能最好、最新和最有用的信息。如果无论怎么打肿脸充胖子我都做不了苏联问题专家，那我为什么不请一个苏联问题专家来呢？如果你的员工将面临的风险是自然灾害、山体滑坡、强烈风暴等，或者面临健康风险，比如疟疾，请务必用恰当的方式向他们提供正确的信息。

我想告诉你我在高危地区工作时发现应用于检测最重要的一个工具是什么。经过调查之后证实，在大多数恐怖袭击事件中，一直使用的手段就是跟踪监视目标。监视的目标可以是人、车辆、住宅、办公楼、工作场所以及其他地点，如餐馆和俱乐部等。这看起来似乎很老套，一旦你给员工和项目人员提起这些，他们可能会对你翻白眼，或斜眼看着你不以为然。这似乎有点太像詹姆斯·邦德（James Bond，英国间谍小说家伊恩·弗雷明作品中的英国间谍。译者注），还有点像勒·卡雷（John Le Carre，英国著名的间谍小说家。译者注）。他们会仔细看看你的腋下是否夹着一本罗伯特·陆德伦（Robert Ludlum，美国间谍小说家。译者注）的小说。这一点请相信我：这种事情可能并非确实发生过，但它看起来与你在剧院或电视上看到的很像，就像我的签名看起来像塞尚的一幅画一样。我知道好几个例子，其中就有员工被监视，他们从事的项目都与我相关。

我建议你将辨认和应对国外监视的这个想法变成一个培训的模块或计划。你可以在教室或在在线培训课上做个"单口相声"。我甚至在多个电话会议上讨论过这些想法，那种同时有多名参会者来自不同国家的电话会议。显然你是在劝告大家要保持警惕。如果你的员工正在赶往某地开会的路上，又抑或连续好几天每天上16或18个小时的班，并且考虑到许多外国城市的

第 8 章 ｜ 预先部署和安全意识培训

拥挤繁忙、喧嚣吵闹，开这样的电话会议并不总是那么容易。歹徒往往具有优势；他们每一天都在搞监视，而且真的很卖力。他们熟悉地形和区域。你只要一出现，有人就注意到了；你就会成为一个理想的盯梢目标。

如同前面我说过的，犯罪分子（是的，犯罪分子也盯梢）和恐怖分子、潜在袭击者，正在四处张望，寻找合适的人和物（办公室、住所、工作场所）作为最理想的目标。也许在某个入口会出现更多员工（例如车辆进出点），这就会为车载简易爆炸装置或包裹炸弹、自动武器攻击，或其他方式的攻击创造一个更大的潜在攻击目标。他们可能会摸出规律：某个员工每周五都会走到当地的自动取款机取点现金，然后走到附近的一个商场买几样东西，打发打发时间。如果你每天在同一个时间驾车到工作地点，走同样的路线，并且沿途在相同地点停下，也会让监视你的人找出你每天例行公事的重复路线。监视可能会持续一段时间，直到歹徒摸清你的规律和弱点为止。

那些从事监视的人必须注意隐蔽不露马脚，要避开被警察或军队、附近的店主或其他人发现的危险。他们可能不会嫌麻烦，而是刻意去观察哪些类型的活动不会引起注意，比如当场所是个小渔村时不要穿着笔挺的西装。这一点对于监视他人者是很容易避免的。除此之外，他们可能有当地社区成员、店主的暗中相助，有时甚至是支持他们的警察或军人。

跟踪监视方式有移动的，也有固定的。如果你外出散步，可能有人徒步追踪你。监视你的人可能是一人单独行动，如果你开始发现无论你去哪里，都看到同一个人出现在你身后或你周围，你可能会警觉起来。如果他们使用不止一个人监视你，那么由于他们可以交换地方和人员，所以更难被你发现。如果他们把人数增加到 3 个或 3 个以上，你会越来越难以发现正在发生的事情。反跟踪监视专家会告诉你要注意看他们穿的鞋子和下身穿的服装类型，如男士的裤子，女士的裙子等，这是因为盯梢者会试图穿不同衣服混淆视听，但一般情况下，鞋类和下身衣服更不容易掩盖或改变。

专家还会建议你可以在步行时突然停下并转身、突然改变方向、改变步行速度，走进小商店或店铺，查看一下有没有人在徘徊，或者利用窗玻璃、镜子或各种反光的东西来观察可能正在监视或跟踪你的人。车辆监视，由于这类监视的手段不同，可能更容易但也可能更难被侦破。一辆车又要比两辆、三辆更容易发现，这和步行一个道理。如果你的员工使用相同的路线和时间上下班，那么他们被成功监视的机会就会增加。如果你使用相同路线开车上下班，有车辆监视可能极难被你发现。某辆车可能会第一天尾随你到特定地点或路口，然后掉头、中断联系。第二天，这辆监控车可能会在同一个路口赶上你，继续跟踪，然后在更远的某个地点掉头离开。每天监控车辆可能都会离你的最终位置更近一点，直到成功。

用于侦破步行监视的一些方法同样适用于侦破车辆跟踪的情况。如果你能安全地做到这一点，那么不妨掉个头，看看有没有人从后面跟踪。改变方向会彻底暴露监视你的人，掉头离开这条街，看看谁也跟你一样掉头了，或者继续绕着一个街区行驶，你可以在街道边驻车并停下来，或者把车开到山顶或拐角处放慢速度做迟疑和犹豫状。有一个办法是我一直建议大家做的，也是我多次成功尝试过的，即把握好红绿灯变色的时间，以便你绿灯通过，而那辆你怀疑在跟踪你的车恰好被红灯拦在了交叉路口的另一侧。

在下列几种情况下要十分当心。请记住，在国外开车的你作为外籍司机本身就是一种风险。我不建议你在许多外国城市的某些地区的街道上四处转悠。你可以用这样的方法教导你可能雇佣的司机，或者你可以确保员工会把这些教导转达给司机，同时让司机们能够记录观察到的信息。

安保部门曾注意到，恐怖分子经常会把车停在某个地点，监视人员仍然留在这些车里或其附近的地方来监视固定目标。如果监视小组使用厢式货车，司机可能会把车停下，然后，车厢内的监视小组开始工作，其他团队成员可能装作检修车辆，与可能在停车场长椅上或骑自行车的或摩托车的人搭讪。可能有孩子或夫妇在场，应该特别注意在同一时间同一地点频繁出现的车辆。问问你自己，"今天早上在这里的不就是那辆厢式货车吗？而且车里的人不还是那些人吗？"

向执法人员或保安报告可疑人员和车辆，可以保证你的安全。

我之前提到过我曾为首次到美国来的外籍员工做向导。这些信息旨在为这些员工提供有关在美国境内旅行和一般性安保的实用信息，我认为这可以给那些非美国公民和其他不熟悉美国习俗、法律和不知道如何在国内保持安全状态的人提供一些信息性的提示。

恐怖主义是全世界的威胁。"美国国土安全咨询系统威胁级别"会发布当前所处的威胁级别并对各级别进行详细的解释。国土安全部的链接可在下列网址找到：http://www.dhs.gov/dhspublic/。如果美国境内发生了恐怖主义行为，地方、州和联邦执法机构和政府机构将会告知公民要如何应对。若需要常备哪几类紧急医疗与其他用品的更多信息，请访问美国红十字会网站：http://www.org/services/disaster/0,1082,0_601_,00.html。

犯罪行为发生在美国，也发生在世界其他各国。美国的犯罪率在大城市中往往较高，但在一些较小的城区也较高。不管是徒步还是开车，在冒险进入某些地区前，最好是谨小慎微，至少要征询同事、酒店礼宾部或执法机构的意见。访客和游客可能是扒窃或轻微犯罪的目标。美国的犯罪统计数据是一项公开的记录，通常是从警察局或警长办公室网站进行检索后可以提取的数据。此外，许多报纸还刊登犯罪统计数据，不仅提供刑事案件发生的时间和类型，同时还提供所在的街区及其邮政编码。美国司法部汇总了各州各大城市的犯罪数据。可以访问司法部的网站 http://www.ojp.usdoj.gov/bjs/。

美国经历了各种自然灾害，如飓风、火山和包括夏威夷在内的太平洋盆地周围的地震活动，龙卷风在中西部地区更为频繁，但偶尔也会光顾其他地区；加利福尼亚州可能会发生泥石流和地震；西部地区常有森林火灾；严重的冰雪风暴，以及不同地区的洪水。当地媒体会向人们通报天气和其他状况，以及人员疏散通知等。一些有用的链接包括：

联邦紧急事务管理局：http://www.fema.gov/
国家气象局：http://www.nws.noaa.gov/

关于处理金钱和贵重物品，旅行时付款方式最好是使用旅行支票。如果使用信用卡，请用几张带几张，切勿多带。如果使用能在自动取款机上使用的借记卡，请确保它能在美国使用，使用时仅去安全区域内（如酒店或银行大厅）的自动取款机上操作。美国常见的抢劫手段是针对使用户外自动取款机的人。贵重物品，例如护照、机票、签证和旅行支票等，请复印两份。一份放在与原件分开的地方，一份留在家里。

最好将携带的现金保持在最低限度，并考虑使用贴身隐藏式钱袋，或把钱夹子放在前胸口袋以防扒窃，避免炫耀大量现金或昂贵的首饰或手表。

游客在不外出时应将护照放在安全的地方（例如酒店保险箱内），并至少保存两份护照复印件，放一份在安全的地方或放亲友/朋友那里。

如果你带着孩子旅行，请向孩子解释相关的安全和防护措施。孩子们在有陌生人的地方一定要特别谨慎，家长应尽可能在一旁监督。

如发现任何可疑或不寻常的举止，请立即向执法部门、管理部门或安保官员报告。用固定电话或手机拨打911，事先了解你所在地区执法部门的电话号码以及警察局和消防站的位置。

身份盗窃问题在全球各地都是一个日益严重的问题，美国也是重灾区之一。尽管你尽最大努力管理你的个人信息流或严格保密，但熟练的身份盗用者可能会使用各种方法来获得和窃取你的数据。

以下清单是窃取企业或其他机构信息的方法：
- 窃贼利用工作之便窃取记录或信息。
- 对有权访问这些记录的员工使用贿赂。
- 技术水平较高的盗贼可能使用黑客手段窃取你的信息。
- 员工可能由于受骗，在不知情的情况下向盗贼提供详细的使用信息。

窃贼可能获得你的信件，包括银行和信用卡账单、信用卡优惠、新支票和税务等信息。还有一些窃贼可能会通过搜查你的私人垃圾，企业垃圾或公共垃圾桶，获得信息。

- 欲了解更多信息，请参阅联邦贸易委员会的出版物《如何避免被钓鱼诈骗欺骗》。
- 小心处理你的邮件和垃圾。
- 有关更多信息，请访问：http://www.ftc.gov/bcp/conline/pubs/credit/idtheft.htm

关于如何保证旅行计划和行程信息的安全，员工应通过公务差旅或你公司指定的旅行服务预订机酒。员工应填写旅行者简介（包括"三级"紧急联系人），并保证信息没有过时且正确。所有旅客应遵守国家旅行咨询条例和签证/海关规定。员工应建立一份入住/检查点时间表（即在旅行期间，每天在指定时间打电话给你的经理或同事报平安的制度）。

预防抢劫和人身攻击：
规避 / 预防措施

下面是一系列有关个人安全方面的核查清单和需要遵守的规则，你可以转达给你的员工。

步行时

- 警惕你周围的环境。
- 使用 Mapquest 软件、路线指示标、全球卫星定位系统和路线图等，事先查好你要去的地方。
- 知道最近的警察局所在。
- 提前规划好你的路线。
- 避免黑暗的角落。
- 如果要在天黑后走路，请带上手电筒。
- 不要把车停在远处。
- 如果感觉有人尾随，改变方向，继续朝一个公共区域、商业区、消防站、警察局、快餐店等方向走，然后请求帮助。
- 与他人保持安全距离。
- 逃离危险时提醒他人注意。

开车时

- 把车停在明亮处。
- 快走到车辆边时把钥匙准备好。
- 坐进车内前环视全车外观,看看有没有被撬、被有意破坏的痕迹,或者看看车内有没有人。
- 确保车辆得到定期维修和保养。
- 在犯罪高发区,不要带信用卡,只带你所需的现金量。
- 请确保你带了手机,万一遇到麻烦可以紧急拨打911。
- 保持车门闭锁。
- 预先计划好旅行路线。
- 遇到路上有滞留的司机,请不要停下,而是出于保险起见,用你的手机呼叫。
- 如果遇到被跟踪等事情,就开到最近的警察局或消防站。
- 如果被另一辆车追尾,把车停到一个公共区间再交换信息。
- 如果你的车出故障抛锚了,请使用你的手机打电话求助。
- 如果有可疑人在停车信号处或红绿灯路口靠近你的车,请鸣笛警告。
- 不要看见有闪烁的大灯就靠边停车。急救车或者警车安装的是红蓝双色的闪烁灯。
- 如果你迷路了,就去找一个公共场所,比如加油站,或其他灯光明亮的公共区域去问路,或打电话求助。
- 只使用银行或酒店大堂里的,或"免下车"服务点的自动取款机,而且只在城里的安全街区以及营业时间内取款。
- 使用方向盘锁定装置。(如那种"棒球棒式方向盘锁"。)

在建筑物内
- 警惕那些在大楼入口处或门厅处溜达的人。
- 使用电梯（除了发生火灾的时候），避免走楼道。
- 如果还可以从公共空间进入，那么请你进门后立即锁好每个通往设备间或者你工作空间的门。
- 如果你需要在正常上班时间外加班，请通知大楼保安 / 维修 / 同事 / 管理人员。
- 当你正在工作，如果有可疑之人接近你，请给自己留一个"出口"——一种逃跑手段。
- 如果有人或团体对你提出要求，你回答"不"，但他拒不接受，或者让你感到不自在，请从他们身边走开或开车离开。然后去请求帮助，或找附近的人帮忙。

人身攻击以及应对可能精神上有残疾的人

如果你遇到看似精神错乱的人，精神有障碍的人，情绪不稳定的人，蛮横的讨钱人，或者瘾君子等，不要强硬地回应。与他们目光接触，使用一种平静但坚定的声音回绝他们讨钱或其他类似的请求。不要突然做什么举动或手势。使用张开的手，掌心朝上，两臂张开到双肩的宽度（这个动作表示"我不会伤害你"）。

遭到抢劫的时候
- 保持冷静。
- 让这个过程尽可能短暂和顺畅——像正常交易一样应对抢劫。
- 如果你必须伸手去拿个东西，先跟劫匪说一声。
- 让劫匪知道你打算服从，不会反抗。
- 立即准确地按照劫匪指示去做，服从劫匪的命令。
- 如果你不明白劫匪要你做什么，就问他。

- 如果还有其他人跟你一起工作，或者他们有可能进到抢劫的地点来，让劫匪知道，以免造成惊吓。
- 如果有人开枪，请立即匍匐在地，或者找个掩护。
- 冷静地观察劫匪（们）长得什么样，穿的什么衣服。记住他们的独特之处，比如文身、疤痕，以及一目了然的身体特征。
- 记住劫匪逃跑的方向，是步行还是开车，车辆的特征和车牌号。
- 劫匪一离开立即拨打 911.
- 保护劫匪可能触碰过的区域现场。
- 联系你的经理。
- 如果还有其他目击证人，请他们留下来，直到警察赶到。
- 开始评估什么东西被抢或丢失。
- 不要跟劫匪（们）争吵。
- 不要反抗，不要配备武器，也不要以任何方式跟劫匪搏斗。
- 不要追赶或尾随劫匪。
- 不要激活任何无声紧急报警按钮或者抢劫警报器，除非你在劫匪没有注意或不知情的情况下才可以这么做。

停车场安保小贴士
- 把车停在明亮的区域，或者停在从工作场地/住宿地等可以看得到的区域。
- 如果晚上光线昏暗，能见度不超过 100 英尺，请到别处停车。
- 把车停在停车场车流量较大的地方。
- 如果你准备天黑后加班，趁白天找个时间把车挪到更理想更近的地方。
- 将车内的贵重东西都放在车外看不见的地方，或者放在后备厢安全的地方。
- 锁好车门，把车窗摇上去，为了散热"透气"的做法给小偷提供了可乘之机。
- 使用方向盘锁/T 型锁，比如"棒球棒式方向盘锁"。
- 汽车报警器，贴花/贴纸，都是有效的威慑。
- 利用餐馆或饭店的代客泊车服务。

停车场提示

- 要锁好车门。
- 摇上车窗。
- 下车前从点火器上摘除车钥匙。
- 把车停在明亮处,或者容易看到的区域。
- 警惕周围环境。
- 小心提防停车场里面的男性。
- 计划好你打算在哪停车。
- 如果发现可疑人在停车场,不要下车。
- 当你出了大楼走向你的停车位时,首先环顾四周。
- 告诉孩子们和家人尽快上车,一进车内立即锁车。
- 如果你觉得有人在跟踪你,冲他们大声叫喊,叫他们停止跟踪,但不要与他们对峙。
- 如果你观察到或者觉察到可疑的事情,立刻返回公司或者办公室求助。
- 你出去时立即准备好钥匙。
- 尽可能空出双手。
- 随身带一部手机。
- 遇到紧急情况请拨打911,而且要知道你所在地区的警察局或者治安官办公室调度的电话号码。
- 如果你看见任何可疑的事情,等你处在安全状态时再给警察打电话报告,或者通知安保人员。

住宿地安保小贴士

- 不要入住带有店外入口/外部入口的酒店或汽车旅馆。
- 不要入住那种配发实体钥匙开房门的住宿地。
- 避免由你说出你的房间号,也不要让前台提到你的房间号。
- 第一次进你房间前请敲门。

- 没有验明身份之前不要为陌生人打开房间门。
- 使用窥视孔观察门外边的人。
- 时刻把房间钥匙带在身边,不要在公共场所无缘无故地拿出示人。
- 每次进到房间内,都要把门关严实,并插好所有的门锁。
- 仔细查看确保所有玻璃推拉门,窗户,或者连接门都锁好。
- 不要请陌生人进房间。
- 离开房间时,开着电视或收音机,如果有人想破门而入,听见响声可能会以为屋里有人。使用"请勿打扰"的牌子,也可以起到相同作用。
- 不要显露你有大量现金或贵重首饰,笔记本电脑,或其他物品。
- 把所有贵重东西存放在酒店前台或房间保险箱/安全存储盒内。
- 如果晚上很晚回到房间,或离开房间,请警惕四周环境,走明亮的地方,使用主入口。
- 花几分钟时间去看看最近的出口在哪里,万一出现紧急情况可以使得上。
- 如果看见任何可疑行为,通知酒店经营方或工作人员。
- 酒店或汽车旅馆的停车场可能会发生袭击犯罪。当你停车或走到你的停位的时候,请提醒自己要保持安全和安保的意识。
- 报告任何可疑之事,做到万无一失!

机场注意事项和预防措施

当你抵达某一外国机场准备乘机时,拿起你的登机牌并迅速从公共区域走到位于金属探测器和X光机后面的安全区域。不要靠近放有无人看管的箱子或行李的区域。要小心注意跟你交谈的都是什么人,你给出了什么信息,还有谁在听你们谈话。你要警惕周围发生的事情以及什么人可能正在关注你。时刻保持警惕并注意周围环境，可以减少你在错误的时间出现在错误的地方的机会。

请注意机场的各种陷阱、调包事件，其中一些发生在安检区的入口处。常见的掉包场景是这样的：当你将所有物品放在X光机的传送带上时，有人会分散你的注意力，这时他的同谋则乘机带走你的物品。他们看中的目标包括笔记本电脑、钱包和昂贵的公文包等。

行李认领处也是罪犯瞄准受害者的地方。他们会四下寻找那些看起来很富有的人，比如那些戴着昂贵珠宝或者穿着高档衣服的人，或者那些有昂贵行李的人。那些身穿大公司标识或美国大学标识衣服的人也可能成为罪犯下手的目标。请留意任何可能暗中关注你的人，并看看这些人是否之后又出现在你的酒店。如果你入住的酒店信誉良好，你还可以向工作人员描述那个你认为一直尾随你的人。

在动身旅行之前，请联系你在当地的办事处（如果你的目的地城市设有办事处的话），并确定哪些出租车公司信誉良好，除了出租车外，还有其他什么交通工具可用。许多外国机场都有带正规牌照的出租车，但也有不带正规牌照或者不受管制的个体出租车。从机场到你要去的酒店或办公室的路线，你应该做到心中有数。记住在你离开机场之前，一定要跟司机协商好价钱；一旦你上了出租车，你就会任人宰割。预定一辆轿车来接你是个不错的主意，但不要让他们举着有你姓名的接机牌。因为你预定了豪华轿车，已经明明白白地昭示了你的财力；如果公开展示你的姓名，则不必要地暴露了你的身份。

城市环境中的生存能力

在美国使用的常识性招数同样适用于其他国家。提高警惕并注意你周围发生的事情,将使你远离潜在的危险。大多数旅客身上的毛病就是过于专注于观光赏景或注意力集中在必须从事的商务活动上,以至于无暇顾及周围所发生的事情。如果你给人一种警惕性高、时刻在提防的印象,那么你会成功挡住大多数罪犯,不让你成为他们下一个受害者。为什么呢?因为还有太多比你容易下手的目标,他们可没有你那么警觉那么有防备心。不要在街上向陌生人询问路线。走进一个商业场所,如酒店或餐厅,去询问那里的职员。

大多数罪犯在实施犯罪行为之前会进行跟踪监视。这种监视可能会持续数秒或数天,具体取决于罪犯的老练程度,但毫无例外都会跟踪你。为了盯梢,他们必须靠得足够近才能看清,但近到你也可以看到他们。要发现自己是否被盯梢,你必须首先识别有没有什么人是你在不同地点反复看到的。你还需要看看身旁有没有人是你走他也走,你停他也停,可以利用商店橱窗和车窗来观察可能尾随你的人。如果你怀疑有人正在追踪你,请不要与他(们)对峙,而是走到商店或餐厅,并致电贵公司安保人员或当地警方。

当你步行外出时,自信地往前走,可以偶尔停下脚步环顾四周,给人一种你很有安全意识的印象。当你走出一栋楼时,步出大门就要四下打量,再次给人一种警惕和警觉的印象。请记住,坏人不想被抓到。外国的监狱是令人生畏的,罪犯会自觉地放弃你,去寻找一个更容易得手的目标,而那些看起来有安保意识的人,在罪犯的攻击对象名单上不会排在前位。

如果你觉得开车时被跟踪了,多停几次车,看看那辆车是否也停下来。你在做什么的时候,动作不要过于明显。你可以开进某个购物中心,开车穿过停车场，然后不下车就驶离购物中心。尾随你的车是否采取了相同路线与你亦步亦趋？另一种办法就是在不出事的前提下掉头。如果你确定有人追踪你，请前往警察局或人来人往、光线充足的地区再离开你的车辆。然后，你可以联系执法机构。如果有把握这么做，你也可以使用手机与执法部门或安保人员联系。

在国外驾驶汽车时，请尽可能在光线充足、邻近公共建筑物的地方停车。不要将车停在黑暗或偏远的地方，当你接近你的车时，看一看车的底下以及后座。犯罪分子最喜欢的伎俩就是藏在车下，当你试图打开车门时，他会从你身下拉住你的腿。如果你往车的方向走去时感觉有人尾随，就不要朝车那儿走，而应该回到你出来的地方，寻求帮助。使用你的常识，如果感觉情况不对头，就要规避。

请尽量不要使用自动取款机。如果确实需要使用，那么建议在白天操作，并尽量去找位于建筑物内部的自动取款机，例如有安全保障的机场区域、银行或酒店。所谓的"特快绑架"在南美国家非常高发。罪犯会针对独行者下手，因为他或她在自动取款机上使用了信用卡。然后犯罪分子会伺机绑架这个人，用枪抵着他或她，开车到不同的自动取款机上取款，直到受害者的账户余额全部告罄。

如果一个陌生人接近你并试图与你搭讪，请以礼相待，但立即借口避开。如果你外出，看看能否找个人做伴。老话常说，数量越大越安全，这是有道理的。

如果你要在一个地方待一段时间，请时不时换一换你的行走路线以及每天往返的时间。不可预测性是你的最佳盟友。如果你的出行和地点具有不可预测性，你成为受害者的机会就会减少。

旅行安全的若干补充规则

近年发生的诸如轰炸美国大使馆和日益增加的恐怖主义事件,以及绑架和袭击等事件,都表明出差在外的商务人员是多么容易受到攻击,特别是在海外工作的时候。虽然不可能在任何情况下都能完全获得安全保障,但个人可以采取很多步骤来降低成为随机暴力或恐怖主义受害者的概率。保持警惕并对周围环境保持警觉,是降低风险的第一步。如果你做好了充分准备,那么在国外旅行或居住可以是而且应该是一番令人愉快、给人享受的体验。

要记住的4个基本原则是:

1. 要保持警觉。
2. 要低调。
3. 出行方式、路线、时间等具有不可预测性,使他人无法掌握你的规律。
4. 保持畅通无阻的通信渠道。

即使在你前往外国之前,你就可以采取某些措施,降低受害或受阻的机会:

- 你应该对你计划访问的国家有所了解:了解其习俗、节假日、政治、气候和货币等。
- 确保你的护照有效期至少有6个月。你应该准备几份护照复印件,并将复印件和护照照片分开放在不同的行李箱中。如果你的护照遗失或被盗,那么有了这些复印件,大使馆为你补办护照就会容易得多。如果需要签证,请确保你在出发前至少提前两周申请。
- 了解你所访问国家的入境要求。在某些国家,你无法携带笔记本电脑入境。而有些国家,你可以把一台笔记本电脑带到这个国家,但你不能把它拿回来。处方药是另一个主要问题。如果你需要服用处方药,请让医生为你写一张处方笺以及描述你的病情和需要服用该药物的信函。一些国外的非处方药超过了美国的剂量,并且是非法的。不要试图将非处方药重新带回美国。欲了解更多信息,请查看美国国务院网站: http://travel.state.gov/travel_pubs.html.

● 你应该了解目的地国家的医疗设施及其所需的付款方式。大多数国家不接受美国的医疗保险。了解被访问国存在的医疗问题,在出国之前,请接种推荐的所有疫苗。

● 积极做好你的航班预订。如果可能,请尽量安排直航并远离高风险机场。如果你需要安排中转,请注意你何时到达以及两次航班之间的间隔时间。许多外国机场在凌晨时段安全性很差。

● 不要携带或穿戴任何带有公司徽标或其他徽章的衣物或其他物品,以免被人一眼就能确认你是美国人。这还包括暴露在外的行李袋和行李标签,因为那上面有你的姓名和公司名称,他人可以毫不费力地看到。不要携带或佩戴昂贵的首饰。关于珠宝我有一个很好的经验法则:只要是你不想失去的东西,就留在家里不要带。

关键问题:摸索出一套可行的解决方案

在我看来,为了使你的员工做好部署到具有敌意的地区的充分准备,你给他们再多信息都不够,或者给他们再多信息都不为过。但是,为使他们出色地完成工作,同时又不必过于专注安保问题而影响了他们做本职工作,你必须为他们提供充足的信息。多年来，我总结出了一个座右铭或口头禅，大意是这样的：如果我们（我们公司）可以在战乱地区工作，那我们可以在任何地方工作。这是真的。想一想你做过的最最困难的项目位于何处，无论是国外还是国内的。再想一想你在那里遇到的问题以及你是如何解决这些问题的。你公司是不是打了退堂鼓，关闭了项目，然后一走了之呢？或者，你是否经过一番鸡飞狗跳的摸爬滚打，才**摸索出一套可行的解决方案**，才能为所有相关人员创造一个安全可靠的工作环境？也许你没有预见到所有可能出现的问题，但你因地制宜，并取得了一定的成功。我认为，大家期望你已经彻底研究了公司员工在外派任务时可能面临的风险，并且你已经向他们提供了安全意识培训、个人防护设备以及所有让他们能够安全完成任务必需的资源，公司有责任、员工有权利期待你做到这些。

案例分析：你有权利和义务说不想执行

我曾经受邀为美国公司被派往伊拉克工作的雇员做情况报告。有些员工从来没有离开过美国，更不用说去中东了，当然也没有去过伊拉克。事先我与他们的项目管理人、人力资源部、我们的法律和旅行部门，以及负责企业沟通的员工座谈，然后我们集体决定哪些关键领域需要涵盖到，由谁来负责等。还会有一些健康方面的问题：比如需要接种哪些疫苗。我们决定不仅要开展部署前的培训计划，还要准备一份部署前的检查清单，因为员工在动身前必须考虑到方方面面。我们人力资源部的员工与那些负责健康福利的人员一起决定，要为所有外派员工搞一次行前体能压力测试（a pretrip physical with stress test）。这些员工将要奔赴一个战乱地区，那里有极端的气温，还有我个人喜爱的蛇、蜘蛛、蝎子，无论有没有战争，都不适合人类栖息。我们还必须给这些员工准备一份详细的紧急联络人名单。正如我准确预料的那样，鉴于这是在2003年，新闻媒体捕捉到的每一个坏消息都会在员工的朋友和家属群里荡起一波焦虑的涟漪，他们需要立即获得员工是否平安的最新消息。我们很早就意识到，新闻媒体和其他人早就开始在网络上打听都有哪些公司已经获得了项目合同，并会联系这些公司，请这些公司发表评论。我从一开始就建议，我们绝不能将我们在该国的员工数量告诉任何人，尤其不能说出他们工作的地点是在哪里。如果是不需要知情的公司内部员工提出这些问题，我们将不得回答他们。我们考虑到运营安全问题，指示将要派驻的员工牢记这一点，并要求他们的朋友和家属配合采取相应行动。很多时候，那些"包打听"们，或者一心想给他人留下深刻印象的人可能会走漏风声，传播消息，他们这么做实际上是帮倒忙，置我们的员工于危险的境地。当谈到个人防护装备时，我们的员工可能需要穿着最新型的弹道头盔和防弹背心。我把它们带进了培训室，演示给他们看怎么穿、为什么要穿，以及在什么时候穿，并向员工发放了这些套装。重达30磅的防弹背心非常沉，着实让他们感到震惊。我告诉他们在家里、房子周围，甚至在炎热的户外都要穿上它们，以便了解这些套装是多么不舒服、沉重和闷热。在此之前，我们给员工发放了防毒面具，就在我们四处寻找这方面的培训材料时，我偶然发现了军队主办的"民用承包商培训"课程，恰好也适用于培训我们的员工。我带了3名员工去上这个课程并亲自参加学习。回来的时候，我差点被我带回来的所有我能携带的、沉甸甸的非保密性培训材料压垮，这么做就是为了充实我们的部署前课程。我给将被派驻到伊拉克（后来派驻阿富汗）的雇员介绍情况，我的目标就是剥去糖衣，说出真相，我准确地告诉他们事情真相究竟是怎样的，绝不遮遮掩掩。一名员工问我是否可以保证他们的安全。我回答说我不能。我确实告诉过他们，我认为我们公司为了在派驻国保护他们做了很多分内之事。我还建议员工（我希望你公司的官方政策与此相似，或者你的高级管理层已经把话传达下来），如果你(员工)一直处于一种没有安全感的状态，无论是出于安全还是安保的原因，你都**有权利和义务说你不想执行这个任务**或不想继续执行这个任务。例如，如果一位员工认为他们的交通方式已变得不安全，如需要自己驾车往返于住宿地和工作场所，他觉得他需要一名司机，那么他必须提出来。如果他觉得自己的居住地安全保卫做得不足，可能他觉得需要安装一个监控报警装置，那么他应该打报告申报。在某些方面你的员工会比你更了解安保情况。他们知道他们在做什么，让他们感到不舒服的又是什么，而且假定他们感到舒服的是一个健全的安全和安保计划，我对此非常赞同。我至少有两次遇到这样的情况：在我做完报告之后不久，有员工决定不接受委派，改主意回家了（有一名员工在转机到最后一个航班，马上就要到达那个外国地点之前临阵脱逃）。这种事情我宁可它在那个时候发生，也不愿在项目已经开展后某个时间里出现。

派驻有敌意的 X 国前的准备清单

以下是部署到海外/有敌意的地区之前的一份检查清单样本。

注：所有往来于有敌意的 X 国的有关派驻人员的信函都将通过约翰·史密

斯进行上传下达。

招聘过程

1. 约翰·史密斯首先联系梅布尔·约翰逊，启动申请和文书工作流程。约翰负责跟进官方批准的申请和适当的文件编号。
2. 所有委派到敌意的X国的专业人员将被招聘到项目系统部（第22A节）。
3. 考虑到这份工作的临时性，所有录用通知均须遵循先前批准的格式，而且，是否录用申请人，取决于他是否通过了所需的派驻前的体能检测。
4. 梅布尔·约翰逊将与其他各方合作，确保发送给候选人的一揽子文件没有遗漏、准确无误。

    其内容包括：

    - 敌意的X国委派政策和税务信息
    - 公司卡（T&E卡）应用程序（带有回复传真号码的电子邮件）
    - 录用通知书/接受函
    - 医疗调查问卷（在到达前通过电子邮件完成）

5. 乔伊斯将收集下列信息，并转发给安全保卫经理先生，以便安全保卫经理先生可以开始进行下一步工作：拿到"订单"和"邀请函"，并着手给每个员工做一个身份胸卡。

    - 姓名全称（名字，中间名，姓氏）
    - 社保号码
    - 家庭住址和电话号码
    - 护照号，有效期，发证地
    - 出生日期，出生地

6. 朱迪·克拉夫特将与差旅部合作，安排把申请人送到"我们美丽的城市"去办手续。
7. 梅布尔将把申请人名单通报给下列人员，并安排时间，以便向每个人通报情况或讨论他或她的职责范围。

- "爱帮忙的"萨利将准备好保险理赔范围方面的信息。然后将保险额度上报给约翰·史密斯审查和批准,以绑定保险范围。萨利还将核查所有福利项目,确保所有表格都填完。
- 玛丽·简将安排好体能检查、牙齿 X 光检查,以及(按照需要)体检,预防接种等的时间。
- "真心的"贝基将讨论一揽子薪酬的发放以及政策。
- 波莉·托马斯将:
  - 安排并管理为所有委派到麦加公司项目工作的人员申请附近的 Y 国的签证手续。如果我们在员工抵达"我们美丽城市"之前开始办理签证,那么护照必须用美国联邦快递寄给贝基。此外,所有获得批准的签证都应通过华盛顿特区的快递员递送给员工,而不是通过美国联邦快递寄到其住所。
  - 与麦加公司差旅部/人力资源部的人员协调关于前往华盛顿特区、继而前往附近的 Y 国,再到敌意的 X 国首都的旅行安排。这个安排只适用于即将接受委任去麦加公司项目工作的人员。
  - 安排所有委派到麦加/巨型合资项目工作的人员从"我们美丽城市"到邻近的 Z 国,继而到敌意的 X 国首都的旅行。这个行程都将由巨型公司直接预订并付款。
  - 安排"新员工"迎新会(任职培训),以便填写所有人力资源部门发放的表格。如果是专业人员,还会得到考勤表复印件和身体健康表格。
- 安全经理先生将:
  - 安排"下单"。
  - 安排获得"邀请函/旅行订单。"
  - 为每位前往敌意的 X 国首都的员工进行安全通报。所有通报应记录在案。
  - 通报的原始文件以及材料的副本应发给约翰·史密斯,他要把这些文件存入。

- 项目文件档案。
- 安全经理女士将为每位前往敌意的 X 国的员工举行安全通报会。所有通报都应记录在案。所有通报的原始文件以及材料的副本将发送给约翰·史密斯，他要把这些文件存入项目文件档案。
- 约翰·史密斯将与乔·施耐德一起协调，为所有麦加公司委派人员做旅行安排，并直接管理麦加公司委派的所有人员。

8. 约翰将通过拉拉·西蒙斯协调 EPCN 的问题，来解决提振员工士气和工作地点变更问题。
9. 约翰·史密斯负责管理整个过程。

调动过程

1. 约翰·史密斯将联系珍妮丝·卡梅伦或其他部门行政经理，讨论员工配置方面的需求和可能的内部人选。这一步必须在考虑外部人员之前进行。
2. 所有委派到敌意的 X 国的专业人员都将调到项目系统部（第 22 A 节）。珍妮丝·卡梅伦将与拉拉·西蒙斯协调。
3. 约翰将通知所有候选人，该职位取决于申请人是否通过必要的委派前的体能测试。
4. 约翰·史密斯将收集以下信息并转发给安全经理先生，以便他可以开始办理"订单"和"邀请函"，并着手为每个人办理身份胸卡。
   - 全名（名字，中间名，姓氏）
   - 社保号码
   - 家庭住址和电话号码
   - 护照号码/有效期/发证地
   - 出生日期，出生地
5. 约翰·史密斯将与差旅部一起，安排将候选人带到"我们美丽城市"办理各种手续。
6. 约翰·史密斯将把候选人名单交给下列人员，并安排时间，让每个人简要介绍他／她的职责范围。

- "爱帮忙的"萨利将准备好保险理赔范围方面的信息。然后将保险额度上报给约翰·史密斯审查和批准,以绑定保险范围。
- 玛丽·简将安排好体能检查、牙齿X光检查,以及(按照需要)体检、预防接种等的时间。
- "真心的"贝基将讨论一揽子薪酬的发放以及政策。
- 波莉·托马斯将:
  - 安排并管理为所有委派到麦加公司项目工作的人员申请附近的Y国签证的手续。
  - 与麦加公司差旅部／人力资源部的人员协调关于前往华盛顿特区、继而前往附近的Y国,再到敌意的X国首都的旅行安排。这个安排只适用于即将接受委任去麦加公司项目工作的人员。
  - 安排所有委派到麦加／巨型合资项目工作的人员从"我们美丽城市"到邻近的Z国,继而到敌意的X国首都的旅行。这个行程都将由巨型公司直接预订并付款。
- 安全经理先生将:
  - 安排"下单"。
  - 安排获得"邀请函／旅行订单。"
  - 为每位前往敌意的X国首都的员工进行安全简报。所有简报应记录在案。简报的原始文件以及材料的副本应发给约翰·史密斯,他要把这些文件存入项目文件档案。
- 安全经理女士将为每位前往敌意的X国的员工举行安全通报会。所有通报都应记录在案。所有通报的原始文件以及材料的副本将发送给约翰·史密斯,他要把这些文件存入项目文件档案。

7. 约翰将通过拉拉·西蒙斯协调发放EPCN的问题。
8. 约翰·史密斯负责管理整个过程。

返回过程

1. 回程旅行安排将按照下列步骤进行协调:
   - 在所有麦加公司的项目中,回程旅行应由工地做决定并上报给约翰·史密斯。然后由约翰酌情通知拉拉·西蒙斯和其他方。
   - 所有与麦加公司/巨型公司项目有关的事情,约翰·史密斯都将与波莉·托马斯合作,以协调所有旅行的需求。然后约翰会酌情通知拉拉·西蒙斯和其他方。
2. 对于委任期超过6个月的人员(根据巨型公司的标准政策),将通过玛丽·简安排体能检查。
3. 约翰·史密斯将与拉拉·西蒙斯协调做一个EPCN,以便将专业人员归还到他原来的部门并结束他的津贴发放。对于那些在其他部门没有职位的专业人士,约翰·史密斯将与洛丽塔·克拉克合作处理员工终止雇佣事宜。
4. 项目系统部将计算"休养与恢复",并酌情提供假期或结清劳务费。
5. 返回后,项目系统部将对返回的员工进行后期汇报并总结经验教训。

外国旅行安全提示

- 使用旅行支票并避免携带大量现金。维萨卡、托马斯·库克和美国运通卡是最为广泛接受的旅行支票。
- 减少旅行时携带的信用卡数量。
- 不要把现金和信用卡放在同一个地方(也就是说放在同一个包,同一个口袋等)。
- 绝不要在黑市兑换钱。
- 总是随身携带一些小额的钞票用于支付小费。

- 了解你所在国家的汇率。
- 应在目的地检查处方药的合法性。
- 处方药放在原装瓶子里携带。
- 记住你的护照号码。

机场和航空公司的安防措施
- 在你穿过金属探测门之前不要将物品放在 X 光机的传送带上。
- 使用行李锁（你能买到多种允许运输安全管理局根据需要打开行李的锁）。
- 切勿为陌生人提行李。
- 请勿将贵重物品放在行李中。
- 如果有人撞到你或触碰到你，一定要保持警惕。这是扒手常用的一种伎俩。
- 尽量减少在机场的逗留时间。

出租车安全提示
- 避免使用非官方或无标记的出租车。
- 在坐进出租车前先了解价钱。
- 准备好零钱和小额钞票，以避免付款时找钱的麻烦。
- 如有可能，请避免将行李放入后备厢。
- 避免与其他未知乘客搭乘同一辆出租车。

酒店安全提示
- 出于安全原因，请不要住1楼的房间和高于8楼的房间。一般来说，4楼和5楼是最安全的。
- 进入房间之前先敲门，以免惊吓到可能还没有离开房间的人，或者是给你发错了钥匙/房间。在进入之前快速扫一眼房间。
- 一进房间，立即关门，并双重锁定/加锁链。
- 确保滑动玻璃门、房间连接门和窗户都锁死。

- 离开房间时，请开着电视或收音机（另一个有用的策略就是浴室门关着，但略微留点缝，并打开浴室的灯）。
- 利用客房的"请勿打扰"标志，并要求你在房间内的时候进行打扫和整理。
- 切勿将无人看管的钥匙或私人物品放在酒店内。
- 从酒店的主入口进出，特别是在天黑后。
- 如果有人没有预约就送东西到你的房间，请先向酒店前台确认，再开门。
- 到信誉良好的酒店下榻，因为这样的酒店往往有更好的整体安保。
- 进入房间后，搞清楚所有的火灾疏散通道。
- 阅读酒店房间提供的消防安全说明。
- 使用房内保险箱或酒店前台的保险箱存放贵重物品。
- 请勿将业务或机密文件或笔记本电脑留在你的房间内。请知晓在某些国家商业信息以及电子邮件、传真和电话通话可能都会遭到窃取或窃听。

商务旅行者应具备的安全意识

该做的：
- 尽量预订美国航空公司的直达航班，以减少多次起飞和着陆的风险。
- 请始终不要离开你的公文包和随身行李。
- 请要求住在酒店的3楼和7楼之间的房间，这个层高，能防止有人撬窗而入，能在发生火灾或其他紧急情况下迅速疏散。
- 请采取措施避免你的通信被窃听或被拦截。尽可能避免使用手机，并确保你不会在拥挤的公共区域讨论敏感话题。
- 如果你觉得有人跟踪你，或监视你，请联系当地的美国大使馆。

不该做的：
- 不要穿带有公司徽标或其他徽章的服装，让人一眼就看出你是美国商务旅客。
- 请勿将塑封名片放在行李上做身份标签。

- 不要公布你的旅行计划。
- 不要在你的托运行李中放敏感或专有信息。
- 旅行时不要佩戴贵重珠宝。避免使用任何引人注目的或显露你财富的东西。
- 不要在酒店和办公场所之间定时定点出行。尽可能时常改变你的路线,改变你出发/到达的时间,使别人找不到规律。
- 不要接受来自陌生人的包裹或信件,也不要给陌生人寄包裹或信件。
- 有陌生人到你酒店房间来时,要先向酒店前台确认此人身份,否则请不要给他开门。
- 不要乘坐没有标记或没有显示正式营业执照的出租车。

第 9 章

建立并保持与地方、地区和
国际官方机构的联系与协调:
"我们需要帮助,我们有人在你的国家,
　　所以我们必须现在就将他们撤离!"

第 9 章 | 建立并保持与地方、地区和国际官方机构的联系与协调

我们可能是乘着不同的船来的，但现在我们需要同舟共济。

——马丁·路德·金

为了在世界各地的高危地区有效运作，我强烈建议你与执法部门、美国政府机构和私营部门的人员（甚至是竞争对手）建立有效的联系。如果想让业务安全地展开，而为了安全开展业务你需要一些关键的信息，为了获取所需信息，这些联络人至关重要。无论是简单地举报轻微的犯罪，例如打砸抢行为，还是当你的人员或资产成为勒索对象，或恐怖行为的受害者时需要与某些人联系，预先与有关的政府官员建立关系，不仅可以省掉繁文缛节，节省时间，而且还可能救人一命。

在更危险的地区和国家工作时，应该让美国政府机构知道：

- 你所从事项目的性质/描述。
- 从事该项目的外派人员人数。
- 外派人员的住处/食宿。
- 外派人员在该国及其邻国的旅行。
- 其他美国或外侨商业伙伴。
- 其他美国或外侨承包商/分包商。

我曾多次邀请美国国务院人员参观工作现场或项目，他们很给面子，接受了我的邀请。我很感谢他们百忙中抽空舟车劳顿地去这些地方。看到美国人积极开展这些项目，给他们留下了深刻印象，我可以向你保证，在极端环境下派驻国外的美国人是不会被遗忘的。但是，也不尽然，在某些地区，出于安全考虑，这些美国政府官员可能不会答应去现场或去参观。

至于联络你所在东道国政府的执法部门和政府机构，我想提醒你一些注意事项（参见本章结束时的案例研究）。

顺便说一说美国国务院的那些男男女女们：我多次在世界各地出差，无论我走到哪里，无论我去哪个国家，都会刻意去拜访一下那里的美国大使馆或领事馆。我喜欢与这些地区安全官员及其工作人员、在这些地方执勤的海军陆战队、领事官员，还有很多其他人员会面，聊聊天。我这样做是为了表达我对他们的崇高敬意，正是他们的努力和他们的奉献精神，保证了美国驻外人员在外国的安全。作为在美国本土上班的美国国务院男女雇员们，尤其是那些与海外安全咨询委员会（Overseas Security Advisory Council）合作的人员，我非常敬重他们，因为他们特别敬业、专心致志、知识渊博，而且聪明能干。

既然我提到了地区安全官的工作，如果不提美国大使馆法律专员所付出的努力，那就太粗心大意了。这些法律专员，美国联邦调查局称他们为"LEGAT——Legal Attache"。并非每个美国大使馆都有法律专员，但被分配干这份工作的专员可能会给你带来极大的帮助。法律专员被安排到美国大使馆，这是由于美国商务性质和美国政府在其他国家所致力的事业决定的，当然法律专员在这些国家没有管辖权，但他们与东道国政府的执法部门确实有很紧密的联系，并与他们有合作关系。法律专员确实要在全球范围调查针

第9章 | 建立并保持与地方、地区和国际官方机构的联系与协调

对美国公民和美国公司的犯罪活动。法律专员参与寻找失踪的美国人、被绑架的美国人，并参与调查许多在海外针对美国人犯下的罪行。法律专员不会成为本国恐怖主义问题的权威，也不会成为西方公司应怎样保护员工方面的权威；这个职能属于地区安全官员的职责范围。然而，每当我出差去访问地区安全官的时候，我都要刻意安排时间去见见法律专员。我把执法部门的联络人视为我的国内安全计划的关键部分，而且通过与美国联邦调查局特工的接触，他们可以帮助搭桥牵线，以便与世界各地的法律专员们会面和磋商。

地区安全官是一群忙得不可开交的人。他们的职责包括保护分派到大使馆或领事馆的美国人和在当地的国民。他们为到访的国务院和其他美国政府官员和雇员提供保护。我本人真的不知道他们什么时候才有时间睡觉，也不知道他们是否有哪怕一分钟的空闲时间。但是，如果你可以安排与他们坐下来见个面，绝对有这个必要，那么你其实是在为自己、为公司或客户做了一件大好事。但是，不要指望地区安全官能随叫随到任你差遣。他们都是非常繁忙的人。他们主要负责保护在这个国家工作的大使馆或领事馆雇员，还有到这个国家访问的国务院官员。虽然他们有千千万万其他事情要做，但他们仍会乐意抽时间与你见面。我建议你可以试试赴该国访问之前及早打电话商，并在抵达之前早早地安排面对面会晤。如果你到达时出现了一些情况，使你无法与他们见面，请你理解，因为这是他们的工作性质，不要把它视作是个人恩怨的事，要顺其自然。

地区安全官和法律专员还能提供另一类重要服务，这类服务似乎是安全保卫经理满世界寻找的东西。这些政府官员可以告诉你哪些美国公司在该国使用"安保承包服务"。他们甚至可能知道正在为这些美国公司效劳的是哪些公司。当然，美国大使馆和领事馆经常在他们的驻地使用当地的"安保承

包服务"，而且他们可能会为你提供这些私人公司的联系方式。请记住，这不是向你推荐，只是给你联系信息而已。你找到的这些公司是否能提供你所期望的或者你觉得合适的安保服务类型？他们服务的质量是否上乘？这些问题还得要你自己来度量。

你要向地区安全官了解的内容，包括在该国或该地区工作的美国或西方公司可能面临哪几种安全保卫的局面，存在哪些困境，有什么资源等。如果地区安全官太忙而无法与你会面，就询问助理地区安全官。这些公司是否被当作勒索或绑架等犯罪的目标？这些公司的员工是否曾经成为这几种类型犯罪的受害者？是否存在街头随机犯罪的问题？有针对员工、访客、游客或者学生的暴力犯罪吗？在缓解方面有什么能，或者看上去似乎能起作用的措施？例如，美国公民是否开始避免去市内诸如市场的某些地点？星期五尽量不要走近祈祷后的清真寺，这是否是个明智的做法？开车进入农村是否变得太危险？西方公司大多是雇用武装或非武装安全人员来保护他们的员工吗？这些公司是使用装甲还是非装甲的车辆？通过与地区安全官、助理地区安全官以及法律专员讨论这些问题，你不仅可以总结出在这些国家开展工作所涉及的风险，而且还可以全盘了解各种安保计划，以及安全地落实安保计划的各种缓和措施。

地区安全官还可以提供给你派驻该国的执法官员的姓名，今后你可能不断需要这些人的帮助。例如，假设你在该国的偏远地区工作，远离美国大使馆和领事馆，远离任何东道国政府的民事或军事资源和设施，那么地区安全官可以为你提供一些警察或军事联络人的姓名和联络方式，这些警察或军事联络人是驻扎或负责你将要工作的地区的重量级人物。如果你有任何问题或需要他们的帮助，这些联络人都会是非常有价值的。

第 *9* 章 | 建立并保持与地方、地区和国际官方机构的联系与协调

地区安全官提供很多社区外延方面的服务，此处社区指在该国运营的西方公司。通常，像海外安全咨询委员会等组织会创办的各种全国性的委员会，这些委员会由在该国工作的各公司代表组成，他们聚在一起分享安全问题和信息，讨论解决安全问题和排解各种难题的方法，并且可以相互协助，以实现他们的共同目标——为员工和企业提供一个安全的运营环境。当我首次针对一个国家或地区进行调查时，我问地区安全官的第一个问题就是：还有哪些西方公司在那里运营？但是，还有一个问题更重要——有没有公司跟我的公司做相同业务的？业务范围可能从小配件到化工制造再到零售销售？

关键问题：成功的联络至关重要

成功的联络对于为海外工作的员工**建立高效的安全和安保管理体系**至关重要。联络人从国务院地区安全官这样的关系开始。其他的你认为见面会很有帮助的美国政府雇员还包括联邦调查局的法律专员。通过这些人员，你可以确定是否能得到额外的私人性质的和公共部门的援助。你还可能成为国务院海外安全顾问委员会全国委员会的成员，并在各个委员会的会议上获得非常有价值的安全和安保信息；或者你可以获得当地警察或军事官员的联系方式，而这些人员可以给你提供你之前可能想都没想到的资源。

案例分析：摆脱行政管理的噩梦

在外国，与执法部门或军队打交道时，我要提醒你几句：别以为他们总是跟其他许多国家的一样，也就是说，如果你遇到他们伸手要好处费的情形，不要大惊小怪。注意在讨价还价之后，别一心想得到超出你预期的东西，或者使用另一个老掉牙的说法，不要被人穷追猛打逼到墙角。我举几个例子。

有一次，在某国，其安保局势大概是这样的：东道国政府心知肚明恐怖主义行为困扰着在某些地区开展业务的多家西方公司。西方公司频繁呼吁政府援助但都没有得到理会，而且有西方人员遇袭丧生。东道国政府给予的答复是，所有在该国做生意的西方公司都能得到该国军队的保护、合作和协助。当官僚主义作风全面盛行的时候，这本来就是一个**难以摆脱的行政管理的噩梦**，此刻（更是）变本加厉。其实，从西方公司为其雇员申请进入该国的签证和工作许可开始，政府就完全能够明确这些西方公民是为哪家公司工作、他们将到访哪些城市、他们的工作场所或设施在哪里等等。接下来，政府会启动一个计划，安排一个军事安保小分队到机场迎接这些雇员，再由武装军人护送他们到达目的地。西方人在大多数情况下都在工业园区上班，这些工业园区有私人保安和军队的安保人员共同守护。

每当公司有人来现场或设施访问时，或者有人要去机场时，他们都会联系当地的驻军，告知他们航班抵达的时间和航空公司名称，车队就会前往机场接机或送机。这套系统似乎运行良好，没有出过大的故障。到达或离开的员工都能按时赶上航班，或者不必久等，护送他们的军队就会准时到达。然而，有一天，负责接送任务的当地驻军头目，一位上尉军官，致电安保经理。经过一番寒暄后，他就切入正题。他说由于保护项目员工的工作太繁重，导

第 *9* 章 | 建立并保持与地方、地区和国际官方机构的联系与协调

致他家出了点问题。他的妻子因为他天天不着家而生他的气。要是有一辆皮卡车和一台新冰箱，就能让她高兴起来。安保经理听完这话先是惊讶不已，几番镇定之后回答说，这是根本不可能的事情。几个月后，这名上尉请求调离驻地，从此再也没有他的消息。

　　另外一次是一位本地退役的国民军军官，他主要负责一个大型公私合营基础设施项目的安保工作。该地区的居民由于受全国反政府情绪的煽动和示威游行的鼓噪，动不动就要上街搞抗议活动。设施附近影响力较大的宗教领袖唆使所有这些团体加入一系列狂热行动中，结果常常导致大批愤怒人群抗议和示威。政府在工地上部署了久经沙场、刚刚从打击分离主义团伙的前线回来的军事人员。该设施得到了很好的防卫，当然也引起了许多希望该项目取得成功的人士的关注。这位负责安保工作的前军官当然希望自己的工作和该项目都能进展顺利，尽量少一点麻烦，这样的想法也是可以理解的。一天，他邀请到访的负责该项目美国员工安全的美国安全保卫经理到他办公室聊天。办公室装潢精美，茶具也是精美的细瓷，还有夹糖块的银钳和搅拌用的银匙，所有这些都由一位衣着光鲜得体的本地人在一边服侍着。他们这样的人很忙，或者说他们很愿意给人这个印象，谈话很快就言归正传。这位当地的国家安全主管，退役军官，而且显然还是反间谍行业的兼职人员，向来客表示，为了能让他收集到必要的情报，以便有效地保护该设施以及所有来往的外籍人员和员工，他每个月需要 3 万美金的开销。他必须打点包括警官在内的多名线人，才能确保他们源源不断地输送情报给他，而且为了遏制过激思想和倾向，也需要花钱。这位骄傲的前任军官表示，他每个月已经在为这些服务支付巨额费用，但是非常时期需要非常手段。当美国人告诉这位前军官，除非原始丛林变成冰川，否则一分钱也不可能给他，这对他的自尊心真是一次沉

重的打击，但对于美国人来说这是一个实实在在的体验。

最后一个案例发生在伊拉克的一件事，当时有几名美国驻外员工在该国境内从事一个基础设施的建设。这个项目的四周每天都有联军与叛乱分子交战。当叛乱分子没有联军做目标时，他们会经常时不时地用小型武器，偶尔用迫击炮或火箭对施工现场进行轰炸，并不断向每一辆进出该设施的运货车开火。设施的安保人员担心叛乱分子会发起全面进攻，或者这帮混蛋不再随机行动，而是集中全部火力剿灭西方人，情况变得越来越紧张。在该地区和该国国内有一定经验的安保人员制订了一项计划，他们安排了与当地部落领导人会面。那些富有同情心、也希望这个项目能继续下去的部落族长献计说，安保人员应该与当地的伊玛目（Imam）或精神领袖会面，因为他有众多的追随者。安全保卫人员接着与他们正式会面了，最初几分钟大家都很紧张，之后事情变得富有成果。实际上这位宗教领袖为了他的追随者，愿意看到这个城市得到改善，而这个项目肯定能使这个城市变得更好。但是，有些私营部门的团体过去曾经答应做一些事情，却未能兑现。当被问及是些什么事情时，伊玛目表示，他们缺少可靠的运输工具来运送所需物资和必需品，希望美方能给予帮助，以缓解他们后勤方面的难题。美方的基础设施项目有富余的车辆，包括小型皮卡，非常适合运输大米、水和其他食品。项目人员同意将多余的皮卡中的一辆借给这个宗教组织，以用于运输这些物资，辅助社区项目。伊玛目非常高兴，有一天，他胳膊底下夹着一个圆形纸盒来到工地。他要送给安保人员一大堆车辆贴花，每幅贴花上都有伊玛目的照片和祝福。他指示安保人员将贴花贴在车辆两侧，并告诉他们，由于美国人对社区的慷慨相助，他们不会受到任何伤害。从那以后，设施和车辆都没有再遭到攻击。

第 *10* 章

建立国际性的危机与安全管理基准：
"给我一个令我信服的理由，
我们公司为什么需要危机与安全管理。"

第 10 章 | 建立国际性的危机与安全管理基准

> 吸取昨日的教训，只争朝夕地活在当下，寄希望于未来。重要的是不要停止质疑。
>
> ——阿尔伯特·爱因斯坦

我们要怎么来衡量你应对高危局面的有效性呢？又按照什么基准与其他机构进行比较，以说明你在安全保卫和危机管理上已经达到某个级别呢？我们在前一章讨论了一种方法。通过与政府和执法部门打交道，你可以确定你的竞争对手或其他西方公司在你的业务所在国家采取了哪些物理安全防卫措施。你现在最好已经成为"美国行业安全国际协会"的一名地区成员。在其加密网站上"仅限会员"部分，你可以找到按国家列出的美国行业安全国际协会的会员名录。我发现，这个名录是个绝佳的资源，能帮助你找到目前正在你所关注国家工作的同事，给这些专家人士打个电话或写封电子邮件，你就可以获得宝贵的情报和资源。当然，凡事有索取就得有给予，所以当某位同事与你联络时，请记住这个道理，并花点时间去帮助他们。听起来有道理吗？当然是有道理的，我们这个专业组织不单单用嘴说，还身体力行。

当你要去一个高危地区工作时，你肯定要与同事联系，最好是在把人员部署到这些地区之前就跟他们联系。你想问的问题包括：你们都经历过什么威胁？你们员工和资产所在地都发生过哪些事件/犯罪行为？你们都采取了什么安全措施？从安保角度看，你希望自己还能做点其他什么事情，但当时却没做，为什么？你正在从地方政府和地方执法机构获得哪几种合作？

你把得到的信息，与你从美国政府机构获得的信息进行关联和比较。你将出席委员会的会议以及地区安保研讨会；在困难地区和国家做生意的公司会成立一些社团，你可以利用这些社团的优势；你会订阅《纽约时报》《基督教科学箴言报》《华尔街日报》，并收听英国广播公司的电台新闻，比如"最新世界动态"节目；当你的员工结束海外委任或出差回来时，你需要与他们座谈；你必须与这些员工保持良好的关系，这样他们才会把他们在海外出差和委派得到的信息分享给你，你要抓住一切机会尽可能多与他们交谈。

还有一个好方法，用来鼓励大家在高危地区工作时采取正确措施和遵循适当步骤，那就是请外面的人来做讲座，并主持你们自己的研讨会。例如，我本人就主持过在中东地区开展业务的公司团体会议。有一家公司，我们邀请了行业、政府和其他发言人，并就热门问题举办讨论会。就是在某一次这样的会议上，一个中东国家政府的外交代表出席，他提供了国家安全级别的最新动态，并且十分优雅地回答了与会者提出的问题。

专业资质认证不仅可以确保员工正在获得或已经获得各自专业的对口培训，而且，对于有再认证要求的项目，比如美国安全行业协会的安保专业证书（CPP），专业资质认证还可以确保员工正在接受继续教育。资质重新认证的过程可以使从业者了解该领域的最新趋势、最新发明和当前需要解决的问题。美国安全行业协会的小型研讨会经常讨论人员和资产的保护，协会的出版物覆盖国际性话题和安保问题。

当然，为了确保你的方案既稳健又高效，人人都喜欢的方法之一就是进行审计。如果你信得过审计那就好，不过你知道其他人嘛——我本人对审计没有抵触，只要审计能够实事求是地发现薄弱环节或效率低下所在，然后对症下药地改进或修正。但是，如果只是为了审计而审计，那只能证明你的安保和危机管理方案都是纸上谈兵，而如果你的方案只是一纸空谈，在真正需要的时候你的系统就会使你陷入瘫痪。有一套审计方案，旨在验证一个设施、办公室、工作现场等是否进行了安全漏洞评估，或是否执行了此安全漏洞评估的结果／发现，对于这样的审计，我本人是很不以为然的。我发现，当你按照这个思路走下去，或者让审计组在你的设施周围转一圈，并拿着一份专门设计的检查清单，逐条给你的安保措施打分，那么你最终得到的也就是一个"按数字涂色"检查而已，这是一种无效的方法，对安全计划而言或许能凑合，但依我看，安保计划本质上主观性更强。我不喜欢用清单的方式来评估安保。我认为清单只对那些片面理解物理安保计划的人有用，而且可能促使员工按图索骥去查找符合清单的"正确"风险，然后采取清单所列的"正确"对策。但是，我发现一旦你开始对照清单进行操作，并根据清单开始打分（审计），你最终只能得到一份纸质表格形式的安保计划。我从不相信"饼干切模式的安保"，是的，从来没有相信过，永远也不会相信。我称之为"饼干切模"，因为我们往往喜欢把所有东西都放在同一个模具中，放进同样的小松饼罐，然后使我们所有的安保方案（饼干）全都变得整齐划一。菲尔兹太太利用这个理念倒是赚了个盆满钵满的，但是在安保方面，你不会喜欢这样的最终产品。例如，最近（就是本书出版之际）出台的"美国国内基础设施政府安保条例"较之过去更加准确，因为该条例可能也提供一份清单，但不是检查清单，这份清单可能囊括了制订安全计划时需要考虑的各种对策。为了与时俱进，为了使一个成功的安保计划充满活力、有效应对实际情况。我完全不赞同有一种人，拿着夹板，看看这家工厂或那个办公大楼有没有做到A条、B条或C条，然后在方框里——打钩的做法。由于害怕"总公司审计组"的到来，大家很自然地都会感到紧张不安、过度疲劳，甚至可能会经历极度的恐惧。某些项目可能会发生这样的情况：某个设施会像在标准化考试已成为常态的学校里搞"应试教学"一样搞"审计教学"。这些设施或办公室知道审计人员要查看或查找的是什么，而且只要是和设施员工有关系的，审计人员就会准确地找到他们想要找的，看到他们想要看的。如果这个审计表，用来打叉或打钩的方框，永远不变，你又怎么能说你做的这个审计是一个充满活力、全方位无死角的审计呢？在进行安保评估时，我甚至都不使用"审计"这个词。对我来说，审计就是像这样——在方框里打打钩。如果你在恶劣环境中以客观方式进行安保操作，你肯定会感到失望，并且你肯定会遗漏一些关键环节，或者省略掉某些东西。当你在紧急情况下或在灾难模式下运行时，对照检查清单是没有问题的。它们可以帮你集中精力，因为困难、高压的环境可能导致犯错，继而升级为人员受伤甚至丧生。我可以训练一只猴子带着打钩的夹板四处走走，一些科学家或博物学家也许能够训练一只黑猩猩试试门是否锁好，然后在一个方框里打钩，表明门锁好了。我想要的这个安全计划是有血有肉有实质内容的，是有可以呼吸的空间的，而且是把所有自然环境、政治因素、社会经济学、风险和人为因素等错综复杂的关系都考虑进去的。

你在公司内建立内部工作组，是分摊责任的一种非常好的方式。我认为，如果没有组织内部关键成员的协助，一个安保经理就无法正确地制订、实施和维护一个成功的安保和危机管理系统。特别工作组负责危机管理/应急管理，以及紧急行动方案/业务持续性方案，我是特别工作组（我应该说是那些能办事办好事的特别工作组）的忠实铁粉。我对安保管理秉持同样态度。

第 *10* 章 | 建立国际性的危机与安全管理基准

当我召集大型公司跨部门协调合作时，比如法律、人力资源、信息技术、风险管理、通信、金融、公司（或外部）旅行代理、楼宇管理和其他部门，我可以保证让每个人都有发言权，而当危机发生时，大家则心往一处想，只考虑"当设施需要帮助，业务部门遇到问题，或者当总公司整体上受到胁迫时，公司能够提供并且应该提供什么？"我从一开始会鼓励每个月与这些部门开一次会：你可以采用"安保委员会"的方法，以收集、接收和共享安保信息作为主要目标。我会给这个团队增加一个危机管理的任务，使"安保委员会"这个方法更有价值。这样，我刚刚提到的每个部门，以及你可能想要的其他部门，将在安保和危机管理中发挥关键作用。他们还可以为你提供大型项目所需的帮助。这些部门工作的员工将为你公司派往全球的职位提供人选，去世界各地出差，并且最好是还能带给你需要掌握的信息，以了解他们，以及你关注的世界地区正在发生的事情。

假如我打算实施一个安保计划，例如，在员工动身上任前搞一个部署前培训，或短期旅行到具有敌意的地区，如果公司所有业务单位和部门都认为这件事值得做，而且要求他们的员工都必须参与，那么我就能得到他们的支持和配合。培训花费时间和金钱。当他们的员工抽出时间坐下来，安排与你讨论安保计划，或者上网查看已经预先设计好的内容时，他们的每分钟、每小时都是他们所在部门付费购买的。

为使你的计划符合标准且与时俱进，员工的反馈至关重要。如果员工没有从课程中学到知识，或者没有机会向授课人提问（这就是为什么你要优先考虑进行现场汇报的一个原因），甚至没有机会对授课人的言论提出质疑，那么一旦员工部署到位或在野外现场，你不会看到安保计划获得成功。我一直要求员工及其经理就有关计划给我反馈。如果可能，我愿意采纳他们的建议。通过利用公司的各种团队，正如我之前提到的，我还能节省时间，而且不会让员工重复听之前可能涵盖或已经涵盖的内容而感到索然无趣。例如，我不应该花时间回答有关目的地签证的问题，那是公司差旅部或外部旅行社应该做的事。我不应该谈论到任之前需要接种哪些疫苗，因为他们的医疗保健提供商或人力资源或其他员工应该已经跟他们谈过这个问题。我更不应该谈及员工所得税问题。但是，你应该时刻准备好回答这些问题，或者至少告诉他们应该找谁去谈可以解决问题。

我这里**还有衡量成功的另一种方式**——问问自己：有没有任何一位在高危地区为你的组织工作的员工受过伤？是否存在重大安全漏洞、人身攻击事件、绑架事件或勒索事件？在我看来，安保工作是有一定难度，除非你从事的是零售安保，因为在零售安保行业，人们可以估算出由于实施了某些安保措施（例如，安装更多摄像头、射频识别或其他方法）减少了多少损失和商店偷窃，但在处理敌意地区工作环境中的物理安保程序时，如何证明你的方法有效阻止、检测和延迟了那些永远没有出现的威胁呢？

我们以某个安全程序为例。如果你公司或公司的某个部门去年有20起值得报告的导致停工的受伤事件，而今年只有10起，那么可以说你取得了50％的事故下降率或改善率。如果你的车队在去年发生了45次剐蹭事故，或者更严重的车祸，实施了驾驶安全计划后连续2年驾驶公司车辆的员工发生的事故降至15次或更少，那么所有人都会同意该计划产生了可观的影响。但是安保并不总能以这种方式量化，很难找到数据来表明改善照明使设施预防了3次攻击，或者在你的老板身边布置了一个贴身保镖，有5次成功阻止了坏人袭击你们。

由于通常有很多人支持"我保持低调"的观点，有一位经理曾经请我去查找一下有没有数据可以证明"安排了'贴身保镖'实际上对其目标带来了或造成了攻击,而不是阻止了攻击",但我却根本找不到,而且我其实是很努力去寻找过的。量化我们在安保上所做的努力是没有意义的。我一直遵循一个原则:企业的安保要做到几乎看不出来,听不出来,应该给员工带来最低程度的干扰和不适。如果安保的气势高调傲慢,达到飞扬跋扈的程度,那么你可能会播下导致你和你的安全计划颗粒无收的种子。当然,我所说的不被看出来,并不是主张在高危地区人们看不到一个具有强劲活力的安保措施,但是在可能的情况下,越是不那么气势夺人,你与员工的关系就会越融洽。

话虽如此,在高危地区,由于沿途的条件,我不得不取消地面公路旅行,因为反叛分子或叛乱分子可能在道路上十分张狂。那天,所有实地考察或项目所需的供应都一律取消。但是,尽可能安全地让工作继续下去,而不让安保措施搞得人们的脑袋、脖颈和膀子疲劳不适,这应该是安保的一个目标。正如我之前提到的,我知道我可以为员工提供足够的安全保障,以便他们能够在世界任何地方作业。但真要做到不耽误工作,还真是一项挑战。

在本章剩余部分,让我们来谈谈在具有敌意的区域的安保和危机管理规划,包括物理安全方面要考虑的问题。

安全与危机管理方案考虑因素

　　恐怖主义行为总是提前很长时间就做好了策划，并被用来进一步推动某个政治目标或宗教极端主义、推翻政府及其他目的。属于你公司的设施，还有在世界各地服务的员工都可能成为恐怖组织的受害者。恐怖分子常用的一种方法就是炸弹，例如最近发生的一系列车载或通过其他方式运送的简易爆炸装置。许多专家认为，可以通过更完善的安保方法来击败、转移、阻止和预防恐怖主义和恐怖行为。该理论认为，恐怖组织会寻找似乎更容易被攻击、并有更大胜算的可选目标。我此处给你的信息旨在为你提供工具和步骤，以便为你的员工和资产提供适当的保护。

　　有了一个全面的、维护良好和行之有效的计划，即使实际发生恐怖主义行为或其他严重的人为或自然灾害，你的设施或项目都将稳如泰山。（不过）你的管理层和所有员工都将需要参与这项工作，其中包括安全意识培训，以便在发生严重事件时，他们知道应对的是什么情况，以及如何做出正确应对以减轻影响。公司和当地管理层和员工有责任提供适当的计划和做充分的准备，并在这项工作中与公司安保人员合作。一个精心制订的计划和极为充分的准备可以降低实施这些行为的犯罪团体成功的可能性。

　　美国国防部和美国军方已经制定威胁级别，以便将报告标准化。级别的制定主要依据恐怖分子的存在、能力、意图、历史、目标以及安保环境。各个级别的规定具体如下：

　　极度危险：这意味着恐怖组织已经进入该国或有能力进入该国，它具有攻击和参与目标选择的能力。它的历史和意图可能已知，也可能未知。

高度危险：这表示有恐怖组织存在，它具有能力、历史和攻击的意图。

中度危险：这个级别与高度危险的规定基本相同，除了意图是未知之外。

低度危险：是指恐怖组织存在并有能力进攻。他们的历史可能已知，也可能未知。

可以忽略：指恐怖主义组织可能存在，也可能不存在，有能力或者无能力的情况。

当地管理机构和员工所做事项

危机应对小组将确保当地管理层和关键员工的职责得到确认并落实到位。虽然小组的构成可能因地而异，但至少应包括以下人员：

- 当地高级项目管理人
- 当地高级业务经理
- 地方财政和行政管理人员
- 人力资源、薪资、法律和其他关键管理人员

在位于美国的危机应对小组的协助下，当地管理人员和管理层将负责控制和解决所有紧急情况，然后由危机应对小组向公司法人报告所有行动、建议和结果。危机应对小组在获得公司法人同意后可选择派遣应急应对小组成员协助当地管理人员解决危机事件。

当地管理层由事先指定的、与危机事件有最密切关系的高级管理层代表组成。他们负责最初的危机应对工作，执行公司政策并要不断地及时向企业

灾难恢复小组提出建议。当地管理人员必须及时了解该国国内的发展动态。他们应该特别关注的事态包括：

- 国际事务
- 美国与周边国家的关系
- 当地人对外国人的情绪有哪些变化
- 该国内政变化——本届政府是否受欢迎
- 可能导致暴乱的水、食物和燃料的短缺
- 大学生抗议/示威
- 戒严/宵禁
- 武装交火
- 对该国的外部军事威胁
- 当地部落/少数民族之间的武装冲突
- 恐怖分子/游击队行动
- 新闻媒体限制/封锁的升级
- 通信中断
- 旅行限制的升级
- 货币贬值和大量囤积现钞
- 军事活动增加
- 越来越多其他外国高管和人员离职
- 美国、英国或其他国家大使馆或领事馆的威胁级别发生的相应变化

第 *10* 章 | 建立国际性的危机与安全管理基准

戒备状况与危机情况陈述说明

1．**戒备状态 4** 这种状态适用于普遍存在着可能针对人员和设施的恐怖主义活动威胁，其性质和程度不可预测，但是情况又不足以需要完全采取更高级别的措施。不过，根据收到的情报或作为威慑，可能有必要采取针对更高威胁和风险状况的某些措施，这种戒备状态下采取的措施必须有能力无限期地维持下去。

2．**戒备状态 3** 这种状态适用于恐怖主义活动有增加并存在更可预测的威胁。处于这级戒备状态要采取的措施必须能够维持数周，而不会造成不必要的麻烦，不会影响运营能力，不会恶化与地方当局的关系。

3．**戒备状态 2** 这种状态适用于发生了重大事件，或收到了情报表明有某种形式的针对人员和设施的恐怖主义行动即将发生。这种戒备状态下采取的措施可能会在比较长的时间内给单位和人员造成困难，并影响和平时期的活动。

4．**戒备状态 1** 这种状态适用于已经发生恐怖袭击的周边地区，或者收到情报表明很可能会发生针对特定地点或人员的恐怖行动。通常，该地区会宣布进入这种"威胁戒备状态"。

安保局势的评估将是地方管理人员的一项职责，需要持续不断开展。他们应该：

● 收听地区广播节目并阅读当地报纸，以根据国内和周边地区的安全情况采取相应的行动。

● 联系所有相关大使馆。与美国、英国或相关国家的大使馆或领事馆的地区安全官员建立并保持联系。地区安全官员通常会主办跨国公司人员研讨会，讨论当地安全形势和驻外人员面临的问题。如果召开这样的研讨会，当地管理负责人应该按时出席。

● 应特别重视公司与警察及军队的联络人。这些联络人可能有助于评估和收集有关时局变化的信息。

资金准备

当地管理团队应确保有足够的资金来支付处理紧急事件的费用。工资或人力资源的管理人应准备支付现金。他或她至少应该：

● 确定是否可以从旅行社获得空白机票，供紧急情况下使用。

● 准备他或她撤离时所需要支付的预估费用，并将这些信息转发给公司总部。一旦紧急情况眼看就要发生，这笔钱就应该能在该国提取。

● 向当地管理层成员发放该国主要的信用卡。

考虑一下你可以提供或安排的服务项目，范围包括：

● 预付现金

● 工资延续

● 灵活的上班时间

● 减少工作时间

● 危机咨询

● 护理/急救包

● 日托服务

第 10 章 | 建立国际性的危机与安全管理基准

关注重点

● 尽一切努力使自己很难成为对手眼里的目标，因为其他潜在目标比你更容易下手。

● 员工可以采取的唯一最有用的防御措施就是时不时变动一下旅行路线和时间。

● 告诫和提醒员工要对可能的跟踪监视保持警惕和警觉。恐怖分子的监视通常非常密集，以至于警觉的人会注意到有些事情不同寻常，似乎有什么事情不对头。要想发现任何异常，你必须首先知道什么是正常的。检查一下四周、向邻居介绍自己、注意一下天天做生意的店主。

● 避免可预见的行为。改变上班、约会或其他既定的路线。恐怖分子/罪犯经常在袭击前跟踪调查他们的目标。不可预测性是一种非常有效的威慑力量。

你必须提高你的警惕性，以便：

● 停放在你住所或工作地点附近的陌生车辆都会引起你的注意，并及时向当局报告。这件事必须立即办，不得拖延。这辆车你可能是第一次看到，但它可能不是第一次出现在那里。你不知道恐怖分子策划到哪个阶段了。也许这只是一个开始，但也许计划已经到了尾声，你几乎没时间采取行动了。

● 在你的居住地或工作场所附近站着、走着，或坐在汽车里的人必须引起你的注意，特别是闲逛的人。

● 你注意到有个人似乎总是出现在你身边。其他人被跟踪时他是可以意识到的。

● 如果你怀疑有人跟踪你，请将其报告给警方和美国、英国或相关国家的大使馆或领事馆，以及你当地的管理团队。

● 你训练和教导工作人员要跟踪记录任何不正常的现象。通过记录，可以做成一个日志，连续描述所看到的现象。

在记录观察到的可疑车辆时，尝试记下：
- 品牌
- 型号
- 年份
- 颜色
- 车牌号
- 车况
- 车辆中的人数

如有可能，请描述车内人的模样：
- 男性／女性。
- 与众不同之处、大胡子、小胡子、疤痕、其他样貌。
- 个头高矮、体型胖瘦。
- 发型和颜色之类的特征通常是不可靠的，因为它们可能是假发、染发等的结果，但不管怎样都请记下它们。信息太多总比太少强。
- 独特之处或习惯：跛行、紧张不安时的习惯动作，如频繁拉直领带，将眼镜往鼻子上方推等。

不要做任何会让监视你的人发觉他们已经露了马脚的事情。不要与恐怖分子/犯罪嫌疑人对质，问他们为什么要监视你。这可能会引发临时起意的攻击或绑架。

如果你怀疑有人开车跟踪你，请正常行驶并前往安全地带，例如大使馆、警察局或可见度很高的区域或人口稠密的地点，然后立即向警察、使馆工作人员或安保人员网络报告。

再重复一遍，不要让你的行动有预测性。

警惕并防范监视。

避免去你可能会被困的地方。

只在车辆较多的街道上行驶。

警惕道路上的路障或人为事故。

工作人员的行程和个人资料要严加保密。

对构筑物物理安全考虑的因素

请遵循几条一般性物理安保建议。**对公司的所有工地和住宅都应该进行一次全方位的安保评估。**

外部保护需要考虑的一些因素包括：

- 周边安保
- 考虑使用天然屏障、栅栏、地形或其他有形的或心理的边界，向所有到访者展示这里存在的安保措施。

● 如果认为独立的设施受到了很高程度的威胁，那么应该建立一个表面光滑的围墙或围墙和围栏复合式围墙，至少 9 英尺高，并延伸到地面以下 3 英尺。墙壁或围栏可以是石头、砖石、混凝土、环链或钢铁格栅建构。但是，如果地区有规定，以及当地条件有要求的话，新建围墙的强度则必须设计成可预防车辆穿透，必须使用钢筋混凝土地基墙，18 英寸厚，并在钢筋强化体的侧面增加 1.5 英寸厚的混凝土覆盖层，还要高出地面以上 36 英寸。除此之外，还可以安装防入侵警报系统以增强周边的安保防范。

● 如果上述方法不可行，请考虑使用能提供同等保护的其他替代方法。这些替代方案应最大限度地利用当地可用的材料和条件，充分利用现有地形特征的优势，或创造性地使用土墩和人造景观技术做屏障，比如混凝土花钵。

在围墙壁垒圈起来的区域内，建筑物应尽量靠领地中心的位置，使之与围墙壁垒中允许车辆出入的部分保持最大距离。两者之间的理想距离至少为 100 英尺，取决于围墙防弹能力的强度。

其他用于保护建筑物免受车辆袭击（例如，汽车炸弹，载有爆炸物的车辆）的方法还可以包括安装护柱（防止车辆撞击的装置）。在其他方式不切实际或无效的情况下，可以在围墙周围成行地布置护柱进行防撞保护，或者在进出车辆的常设检查站增设额外的控制。大型水泥花钵也可以用来加强围墙周边的防范作用。护柱或花钵可以有效增加攻击建筑物的难度。放置护柱和花钵时，应使建筑物与道路或平等接入区之间的距离最大化。摆放它们的位置应能阻止车辆进入大堂，或进入车辆可穿透的其他区域，阻止车辆进入介于大堂和车道之间的低路沿或无路沿、玻璃幕墙或门框结构等。车道在设计和建造上，应尽量减少或阻止车辆高速驶入大堂和带玻璃幕墙的区域。

应该积极协调一致地努力与东道国当地执法机构或政府部门联络，并要求他们禁止、限制或阻止机动车辆在设施前长时间停车、暂时停车或装卸货物。

在受到高度威胁的地区，如果当地情况或政府官员禁止采用修建反车辆冲击围墙等安保措施，而且你的工厂/公司的办公大楼要么独占整栋大楼，要么仅占第一或第二层楼，那么你应考虑搬迁到更安全的设施。

大楼的外部应该是一个纯粹的/光滑的外壳，没有任何踏脚的节点，没有任何装饰性的格栅、壁架或阳台。大楼前脸的保护应该达到16英尺的高度，以防止入侵者使用基本的手工工具进入。在大楼前面安装玻璃时，应最低限度地使用，而且只在标准尺寸或小于标准尺寸的窗户以及可能的主入口门上使用玻璃。所有玻璃应带塑料薄膜保护层。考虑在切实可行的情况下，使用莱克桑（Lexan）或其他聚碳酸酯材料作为玻璃的替代品。

当地的防火条例可能会影响我在这里推荐的做法，因此在为这些问题做决定时，必须将当地的消防条例考虑进去。

主入口门可以是透明的，也可以是不透明的，构成材料可以是木材、金属或玻璃。主要的入口门应该配备一个双圆柱形的固定螺栓，并且额外再用横木，或者垂直安装在每个叶片顶部和底部一个锁死固定螺栓以进一步加固。所有的门，包括室内门，安装的方式都应该充分利用门框的强度，使门朝攻击侧开启。

所有其他的外门都应该是不带外部五金件的不透明中空金属防火门。这些外门除非是出于送货和装卸目的，否则应该是单扇门。

如果需要双扇门，则应在活动门扇上安装两个滑动的固定螺栓，在非活动门扇上安装两个滑动的固定螺栓,并在门扇的顶部和底部垂直安装。活动门扇上应安装一个本地紧急报警杆,以及一个180度窥视孔的观察装置。

所有通向爬行空间或地下室的外门都必须安全锁定并定期检查以防有人破坏。

所有玻璃表面的内侧都应覆盖一层保护性塑料膜,薄膜要符合或超过制造商的防碎保护膜要求的规格。所有保护膜在实际应用中都要达到一个较高标准,即厚度要达到4毫米。如果发生爆炸或物体被弹射后穿过窗玻璃,这个厚度的薄膜能使破碎的玻璃产生最少量的玻璃碎渣。

在所有高出地面16英尺以内,或者能从屋顶或阳台进入的外部窗户和空调外挂机,都必须安装护栏。

护栏应由直径不小于0.5英寸的钢筋构成,锚固或嵌入(不能用螺栓固定)在窗框或周围深度为3英寸的砖石体中。护栏应垂直和水平安装,中心间隔应不超过8英寸。然而,安装在安全区域内的外部窗框其护栏其中心、水平和垂直方向上的间隔应为5英寸,并以前述方法嵌入。出于美观考虑可以使用带漂亮的图案的装饰性护栏。

被指定为紧急逃生之用的窗户,其护栏应该用铰链连接,便于紧急情况下打开。所有的铰链连接的格栅应该用钥匙打开的安全挂锁来固定。钥匙应该保持在靠近铰接格栅的杯钩上,入侵者是够不着的。这些紧急逃生窗口不得用于火灾疏散路径的规划中。

屋顶应采用耐火材料建造。所有通向屋顶的小窗口和门应该用死闩锁牢牢地锁定,还可以使用诸如倒刺、蛇形刺、或带状的安全铁丝网、碎玻璃,以及墙壁或围栏等安保措施,以防有人从近处的树木或毗邻的屋顶进入。

车辆进出口的数量应尽可能少。理想情况下,为了最大限度地提高交通流量，同时保障安全性，只需要两个经常使用的车辆出入口。两个点应该构建得大体一致，监视方式也相同。一个仅限于员工的汽车进出，而另一个供访客和送货车辆使用。根据设施大小和性质，应安装一个供车辆与行人紧急逃离的大门，安装的地点应该是员工能便捷、安全地抵达的位置。平时这个紧急大门应该牢固锁定并定期检查。所有出入口都应配置重型滑动钢、铁或重度支撑的锁链式大门，并配有重型锁定装置。

主闸门应是可电动操作的（保安人员在位于门边的保安亭可以进行手动备份）。车辆入口处的大门应安装在合适位置，以避免车辆长驱直入，强迫车辆在到达大门前减速。常用技巧就是要求车辆在门前立即急转弯。

除了大门之外，在任何合理的地方都可以安装车辆制动系统。一个合适的车辆制动系统，无论是主动的（一种能使行进中的车辆停下来的设备）还是被动的（一种密度很大的障碍物），都能够使最小总重量 15,000 磅、以每小时 50 英里速度行驶的车辆停下来或者立刻不能动弹。

所有设施都应有某种控制车辆出入的方法。所有进入重要工厂、实验室和办公室的主要道路的入口都应该有一个车辆控制装备，保安人员可以使用自动化系统，对其进行远程操作。

功能包括：

● 电动大门：可由保安亭内或安保控制中心的安保人员，或位于司机触手可及的位置上的胸卡阅读器来开启电动大门。

● 在较小的设施中，可由胸卡启动大门，或者用手动平开门等方式控制车辆出入。

● 闭路电视：能够在安保防控中心的监控屏上显示驾驶员的全脸特征，以及车辆特征的闭路电视。

● 现场安保应该能够切断所有二级道路入口，从而限制车辆进入主要入口。应适当提供照明和转弯区域。

● 对讲系统：应安装在方便司机与警卫室和安保防控中心通话的位置。

● 护柱或其他物品，用来保护保安亭和大门免受车辆撞击。

一些车辆控制问题包括：

● 进入设施的第一道围墙入口处，要为保安人员提供一个保安亭，车辆进出高峰时段，保安亭有人值守，其他时段则用自动化系统远程操作。

● 要有可开启大门的传感器，传感器能检测到接近和离开大门的车辆，启动监控大门的闭路电视监视器，并在安全控制中心发出声音警报。

● 要有照亮大门以及大门附近区域的灯光，亮度要明显高于周边区域。

● 要有给访客的指路标志，以及根据需要，标明所属单位的标牌。

● 要有宽敞的路面，足够让车辆排队、转向和停车。

● 要有车辆旁路控制（即大门的延伸区），低密度和高密度的树篱、栅栏，以及墙壁。

如前所述，**在围墙的车辆出入口，应设置安保人员的保安亭来控制进出车辆。**（在没有围墙的设施中，保安亭应该就是紧挨着设施门厅的警卫室。）

如果威胁级别较高，安保人员的保安亭应完全采用钢筋混凝土墙和防弹门窗。保安亭应配备安保官员胁迫报警和对讲系统，直接与设施的前台接待员以及安保官员办公室连接。该安保官员还将负责车辆进出口大门的操作。如果有必要，保安亭外还应有非武装安保官员，用步行式和手持式金属探测器对包裹进行检查，以及对访客进行筛查。设计保安亭时应考虑到有关规定，以防与周边环境构成冲突。

停车场建在何处、怎么布局，都应该把安保问题考虑进去。行人离开停车场后，应向数量有限的几个大楼入口处走去。

所有的停车设施都应在关键位置安装应急通信系统（对讲机、电话等），以便可以直接与安保中心进行紧急沟通。

停车场应配备闭路电视摄像头，能够在安保防控中心的监视器上显示和拍摄停车场内的动静。照明必须达到足够的亮度，合适的照射方向，以便为摄像头拍摄提供支持，同时还要考虑到能源效率和当地环境上的要求。

如果可能的话，应禁止在紧邻建筑物的街道上停车。考虑到你的公司所受威胁的级别，只要有理由，建筑物的地下室不应用作地下停车场，建筑物骑楼下的地面也不得用来停车。

在围墙或围栏内的所有停车位都应只限员工使用，要尽可能远离建筑物。除预先指定的贵宾访客外，老主顾和访客的停车位应限制在围墙／围栏以外。

对于那些具有一体式停车库或停车体系的建筑物，应配备整体的车辆进出控制系统。为了员工的安危和建筑的安全，应提供闭路电视监控。如果有汽车炸弹威胁，则必须考虑禁止在建筑物内停车。

从车库或停车场进入大楼的通道应该是受限制的、有安保监管的、光线充足的，并且没有任何隐蔽的死角。服务于车库或停车场的电梯、楼梯和连接桥的尽头都应该是有工作人员看管或完全受监控的区域。车库电梯外应安装凸面镜，以便能看见邻近门洞区域的动静。

除了停车区、围墙、大门、庭院、花园区和一排排树篱外，外部照明应该照亮所有设施的入口和出口。

出于员工安全和安保的需要，**建筑物外部和人行道必须提供照明**。至于建筑的门脸，应该能够将其100％地照亮，高度至少是6英尺。

虽然从安全的角度考虑钠蒸气灯被认为是最上乘的选择，但是使用白炽灯和荧光灯灯具就足够了。当灯具容易被盗或损坏时，外部灯具还应使用格栅进行保护。

对于租赁的建筑物，租赁协议中应包括房东允许对外部照明的设计提出要求。

建筑物入口的数量应尽可能减少，这与场地、建筑物布局和功能要求有关。最好在安保防控中心附近设一个非工作时间的出入口。在大型场地，应当考虑开设额外的有保安值守的可供监控和控制的出入口。

所有供员工进出的大门都应允许安装带可控制进出系统的五金件。门、侧门、铰链和锁必须设计成能够抵抗外部强行进入（例如，扩展门框、应急报警硬件、垫片螺栓和锁闩、固定铰链销）。必要的时候请不要忘记照顾残疾人的需求。

锁芯的最低要求是六销式滚筒型。应使用带有可拆卸芯筒的锁定器，以允许定期更换锁定机构。

所有的外门应该有警报传感器，当检测到门未经授权就被打开时可以报警。专门设计用于紧急出口的门也需要安装警报，报警声在门口能够听得到，并能另外通知安保防控中心。这些门的外部应该不带任何五金件。

为了安全起见，应避免在地面这一层使用大型陈列室式的平板玻璃和小型可操作窗户。然而，如果使用了这类窗户，并且建筑物又位于高风险区域，则应特别考虑使用锁定和警报装置、夹层玻璃、玻璃丝网、薄膜或聚碳酸酯玻璃窗。

为了保护人员，**所有的窗户都应该有防碎膜**。

建筑物的主要入口白天应该有一个前台接待区，夜间有安保人员值守。安保防控中心的位置应该紧挨着主入口大厅，四周应有专业设计的防护材料保护。

大堂接待区应该是一个单独的、设备齐全的建筑入口。在这个区域内应该提供电话和洗手间来满足公众的需求，而不需要进入内部区域。如果是在高威胁风险的环境，洗手间应锁定，由前台接待人员控制使用。

根据现有的风险等级，除非收件人希望这么做，否则不应允许前台接待人员经常性地签收小包裹或快递。

其他能进入到建筑物的不引人注目的开放点，如格栅、篦笼、井盖、地下室通道、公用管线通道、机械墙和屋顶的通风孔等等，都应得到保护，以防止或阻止他人利用这些地方进入。

不应使用从地面到屋顶的永久性外部楼梯或梯子，建筑物的外部面也应该是在无外援的情况下无法攀爬上去的。外部的太平梯或防火梯应可伸缩并固定在上部位置。

园林绿化和其他外部的建筑或美学上的装饰点缀都应尽量避免建在人行道、交叉路口、建筑物或娱乐区附近，以免留下隐患，让坏人有躲藏的区域。

园林绿化设计应包括用闭路电视监视建筑物四周和停车场。

建筑周边的景观植物需要距建筑物墙壁至少 4 英尺，以防止人员或物体藏匿在此。

建筑区域可以分为 3 类：公共区域，内部区域，以及需要特殊安保措施的安全区域或限制区域。这些区域在建筑物内应该相互隔开，各区域之间的受控通道数量要有所限制。此处所说的"受控"，意思是无论使用什么手段（锁具，安保人员值守等等）都能够根据需要，允许或拒绝人员通过。

走廊、楼梯间和其他通道都应该精心布置，以杜绝有任何可供人员藏匿的地方。

一般来说，限制区域不应设在地面一层，必须在二层以上，远离外墙，远离危险操作。人员只能从内部区域进入限制区域，而不能从外部或公共区域进入。正常离开或紧急撤退的出口路线不得穿越受限或安全区域。

应该使用板－板间隔，**把公共区域与内部区域和限制区域隔开**。当悬挂式天花板上方的区域用作共用回风时，请对墙壁进行适当的改造，或安装警报传感器。当与他人共同占用建筑物时，应该通过板－板结构，或如前所述的方法划分区间。

通常，室内门的锁定不需要特别的锁具或规定。但在与他人共用建筑物时，通往室内区域的每个门都应被视为外门，并在设计上都应带有适当的安全措施。

位于多租户建筑中的楼梯门必须从楼梯间侧进行固定（当地的防火条例允许的话），并且始终可以在办公室侧进行操作。如果防火条例不许这些门被锁定，则应更改平面设计以保障你所在地区的安全。

专门为紧急情况而设计的紧急出口门应在门上配置警报器，其发出的警报声在本地都能听见，并在监控位置配备一个警示牌。通往受限区域的门应设计成能够抵抗入侵，并安装硬件，控制人员进出以及报警器。

建筑设备间和杂物间、配电间和电话间等房屋的门应安装带有可更换锁芯的门锁，如外门上使用的一样。作为最低要求，锁必须是六针滚筒锁。为了安全起见，加固内门上的硬件应允许里面的人通过旋转一个旋钮，或拉动报警杆就能出去。

公共区域的设计应清除任何可藏匿闲杂人员或物体的隐患。大厅、洗手间和类似公共场所的天花板，在需要维修设备的位置，应该安装牢固的或锁定的检修面板，以防有人从这里进入。在与他人合用的大楼内，公共卫生间和电梯大厅的天花板应该做到能够满足你的安全要求。

为保护现金或可转让凭证、贵金属、保密材料等，可能需要建造金库或金属保险箱。金库的施工应采用钢筋混凝土或砖石结构，并能抵抗火灾。钢铁结构的金库门应满足各种消防和安保穿透等级的要求。

所有的电梯都应该配置紧急呼叫和应急照明。在与他人共用的大楼里，可抵达你内部区域的电梯应配备胸卡阅读器或其他控制装置，以禁止未经授权人员直接进入你的内部区域。如果这些办法不可行，则需要在每个入口安排保安、接待员值守，或用其他访问控制的手段。

所有电缆终端点、终端盒和接线盒都应位于你的区域内，在可行的情况下，请把电缆密封在布线钢管中。

那些穿过非你所控区域的电缆必须是不中断且密封在布线导管内的。你甚至可能需要在导管中安装警报器。接线盒应尽可能小，配件在必要时应进行点焊。

如果你有一个安保防控中心，它应该有足够大的空间容纳安保人员和他们的设备。应在防控中心附近为技术人员和管理人员开辟额外的办公区域。

你的**安保防控中心应提供完全一体化的控制台**，旨在优化操作人员接收和评估安保信息的能力，并针对（1）门禁控制系统，（2）闭路电视，（3）人身安全，（4）入侵和应急报警，（5）通信，（6）完全分区的公共广播系统控制启动适当的应对行动。

防控中心应备有应急电源和便利的卫生间设施。照明应避免在电视监视器和电脑终端上眩光。地板、墙壁和天花板上应使用吸音材料。所有保安用的电源都应该有应急电力系统备份。

防控中心应得到严格保护，保护的程度应该与它监控的最安全的区域相同。

此类系统（如果使用的话）应该包括计算机硬件、监控站的终端、传感器、读卡器、门控装置，以及必要的与该计算机连接的通信链接（租用的线路、数字拨号器或无线电传输）。

除了正常指定的门禁系统或大门外，远程遥控的门禁控制点还应与下列系统连接：（1）闭路电视，（2）对讲系统，（3）门或大门的门闩。

如果有人偷偷摸摸的绕行，传感器应该能检测出来。

门触点监视器开关应尽可能放在隐蔽处，安装在表面的触点开关应该加装保护盖。

限制区域的入侵报警装置和火警报警装置，应内设一个备用的电池电源，并置于正常和应急发电机供电的电路上。

所有警报系统的控制箱、外部警铃和接线盒都应使用高质量的锁定装置进行加固，并通过电线进行连接，一旦打开就会报警。

大型设备中的报警系统应该是完全多路复用的。报警系统应与基于计算机的安全系统和闭路电视系统接合。

安全传感器应该单独与位于安保中央监控位置的视听警报装置（报警器或计算机，如果有的话）**连接**，并告知警卫人员。一台单阴极射线显示器应该带有多余一台打印机或指示灯。应该配置一套符合普通消防规范标准的声音报警系统，发生火灾、人为闯入、紧急撤离时，系统可被其与众不同的特征激活。所有报警装置平时都要被锁定，直到手动重置。

闭路电视系统应该可以观看到从一个或多个远程位置回传的多台摄像头

拍摄的画面，还应有开关控制设备，以便在任一指定的监视器上显示任一摄像头拍摄的画面。

为确保整个系统的可靠性，只有质量上乘的安全硬件才能适配到安全系统中。

在有多个租户的高层设施中，楼梯间的门存在潜在的安全问题。这些门必须是从办公室这一侧连续可操作进入楼梯间的。再进入必须得到控制，只允许经过授权的人进入，并能防止有人在楼梯间临时起意犯罪。

如果所有的楼梯间门（除了通往第一层／大堂层的门以外），以及大概**每隔四五层楼的楼梯间门都须安装门锁，或者按照当地防火条例的要求做，**那么再进入的问题就能得到解决。这些门如果没有安装锁，则应安装传感器，以将警报传送到中央安全监控室，并在门的位置发出声音警报。楼梯间内应贴出相关的标志。通往屋顶的门应当在当地防火条例允许的范围内进行固定。

具有独特功能的设施，除了本书所述要求之外，还可能有其他特殊的安全要求。这些特殊要求应与公司安全人员或安全顾问讨论。典型的有特殊要求的地区是产品中心、零部件配送中心、敏感零部件仓储设施、客户中心、服务交换中心等。

在受威胁地区，任何规模的设施都应安排人工 24 小时内部巡逻。警卫人员应该是穿制服的人员，如果可能的话，应根据合同配置。他们必须接受全面的培训，具备双语能力，并用他们的母语给他们完整的说明，清楚地列出他们的职责和责任。这些说明还应该用英文打印出来，供美国监管人员阅读。如果当地法律／习俗允许，应对安保人员的背景进行调查或核验。

如果设施设有围墙，应该安排一个 24 小时值守围墙的警卫岗哨。如果该设施有单独的车辆入口，入口处安排了一个保安的岗位，那么在正常营业时间之前1小时到打烊之后1小时，以及发生特殊事件期间，都必须派保安人员值守。**安保人员应负责查勘包裹和接收包裹，如果可以的话，应使用步行式和手持式金属探测器。**安保人员还应负责检查递送到设施的本地邮件和国际邮件，在邮件分发之前，要用眼睛仔细查看，并用手持式金属探测器进行检查。如果风险级别较高，则应使用X光扫描设备检查包裹。

如果设施设有外围警卫室，则应在警卫室的非安全通道部分常备并使用步行式金属探测器。此外，该安保人员还可以负责检查包裹。如果警卫室有足够的空间存放包裹，检查后的包裹应该存放在这里—— 新警卫室应该提供存放包裹的空间。如果警卫室无法存放包裹，则包裹应该在门厅警卫或前台接待的指导下放在门厅警卫室的架子上。一般来说，**安全筛查和包裹存储都在门厅警卫室进行。**

办公区应配备"加固措施"，以提供有形的防护，防止不受管制的公众随意进入。应有符合防弹保护标准的"防止强行闯入的加固墙"来提供保护。防弹保护标准可以从你公司安防专家处获得。当搭建一个用于控制访问的安全防护墙时，应遵循以下标准：

墙壁：安全防护墙的墙面应由板块厚度不少于6英寸的钢筋混凝土构成。加固的钢筋至少应是5号螺纹钢筋，在中心、水平和垂直等方向的间隔为5英寸，并在相邻两块板上都要锚固。在已有建筑物中，可接受以下规格来替代5英寸钢筋混凝土增强材料：

- 实心砖石砌体，6英寸或超过6英寸厚，装有水平和垂直方向的加固钢筋。
- 实心无钢筋加固的砖石或砖体，8英寸或超过8英寸厚。

- 空心砖石砌块，4 至 8 英寸厚，带 1/4 英寸钢质背衬。
- 实心砖石，至少 6 英寸厚，以及 1/4 英寸钢质背衬。
- 装配式弹道钢墙，使用两个 1/4 英寸钢板层，由钢管螺栓分开。
- 钢筋混凝土，厚度小于 6 英寸，并配有 1/8 英寸钢制背衬。

防盗门：进出口的门既可以是不透明的，也可以是透明的安全加固门。所有门，如遭遇强行攻入的破坏，都应至少需要 15 分钟才能穿透。另外，门应该是防弹的。用于人员进出的门都应该是本地进出控制的门，也就是说前台接待或安保人员可以远程打开这些门。

安全窗口：每当安装安全窗口或出纳窗口时，应符合 15 分钟才能强行穿透和标准防弹的要求。

在没有得到安保官员、前台接待或者驻守在防护墙后面的其他员工视觉识别身份之前，任何访问者都不得穿过防护墙进入。**如果访问者的身份无法确认，那么访问者在设施内的行动从头到尾都必须有人护送。**

应安装安保办公区、门厅安保人员和警卫室之间的电话对讲系统。在必要的设施中，**应安装中央警报和公共广播系统**，以便在出现紧急情况时警示工作人员和客人。如果需要这样的系统的地方，主控制台应位于安保防控中心。请记住，没有紧急应对计划的警报可能是一种无用的摆设。应急计划既要设计，还要实施和演习。

每个设施都应开辟一个安全区域，以便在紧急情况下立即使用。该区域不适合长时间使用。在发生紧急情况时，员工将尽快离开办公场所。因此，这个安全区域只为立即集结员工时使用，随后就要马上实施紧急撤离方案。

这个安全区域应该设在工作人员的办公区内，就在已建起的隔离办公室和公众访问区的加固体后边。通常我们会指定某个办公室作安全区域。应该由配有两个滑动固定螺栓的实心木或中空金属门来保护进入安全区的入口。

从安全区出来的紧急出口将穿过一个不透明的强攻穿透至少需要15分钟的门，该门装备有应急报警杆，或者通过一个格栅窗，打开铰链时就可用作紧急出口。最好从设施的正门看不到这个出口。

如果宣布进入紧急状况或撤离，迫切需要**为公司专业人员及其家属开辟一个避难所**。这些提供避难的场所被称为"安全港"，它们还能做撤离前的集结点。公司的集团总部应该考虑为每个主要的员工聚集点以及各大工地建立"安全港"。**安全港具有的一般特征是**：

1. 位置：远离可能的危险区域，但距离交通线路要足够近，以提供进入通道。

2. 建筑：有提供隐私和保护的实心外墙。有坚固的大门——实心木制门或金属门，窗户上装有防护栏。

3. 通信设备： 安全港必须有通信设备，理想情况下应包括以下物品：电话、便携式收音机、收发器/接收器。

4. 食物：安全港应该储存至少7天的罐装脱水口粮，足够预先计划在安全港避难人数吃的量。菜单应该预先计划好。水应该存在容器中或来自可靠的水源。安全港内还应准备一套净水装置。

5. 医疗包：通用急救包，人员所需特殊药品。

6. 手电筒和备用干电池。

7. 烟雾探测器和灭火器。

当地管理层的行政管理团队具有下列责任：建立安全避难所、告知公司专业人员安全港所在位置、为安全避难所储备物资，并周期性检查储备，以确保物资供应既新鲜又充足。

安全旅行的附加建议

- 仅在需要知道的基础上讨论旅行计划。当行政主管外出或出差时，电话接线员和秘书不应该告诉来电者和来访者。
- 行李上不能有公司的标识。行李识别标签应能遮盖标签上的信息。在标签上请使用商务地址。
- 请勿将贵重物品或敏感文件留在酒店房间内。
- 观光时，请遵守基本的安全防护措施，不要在已知犯罪率高的地区单独行走。
- 始终准备好打电话的零钱，并知道如何使用电话。学会用该国语言说重要的紧急用语，以便在紧急情况下能够询问警察、医院等的信息。
- 出门跑步时应携带身份证件。
- 男士应该将钱包放在夹克内袋或前裤袋中，决不要放在屁股后袋里。携带的钱越少越好，因为大多数时候买东西可以用信用卡支付。
- 随时携带美国、英国或相关国家大使馆或领事馆，以及公司雇员联络人的电话号码。
- 总是携带正在出访的这个国家的相关文书。
- 旅行时，要求住在酒店3楼和7楼之间的房间。大多数消防部门的设备无法到达更高的楼层，无法施以有效救援，同时地面一层的房间更容易受到恐怖或犯罪活动的威胁。

● 由于美式酒店都有烟雾报警器、灭火器、安全锁、酒店保安、24小时接线员、讲英语的人员，以及保险箱，因此通常提供更高级别的安全和保安，并且一般不会泄露客人的房间号码。

● 仔细并随机选择出租车，确保它是持营业牌照的出租车。请勿使用个人的非授权运营商的出租车。

● 在衣着、社交活动以及花费在食物、纪念品、礼物等上的金钱数额要尽可能不引人注目。

● 在国外商业机场候机时，留在或使用贵宾室或安全区。最大限度地减少在机场耗费的时间。

● 在国际旅行时，请将所有药品保存在原装容器中并随身携带一份处方副本。

雇员人身安全的建议和措施

那些受到安全威胁影响的人，他们的安全和安保，无论是在国外，还是在任何可能存在恐怖主义/犯罪威胁的环境中，都是至关重要的。

下列建议可能有助于降低在这些和其他危险场景涉及的风险：

● 避免可预见的行为。时不时更改上班、约会或其他既定的路线。恐怖分子/罪犯通常在袭击前跟踪他们的目标。不可预测性是一种非常有效的威慑力量。

- 你必须提高你的安保意识，以达到以下程度：

  - 停泊在你住所或工作地点附近的陌生车辆，你必须注意并及时向当局报告。这一点不能拖延，必须立即去做。这可能是你第一次看到这辆车，但它可能不是第一次出现在那里。你不知道恐怖分子的计划到了哪一步。也许这只是开始，但也许是计划的最后阶段，让你几乎没有时间采取相应行动。

  - 在你住所或工作地点附近站立、行走、或坐在车内的人，你必须注意，特别是闲逛的人。

  - 有个人似乎总是在你身边出现，你要注意。换一个人，当他被跟踪时他能意识到。

  - 不要有任何举止让跟踪你的人知道他们已被发现。千万不要与可疑的恐怖分子/罪犯对抗，问他们为什么跟踪你。这可能会引发临时起意的攻击或绑架。

  - 如果你怀疑有人开车跟踪你，请正常小心行驶并前往安全的地方，例如大使馆、警察局，或高度可见或人口稠密的地区，然后立即向警察、使馆工作人员或安全人员网络报警。

面对骚乱、抢劫和拘捕的应对

无论在什么情况下永远都不要与武装抢劫对抗，因为抵抗通常会导致暴力。事实上，事先设想一下被抢劫的情景是很有帮助的，这样，人们就可以通过思考如何应对，做更充分的准备。

在任何带有政治性质的冲突中，请不要选边站队。恳求对方说你对当地政治一无所知，并只表达你想联系相应的美国、英国或相关国家大使馆和领事馆的愿望，目的就是要尽快跟远在家乡的家人团聚。

不要试图收集情报，任何尝试收集某一情况信息（特别是通过现场勘察去收集信息）的个人，都会使双方都受到威胁。

如果骚乱爆发阻止撤离，并且外部环境看起来很危险：

- 留在你的酒店或家中。
- 尝试联系当地管理层。
- 如果不成功，请尝试联系公司危机管理团队。
- 如果不成功，请联系应急反应小组。
- 如果不成功，请尝试联系美国、英国或相关国家大使馆或领事馆。
- 如果不成功，请尝试通过电话或书面联系其他友好使馆（加拿大，德国等）。
- 如果不成功，请尝试雇用某人为你捎个口信。

如果骚乱爆发无法撤离，而外部环境看起来并不危险：

- 联系当地管理部门以获取指示。
- 如果不成功，请尝试联系公司危机管理团队。
- 如果不成功，请联系应急反应小组。
- 如果不成功，请尝试联系美国、英国或相关国家的大使馆或领事馆。
- 如果不成功，请尝试通过电话或书面联系其他友好使馆（加拿大，德国等）。

- 如果不成功，请尝试雇用某人为你捎个口信。
- 不要企图绕过障碍或文件检查站，因为你可能会被枪击。
- 远离暴乱现场。把它看作是一种危及生命的情况，而不是风景点。
- 如果你听到枪声，请躲在中立建筑物内，也就是非军事目标的建筑物。任何政府机构设施都可能是军事目标，电视或其他通讯中心也是军事目标。
- 假设某个安全避难所有充足的食物和水，最好不要离开这里。然而，如果它马上面临被敌对势力包围或被军队占领的危险，继续留在这里将是不谨慎的。否则，只有在大使馆或人道主义组织帮助撤离时，或可靠的通信表明敌对行动已暂停或终止时，才可以离开这个安全避难所。
- 如果有必要撤出安全港，通常行走的方向最好是远离敌对的各方——远离部队、坦克或盘旋的直升机。
- 在大多数情况下，如果敌对势力仍然在行动，最好不要朝机场方向跑，因为机场很可能会关闭。此外，机场很可能会成为战斗的焦点或军事驻扎点，不管怎样，你跑向机场的道路都可能有军事路障的阻挡。

如果滞留在你的酒店或家中：

- 找到其他客人，组织这个小团队照顾好家务杂事，并建立情感支持基础。
- 不要朝窗外观察动静，尤其是当狙击手是从你的酒店或区域向外瞄准射击的情况下。
- 睡觉的地方应该是能提供最好的保护，防止外部枪击的地方。
- 搬到未暴露在枪击区域的房间。
- 请搞清楚你的火灾逃生路线。

如果被外国情报机构拘留：

● 首先，不要做任何使敌对情报部门有理由逮捕你的事情。

● 但是，如果你被逮捕或拘留，请求让你联系美国大使馆。根据大多数国家签署的国际外交和领事协议，你有权这样做。

● 适当地表达你的请求。在共产主义国家，如果你把你的请求说成是一种要求，则更有可能获得同意。然而，在第三世界国家，提出要求可能会导致身体虐待。

● 不要承认犯了错，也不要签署任何东西，共产主义国家拘留一个人的时候，必需的手续就是要一份书面报告，他们会要求你签字，请拒绝这样做，并继续要求跟使领馆联系。

● 不要同意给敌对部门"帮个忙"。敌对情报机构可能会给你一个机会帮助他们，作为回报他们会将你释放，或者放弃起诉你。你要么矢口拒绝，要么拖着不给肯定的承诺，说你必须考虑一下，这两种行为中任何一种都常会导致释放。

● 在此类事件发生后请尽快向大使馆或领事馆和当地管理层报告，然后，你应该在离境时要求协助。有大使馆的协助一般可以顺利离境。但是，在未来的访问中你将面临再次被捕的风险，或者可能被拒发签证。

● 一回到美国、英国或相关国家的使领馆后，请立即向你集团主管报告，如果你之前无法向大使馆、领事馆或在该国的经理报告，这一点尤其重要。

如果你被捕：

● 每年有数千名驻外人员在国外被捕，其中多人是受到毒品指控。在海外被捕的经历与在美国、英国或相关国家的大使馆或领事馆被捕有明显的不同。

- 很少有国家提供陪审团审判。
- 大多数国家不接受保释。
- 审前拘留可能持续数月，通常是单独关押。
- 监狱可能连最不舒适的床、厕所和洗脸盆都不具备。
- 饮食通常不足，需要亲友送来补给。
- 官员不会说英语。
- 身体受虐待，有形财产被没收，有辱人格或不人道的对待以及勒索都是有可能的。

如果你被捕，请求允许你通知最近的美国、英国或相关国家的大使馆或领事馆。这在那些与美国、英国或相关国家的大使馆或领事馆签署了军事协议的国家，尤为重要。根据国际协议和惯例，你有权与这些国家的使馆或领事馆取得联系。如果你被拒绝，要不停地问，有礼貌但要坚持不懈。如果你还是不成功，请尝试让某人替你联系。

领事官员将尽其所能保护你的合法利益，并确保你在当地法律下不受歧视。领事官员可以做到：

- 提供当地律师名单。
- 帮助找到适当的法律代表。
- 到监狱看你。
- 告知你根据当地法律，你有哪些权利。
- 联系你的公司、家人或朋友。

● 安排将家人和朋友带给你的钱、食物和衣服等转交到监狱当局。

● 如果你处于不人道或不健康的监押状况，或者你受到的待遇不如其他相同情况人员，是这（理由）帮你获得救援。

不幸的是，美国官员可以为你在海外做的事情会受到外国法律和地理的限制。因此，美国、英国或相关国家的大使馆或领事馆不能做到：

● 邮寄保证金或保释金，让你出狱。

● 支付律师费或相关费用，担任律师或提供法律建议。

关键问题

要使你的安保和危机管理计划紧跟时代、正常运转和面面俱到，需要不断进行维护和调整。把你公司各个管理团队和部门的关键人物召集在一起，对于确保正确的反馈和分担收集数据的重担是至关重要的。那些数据是做出快速、高效的应急和安全计划应对所必不可少的。 安全保卫专业人员必须在他们的行业团队中保持与时俱进，**不断更新认证资质和教育背景，并参加行业领域的展览和演示**。除了与执法机构和政府官员保持联系和联网外，与专业组织，甚至是对手公司的同事或联络人进行接合和联网，都是成功的必要途径。要做到这一点并不容易，但是值得。

案例分析

过去，一个组织会从紧急和危机管理与应对的角度来评判自己的根基是否牢固。确定会议的通知，引导有关人员参会，并说明着他们填完"电话树"和设备所需的模板，等等，这些任务都落在安全保卫经理的身上。（电话树是一种一级一级地打电话通知的模式，用于发生突发事件时打电话告知特定的某些人员，并协调如何进行灾后恢复。电话树也被称为呼叫列表、电话链或文本链。译者注）。这段时间，安全经理并不十分受人待见，虽然他的态度和他的行为沉着冷静，富有合作精神，而且轻松活泼，但经常被看作是"那个天要塌下来了"的家伙。一个会议接着一个会议地开，最终成为例行公事，企业部门开始意识到，如果发生一些非常糟糕的事情，公司没有明确的规定去如何应对。像往常一样，信息技术人员的表现都一样，因为没有什么比失去处理数据、电子邮件的能力和失去其他所有对商业生命至关重要的东西更令人头疼的了。在联络方面，一些管理者不明白为什么**安全经理出差到全国各地或华盛顿特区去参加由私营部门主办的各种会议和研讨会，还有与地方、州和联邦执法人员吃工作午餐，以及与外部团体开会，包括与一些实际上正在争夺重大国际合同的公司会面。**他们不明白这一切都是怎么回事。

有一天早上，某人从联邦政府某机构打来电话，不是你能想到的那个机构，来电者报告了这样一件事：某国际活动家团体似乎因为某个全球研讨会上的一个演讲对公司管理层的某个成员感到不满。该团体是假借不实借口悄悄参加那个座谈会的。发表演讲的人并没有谈论这个团体特别憎恨的话题，但他们潜入会议现场这个事实就足以说明了问题。来电者称这个团体已经全副武装，摩拳擦掌，准备对公司和参加研讨会的所有其他人发动一场"拒绝服务"式攻击。来电者提醒说：有消息称一些公司已经感觉受到攻击了。安全保卫经理感谢来电者，然后迅速打电话给信息技术危机团队联系人，并开始采取措施抵制攻击。果然没过多久，起初的涓涓细流变成了洪水猛兽，攻势十分迅猛。虽然只有很少一点准备时间，但足以成为遏制潮水的中流砥柱，避免了局面变得一发不可收拾。成功保全了实力。

第 *11* 章

最大化地提高你的安全和危机管理效率：
"如何做到众望所归，面对现实。"

第11章 | 最大化地提高你的安全与危机管理效率

> 在最初的自由世界，人们可以使用一切方式，不受任何约束，并以同样方式使用任何技术或手段以实现自己的目标。效率就是得分项。
>
> ——李小龙

现在你已经建立了保护你在全球各高危地区人员和资产的必要构件，并且拥有一个充满活力的安保、应急以及危机管理的应对方案，那么接下来你会做什么呢？你要怎么做才能使这个体系保持平衡和协调一致呢？你如何确保你是组织内每个人需要求助时第一个想到的人选？正如本书前面提到的，你必须证明你是足智多谋的，并且你有这样的态度，即你愿意并且有能力在一个充满挑战和经常出现危情的世界中迎接一个复杂组织的挑战。你必须被大家视为是一位有能力担当而且称职的人，能够应对各种压力和危机。当危急关头需要一个带头人时，你常常必须当机立断，果断决策，并采取行动。

但是，**在紧急情况下果断决策与做出响应是截然不同的**，果断决策可能被认为总是带有消极性质。如果你遇事总是持消极态度，这个概念你反对，那个项目你不否定；或者对于新合同、新的合作伙伴关系、建立新办事处或任何形式的国际商业机会，你只看到事物最糟糕的一面——仅仅因为要在一个高危地区展开业务，那么，你可能很快就会发现，人们不再给你打电话了，要不就要检查一下你的电话是不是出故障了。开拓业务向前推进并不是一件轻松事。任何值得信赖的公司都会努力寻找新的市场和新的机会，但并非所有公司都会在没有做好功课或没有采取适当预防措施的情况下就贸然进入高危地区，虽然这种事也确有发生。你的工作就是要保证不会发生这样的事，你要用适当的、有礼貌的和务实的方式提出问题和摆明你的疑虑。为了冒险而冒险，对任何人都没有好处。但是，充分了解风险并采取适当的应对计划，做好安保和安全管理，是可以很好地防范失败的。

我的建议包括需要对新趋势、新想法和做事情的新方法保持高度关注。例如，我在本书中谈到了关于旅行定位的安全技术，或者是可以对处于危机中或被绑架的人员进行定位的全球卫星定位系统。有些安保方面的专业人员可能会觉得这种新技术给自己带来了威胁。如果部分旅行定位套件带有智能组件，并且我们允许员工使用这些信息，那他们还有必要找你吗？如果有人开始觉得既然这些信息到处都是、唾手可得，那就不再需要向这位安全保卫专家支付他目前领到的巨额薪水（作者开玩笑），那么是不是可能出现这样一种倾向：把这类情报囤积起来，不让这些人知道？我给你的忠告是：别人可能拥有的信息，无论是支持你的建议，还是与你的建议相矛盾，都不要被它吓倒，

下面是我想分享给你的我的一点智慧结晶。如果说，我在整个职业生涯中还学到了点东西（曾几何时这点东西让我心惊肉跳、如坐针毡、恐慌、担忧，但现在我可以老实跟你说，我已经可以笑对人生了），这个东西就是：大多数人——普通百姓—— 不知道安全保卫工作最基本的东西是什么。当有人问你是干哪一行的，你回答他们说"我是公司的安全经理或安保主任"时，他们做何反应？他们会做何臆断？他们是否立刻联想到保安的形象？他们有没有问你带枪了吗？也许他们会问你天天长时间盯着闭路电视看，怎么不觉

得无聊。如果你组织中的员工都不明白你这个安全保卫的岗位究竟是做什么的（你知道他们肯定在那里心里犯嘀咕），那他们又怎能理解你能在高危地区或动荡国家为他们的人员和资产做些什么呢？如果只是做一名保安，那是不需要像我这样前往克什米尔参加行业会议的！（本章最后的案例分析中我会介绍与此有关的真实对话和情景）

因此，我们需要教育、培养和增强觉悟和意识。如果贵公司的员工把巴尼·福夫（Barney Fife）想象成是安全经理，因为安保官员进入你的设施时，员工们看到的是安保官员，那么你真的还有很多工作没有做到位。但另一方面，如果你有一个活力四射的、先声夺人的、未雨绸缪的、技术前卫的、博学多识的而且专业内行的沟通计划和推广方案，那么你就可以从很多方面来消除员工对公司安全保卫工作的错误观念。

对自己正在做的事情提出质疑，也是大有裨益的。例如，如果你给前往Y国旅行的员工一直推荐同样的东西，却没有真正核验一下这些东西是否落伍，是不是仍然适用，那么你的推荐不仅于事无补，反而害人了。如果你一天到晚滔滔不绝地说着从海外安全顾问委员会或政府网站上看来的最新消息，引用书中的章节和段子，那就可能会闹笑话。剪切加粘贴安全保卫方面的总结，可能会导致单调重复的汇报，最终统统都移除到电脑的回收站。要是能亲自出访你公司长期开展业务的国家，这将是很有帮助的，但并不是至关重要的。有时，访问了欧洲后，你可以对英国或德国进行一些比较。在曼谷待一段时间，可能会让人对新加坡甚至越南有所了解。我认识的最优秀的安全经理中，有些并没有去过他们公司有业务的所有国家，但他们却能如数家珍般报出统计数据，对一些安全操作和保护人员和资产所需的重大信息，他们能给你一个有如亲临其境的评估。就像我很喜欢说的，我从来没有去过月球，但我可以告诉你,月球的大气层主要由氢和氦组成,月球表面由大量的灰尘和岩石组成,并有相当数量的硅酸盐和铝。

还有个现象,是最近才出现的,就是把公司内的非安全保卫人员调去做安全保卫工作。安全保卫的专业人士都是继承了安全责任感的人,我们都已经认识到这一点了,在国际环境中,这可能意味着安全经理还要管理施工现场的安保官员。否则,人力资源经理或负责大楼管理的经理必须肩负起这些和其他的安保责任。我只想说,如果任何组织**将国际安全管理交给非安保专业人员来管,这其实是对贵公司严重不负责任的做法**。之所以有这个观念和做法,部分原因是许多机构认为安保工作没什么难,不就是枪支、警卫和大门吗?在前面的章节,我谈到把物理安全和信息安全融为一体,以至于物理安全变成了信息技术部门及其员工的责任,我的感觉是多么悲戚和无奈。这些重点部门都是非常独特,且错综复杂,你不可能同时成为两个行业的专家,或者至少你无法给每个领域都提供权威的方案。相反,那些试图将所有国际安全责任外包给安全顾问或安保公司的组织将会发现,他们的组织没有得到保质保量的服务,各方面都欠火候。安保顾问虽然可以为这样一个计划增砖添瓦,但我觉得组织内必须有一个人——一个安保专业的人——一个懂安保概念、风险,懂如何缓和这些风险的人。我不认为顾问能够凭一己之力,根据不同工作类型、专业知识和能力,很好地把握组织的真实性质和错综复杂性,并适当地评估公司面临的风险。

安保工作一直不受待见。事实上,大多数安保人员的薪水比最低工资高不了多少,接受过的培训少之又少甚至根本全无,而且大多数的州根本没有制定最低标准,这种情况是安保行业的一个旷日持久的局面。我们吸引的人是那些在其他地方找不到工作,支付给他们的工资也是无人愿意接受的人。

第 11 章 | 最大化地提高你的安全与危机管理效率

企业的安全经理，除非他或她服务的是一个把安全保卫工作深深融入企业文化的机构，否则很难启动全球安全计划，更不用说国内安全计划。许多制造业、建筑业、工程业、石油化工业和其他应用领域的大公司都有强大的安保计划。通常情况下，成功的安保计划是上下贯通的，是高级管理层的职责所在，重视安保的程度达到了平安完成工作与公司所做的每一件事都水乳交融密不可分的高度。安保工作需要的就是这样的支持，需要摆在前台中心的位置上。**本书向你阐述的所有重点，只有在你的组织各级管理人员和全体员工接受和支持的情况下才有价值。**当有两种选择摆在面前的时候，一是不雇佣安保人员，二是雇了安保后年度账单高得令人心悸，大多数管理层都会选择前者。如果让你选择，是参加派驻前的安保政策培训会，或者听关于海外税务问题的讲座，这些都是连傻瓜都知道的事情。如果我能再给你一个建议，那就是：保持开放的心态，乐见并接受新的想法。请留意并体谅那些意见与你相左的人。尽力教育他们，并与他们分享你所持想法的理由。毫无疑问，如果你有高级管理层的支持，这将会更容易，所以你应该寻找机会与高级管理层见面，并向他们汇报你的研究发现、基准标杆以及为什么你要给员工提供那些建议。

正如我提到的，**培训既是成功所需，也是成功的关键。**通过旅行定位软件提供给出差人和员工的信息类型本质上是有限的，并且需要分析。旅行定位和信息公司不会发出类似"马上离开中国！"的命令，无论如何，你公司出差的人也不会做出这样的决定。如本书所述，你在整个职业生涯中，面对国际差旅和国际商务时，如果你还有一种态度，那就应该是：你是很想去出这个差，除非对自己的安危绝对没有把握，只能望而却步。通常，人们只是在与家人和其他人谈了之后才会被劝服，从而放弃驻外或旅行。我一直鼓励人们在与我探讨是否接受这个差事时，一定要开诚布公，坦诚相待，把他们的担忧直接说出来，我告诉他们没有任何问题会被看作是愚蠢的。

人们通常只会在一对一交谈时才会表露出他们也许比团队的其他成员更关心自己的安全，或者，他们的经理把人员从这儿派到那儿，也许只看到业务需求，而无视其中真正的风险。如果真有这样的危险发生，如果这个员工已经到了事情的这个地步，而他们的经理还没有被告知需要防范哪些风险，那么，我认为我作为安全经理是失败的。在 X 镇，一年 365 天每天都可能发生一起绑架事件，而某个人却榆木脑袋坚持说这次会议他无论如何都得参加。他会告诉你，他已经在 100 个不同场合前往 X 镇，每次都平安无事，而且他会问你是否曾经到过那里，并跟他的同事和经理们谈起你，直到你在他们眼里就像个天大的傻瓜，要么就像是个被自己的影子吓破胆的人。

你很需要成功事例来证明自己，你经常需要拿出一些绝招。如果你已经建立并培养了本书中我所推荐的各种类型的关系，那么，你就会有经验，有工具，有自信心，因为你知道你不会面临新的问题或未开拓的领域。寻找一些好方法尽可能见缝插针地提供好的建议。我发现，无论是做企业调查、安全意识培训，还是提供建议，你都需要进行调查才能使问题迎刃而解。当你向某个旅行者推荐某些东西时，你需要举一个安全意识培训的例子，在这个例子中，实际发生的情况恰好和你培训时教导的一模一样，比如，有人试图在法国的一座火车站从他们眼皮底下偷窃他们的笔记本电脑。又比如，你推荐了某一家酒店而不是另一家，结果另一家酒店遭受自然灾害，没有幸存下来，或者发生了爆炸案。这些事情我都经历过，虽然有时难以庆幸自己逃过了这些事件，但你需要让你的经理了解并保留这些信息以供将来使用。也许你会在某个展示中把它说出来供大家讨论，你可以这么说："我们安全保卫部门可以向你推荐哪些酒店具有更好的安全性，比如有一次……"，然后你

第 *11* 章 | 最大化地提高你的安全与危机管理效率

再细述那个具体情况。

试图尽可能多地了解与这个特殊行业相关的知识，例如化学品和药品，并努力关注新闻，以及任何能到手的东西，以便随时获得与雇主的利益相关的消息。在与石油化工行业合作时，我注册了各种账号，以便接收石化方面的研究报告和图表，了解行业的前沿动态和供给图表等你能想到的东西。我总是没过多久就掌握了一些对工程师或人力资源经理、会计师、植物学家或项目员工十分有用的信息。我往往不会以原始形式转发与安全有关的警告、研究报告等，因为这些报告可能会显得矫枉过正，只是试图让作为安保专家的我得到某种不公平的优势。我会把这样的信息保存起来，以便日后消化、总结和使用，例如在项目近况会议上，甚至在走廊或其他地点举行的即席会议上。谨防传递原始情报和信息的隐患。确保你传达的任何内容都经过精心阅读和精心措辞，以免影响你的信息和偏离了你的方向。我曾经遇到过一些安全专业人员传达的报道，其中可能只有 85% 是支持他们立场的，比如，他们说某国的恐怖活动或犯罪活动正在急剧上升，但接下来又说，作者或其他某个人还在继续独自驾车在该地区活动，而这是你一直奉劝大家不要做的事情。

我们总是很难找到能够 100% 代表你的情况的文章和其他信息，其中的原因如果你到现在还没明白的话，那么，我要告诉你本来就没有"一刀切式整齐划一的安保"，你无法在你所做的每件事情上都套用一个模板。多年来，我一直习惯于不仅仅是给每个国家和每个地区，而且是给每个项目都制订不同的安保和撤离计划，你总是需要修修改改，增增减减，你会给每个项目的员工设计不同的撤离方案，以及提供不同的安保方案。这些方面我们都讨论过，从友好的安全官员到装备精良的"射手"，前者总是向你的访客和供应商展示自己最好的一面，而后者则会传达一个意思，那就是："你要是跟我捣乱，我会叫你吃不了兜着走。"

　　有关家属的问题，我觉得有必要说几句。家属与员工休戚相关，对于员工来说当然是非常重要的。**家属跟随员工来到高危地区，可能是件好事，也可能是件坏事**，取决于你如何看待这些问题。我曾经在某些场合提出我们不允许家属随同去某些新项目或国家，或者提出要把家属从他们的配偶或父母已经派驻的国家撤离的建议。后者是最难做到的，我想打个比方，这就好比是用罐头起子去拔大牙。许多员工，如果他们的配偶和子女不包含在委派协议中，就不会接受长期的外派任务。许多公司都给有配偶和家属随同到海外的员工支付额外的工资。不过，我并不是说员工把这看作是一个赚钱的途径。谁不想让配偶或子女有机会在富有异国情调的地方居住、学习和探索呢？这一切听起来都很好、很棒，直到你开始考虑家人需要承担的风险因素。我可以很有把握地说，我有能力保证派驻到海外，甚至是在高危地区工作现场的员工的人身安全，但是，如果将配偶和孩子添加进来一起考虑，你可能会发现，你的工作变得更加困难。如果员工的家属不满意，或者如果他们觉得没有得到很好的保护，那么，这名员工可能就会釜底抽薪要求回国。如果家属没有随任，在家里听新闻报道说员工所在地区是多么的危险，那么，来自家人的压力可能太大，结果一样，员工也会要求回国。我曾为雇员及其配偶、子女、甚至是在海外任职期间作为他们紧急联系人的朋友做过上任前的培训课。而且，正如我在本书中提到的，如果他们对在高危地区工作的亲人或朋友担忧，需要立即解答他们的问题，我一直就是这些人的"24小时热线"。

　　关于这个"24小时热线"的概念，我也想说几句话。在我过去20多年的职业生涯中，一直是随叫随到的。我可以通过手机行业的不断更新，来图解我的"24小时热线"的发展历程，从最初我天天携带的"大哥大"，到如

第 11 章 | 最大化地提高你的安全与危机管理效率

今时尚的多功能智能手机,这种新型多功能手机能让我随时随地浏览互联网,发送消息和文档。如果说,我对"24 小时热线"还算深有体会,那我感受最深的应该是这样的:如果你接听电话,表现得你不开心,好像是打电话的人给你造成很大的不便,那么你会让事情变得更糟。但是如果你表现得很专业,那么在紧急关头的人也会以更专业的方式来回应你。你对来电者是可以起到镇定效应的,但如果你自己表现得像个蠢驴似的,则事与愿违。我曾接到过在各种情况下打来的电话(在过去用的是呼机)或发来的短信:孩子出生时,洗礼,犹太男孩的成年礼,生日,葬礼,假期,病假期,住院,康复室,婚礼,纪念日,凡是你能想到的,都不一而足。如果你听不明白来电者说的话,或者他们说得太快,就让他们冷静下来,请重复一遍。**总是把他们告诉你的事情对他们重复一遍,确保你听到的就是他们要告诉你的。**

我在安全职业生涯中获得的最好的表扬就是:无论是高级管理人员,还是合同雇员,他们遇到紧急情况总是给我打电话,他们知道我会冷静地做出反应、合理地分析情况,并立即提供一些可采纳的措施。我最引以为傲的是我的沉着应对。如果你还没有做到这一点,**我希望你能够因自己的能力而达到并保持沉着应对的信心,为了你的组织和员工要保持这种态度,因为他们信任你,才将保护他们的重任交给你。**

我希望本书中的内容能够为你的箭袋再增加一枝利箭,而我写的东西对你的职业生涯有所帮助。继续努力为你的公司和员工做得更好。这个世界是一个有趣、迷人、美丽的珠宝;它并非全是阴郁和厄运。在这个星球的每个国家和每个角落,都有许多优秀的人。希望你会遇到很多优秀之人。

最后一个案例分析

某个周五的傍晚5点钟,一个电话打了进来;周五,电话总是在下午5点钟打进来。接下来的那个周二,一群天不怕地不怕的员工将前往克什米尔地区,他们从印度走陆路,去参加一个非常重要的会议,这个会议可能会给公司带了一份非常大单的合同。这位欧洲经理想知道这种旅行方式会出现什么样的安保问题——这是一个很好的迹象,虽然这通电话打得实在是太迟了。安全保卫经理答应先打几个电话,然后尽快回复这位欧洲经理。安保经理打电话给同事、政府的联系人和安全保卫人员。他还询问了私人情报提供者。西方公司要怎么做,才能够在该地区与一家合资企业成功合作?在获得了大量的支持性信息和数据后,事情变得很清晰了。于是他们制定了一个战略,并得到了加强和巩固,与这个地区的一家安全保卫供应商也进行了电子邮件沟通。不过,出现了一些小波折:通往克什米尔边界的道路确实危机四伏。鉴于这项业务的性质、人员和项目的需要,雇用武装安保护卫队全程护送,这将是标准的作业程序。此外,任何外部的安全保卫提供商都会在克什米尔边境地区被拦截下来,以这里为界,再往前走的话,不允许携带任何武器。

安保经理如约给欧洲经理回了电话。他们制订了一项计划,计划背后的理由也已做了铺陈。欧洲经理认为,把武装安保的详细情况纳入行动的一部分,这么做是明智的。然后,制订出了一个完美解决之前那个难题的方案(至少在欧洲经理眼里,这个方案可谓天衣无缝)。某个武装保安公司将陪同这些员工前往克什米尔边境地区,在那里他们将见到另一个装备相当、能力般配的武装组织,并与之交接。做到这一步之前,幕后已经进行了大量的你争我夺和讨价还价的工作,但对欧洲经理来说,这一切似乎和打电话叫比萨外卖一样简单。由于在安排这个项目的安全保障方面存在后勤上的挑战性和复杂性，他们的安排花去了整个周末的很大一部分时间才终于正式确定，为此付出的艰辛，这群员工想都没有想过，而安全经理也没有主动告诉他们。

给海外高危地区工作的高级管理人员和侨民的旅行安全建议

以下是常规旅行安全建议：

- 只与必须知晓人员谈论游行计划。电话接线员和秘书绝不能向来电者和访客透露某位高层管理人员离开所在地旅行的时间。
- 将公司标识从行李箱上除掉。行李标识签应是能够将标签上的信息遮盖住的类型。标识签上使用公司地址。
- 不要将贵重物品或敏感文件留在酒店房间。
- 参观景点时，注意基本的安全预防措施，避免在已知的犯罪高发区独自行走。
- 随时带着打电话用的零钱，并且知道如何使用付费电话。学会和掌握所在国家的关键紧急短语，以便能够寻求警察、医疗救急等。
- 跑步锻炼时必须携带身份证明。
- 男性必须将钱包放在上衣口袋中或裤子前面口袋中，绝不要放在裤子后口袋。现金携带越少越好。信用卡在多数情况下都可以用于购买物品。
- 所有员工必须携带美国、英国或适当国家大使馆或领馆电话号码，以及公司雇员的联系号码。

- 随时携带与正在访问国家相关的适当文件。

- 旅行中,向酒店要求住在第三层楼的客房。绝大多数消防器材达不到更高的楼层进行有效救援;一层客房易于到恐怖分子或犯罪分子的袭击。如果第三层楼客房已没有,也不要高于七层楼的客房。

- 专为侨民服务的酒店通常提供更高级别的安全和安保措施,由于这些酒店设有烟雾报警器、灭火器、安全保险锁、酒店保安、24小时接线员、讲英语的工作人员、保险箱等等,通常不会泄露客人房间号码。

- 选择出租车要谨慎小心,要随机选择。确定选择的是注册出租车。不会选择单干和非注册的出租车运营人员。

- 在国外商业机场等待时,一定待在或使用贵宾厅或安全区。减少在机场停留的时间。

- 国际旅行时,将所有药品保持在原包装盒内,并带上处方复印件。

以下是紧急联络人、政策,和危机管理的表格范本。

公司行政主管个人信息表

姓名		
出生日期		
婚前姓名		照片
护照号		
护照签发地/签发日期		
当前国籍		

社保号码或身份证号码	
住址	
身高（厘米）	
体重（磅或公斤）	
头发（颜色和发式）	
肤色（红润的，白皙的，等）	
种族	

与众不同的特征（戴眼镜，假发，吊带裤，等）：

配偶（姓名，年龄，住址）：

子女（姓名，年龄，住址）：

笔迹样本（请抄写）：

Four score and seven years ago our fathers brought forth on this continent, a new nation, conceived in Liberty, and dedicated to the proposition that all men are created equal. （这是美国第16任总统林肯的一段话。让填表者抄录的目的是为了日后核对笔迹。译者注。）

请提供家里的帮佣（女仆，管家，司机等）的姓名、年龄、地址信息：

请提供关系密切的邻居和同事的姓名、年龄、地址信息：

（员工以及家属开的）汽车，公司的和私人的(品牌/年份/车型/颜色/车牌/汽车身份号码)：

请提供医生和牙医的姓名、年龄、地址信息：
请提供律师的姓名、年龄、地址信息：
必备药品：
血型	
地址和正常情况下能打通的电话号码：
附加相关信息：

家庭成员个人信息表

姓名		
出生日期		
婚前姓名		照片
昵称		
市 / 州		
社保号码或身份证号码		
与雇员的关系		
住址所在国（如果与雇员不同的话）		
市 / 街道 / 县 / 州 / 国家		
电话		
外表描述		
身高（厘米）		
体重（公斤）		
身材（纤瘦，粗壮等）		
头发（颜色和发式）		
肤色（红润的，白皙的等）		
种族		
当前所上的学校（名称，电话，地址）：		

学校校长	
子女的老师	
如果就业，现任雇主的姓名、电话和地址：	
如果已婚，配偶的姓名、电话和地址：	
必备药品：	
血型	
汽车 (品牌 / 年份 / 车型 / 颜色 / 车牌 / 汽车身份号码)：	

笔迹样本（请抄写）：

Our London business is good, but Vienna and Berlin are quiet. Mr. D. Lloyd has gone to Switzerland and I hope for good news. He will be there for a week at 1496 Zermott St. and then goes to Turin and Rome and will join Col. Parry and arrive at Athens, Greece, Nov. 27th or Dec. 2nd. Letters there should be addressed: King James Blvd. 3580. We expect Chas. E. Fuller Tuesday. Dr. L. Mcquaid and Robert. Unger, Esq., left on the Y.X. Express tonight.

附加评价：

公司—xx 地点
安保和危机管理计划收据

我已经阅读并理解公司的日期为 _____ 危机管理规划,并理解出现灾难时我的职责,以及可能需要做出的危机响应。

签 字:

日 期:

公司—xx 地点
危机团队联系表

出现危急情况时,危机团队负责人将按照下表中列出的顺序联系下列人员。如果所列人员没有时间,或者联系不上,请在本人答录机上留言。无论什么情况,都请填写下表中的每一栏。

姓名	住宅电话	住宅电话	手机/卫星电话	通话时间

公司—xx 地点
初次危机信息报告表

序号 _____ （按接收顺序的先后）

报告管理人员姓名	
接到电话时间	
来电人	
来电号码	
地址	

询问的性质或者电话的性质：

公司采取了什么行动？

公司—xx 地点
新闻联系登记表

序号 _____ （按接收顺序的先后）

日期	
时间	
报告官员	
询问来自	
记者/编辑所属报社（组织）	

问题/询问：

回应：

公司—xx 地点
事件后评估

请如实详尽地填写下列评估表。如果你提出请求，你的回答将作为机密保存。请就事件、人物和值得关注的问题尽可能详尽地做出说明。为了给将来可能发生的问题制订防御或缓和方案，评估是必须的、重要的步骤。

你的姓名（选填）：	日期：
部门：	分机：
你在危机中担当什么作用？	
你一开始是怎么知道这件事的？	
你对通知你的方式满意吗？ 　　□满意　　□不满意	
为什么满意或者为什么不满意？	
你花了大约几个小时专门管理这个事件中的某个方面？	

附录

附录一：突发事件应急管理方案

通过与企业管理层的密切协商，安保团队将制订紧急撤退计划，以涵盖各种突发事件，包括将一名或多名伤员从该国撤出的医疗撤离，到通过陆路或从空中将全体企业员工撤离，假定进入(某国)的方式是通过国际机场空运。

安全管理人员配备

安全操作覆盖面包括以下程序和要求：

- 维护 24 小时运营和监控办公室/控制中心
- 每天为管理层提供安全和情报评估
- 每天与企业管理层举行会议，以规划接下来的每一天的活动
- 如有必要，提供每日运输/活动计划，包括车辆、司机和安保队伍

交通运输安全

在某个国家出行移动的安全局势大概是这样，在该国范围内的常规性出行移动可能有危险，因此只有在绝对有必要、并安排足够的安保力量的情况下才能进行。安保团队为保护一些客户每天要多次进行出行移动，我们以及我们的客户认为，这些出行移动可能代表着管理与合理的风险。出行移动可能包括：

- 在（某个国家、某些地点和其他地区）各地的道路上出行移动
- 在（某些地区）和国际机场之间的道路上出行移动
- 在进出（某些地区）并返回设施、办公室、酒店和安全地点的道路上出行移动
- 从我们的酒店到政府部门和机构（如大学）的出行移动
- 从（某些地区）到外围城镇的出行移动

这些出行移动的实施至少需要两辆装甲车，可能还会增加一辆 SUV（运载安保团队的大切诺基）。如果出了这个（区域），则需要四辆车、混合轿车和一辆 SUV。

物理安全程序

一般概念是：
- 建立一个距离居住地和工作地点足够远的安全边界
- 建立一个主出入口和一个紧急出入口控制点，为行人和车辆提供通道
- 开辟进（出）现场的人员和车辆的搜索区
- 由驻外经理直接指挥的训练有素的警卫队，具体的职责包括：
    - 进出控制/身份检查
    - 搜索
    - 巡逻
    - 静态哨兵职责

- 快速反应力
- 在适当的地方使用便携式技术解决手段,包括闭路电视和照明

这些概念是为了协助团队领导制订一个综合性的,而不是规定性的步骤。

有一种不同形式的计划可用于迫在眉睫,而且迅速发展的情况:临时安全计划(与以前通过电子邮件发送/附加的信息相结合):

当地安全供应商的联系方式:

公司名称	
电话	
传真	
手机	

美国使馆:美国大使馆的电话号码是:xxxxxxxxx;非办公时间的紧急联系号码,xxxxxxxxx。 到美国大使馆登记注册后,公司的专业人员可纳入监管员系统内,并可接收到大使馆监管员发来的信息。

美国大使馆所在城市		
一般信息		
街道、城市		
大使馆的网站		
区域安全官员姓名		
电话	警察:	
	火警:	
	医疗:	

我们鼓励美国公民通过以下链接向美国大使馆注册：

https://travelregistration.state.gov/ibrs/home.asp.

英国大使馆：英国大使馆的电话号码是：xxxxxx。

英国大使馆所在地	
地址（街，市）	
电话	
传真	
电子邮箱	
办公时间	格林尼治标准时间（GMT）： 　　星期一到星期四：6：00—14：00 　　星期五：6：00—11：30 当地时间： 　　星期一到星期四：8：00—16：00 　　星期五：8：00—13：30
网址	

强烈建议在（某国）的英国公民在英国大使馆注册登记，并遵守由（某国，某城市的）英国大使馆或英国驻（某市）总领事馆发布的当地的建议（见以下联系方式）：

英国总领事馆地址：

电话：

电子邮箱：

网站：

医疗 / 医疗撤离 / 危机
紧急撤离

（某国）的卫生保健和牙科护理的质量尚好。公司员工可能会获得美国大使馆提供的医生名单。对于撤离前的重症护理，您可能希望联系国际救援中心推荐的医生。

国际救援中心（每周 7 天，每天 24 小时提供）
24 小时紧急电话号码（请致电最近的国际救援中心，对方付费）：

宾夕法尼亚州费城：（215）942 8226

新加坡：（65）6338 7800

伦敦：（44）（20）8762 8008

企业综合全球访问会员编号： xxxxxxxxxxxxxxxxx。

国际救援中心可用于紧急医疗撤离。另外，根据情况，国际救援中心还可用于安全撤离。请参阅上面的国际救援中心联系信息或访问：http://www.internationalsos.com

企业紧急情况方式 / 雇员联系信息

部署到（某国）的公司专业人员个人将根据他们正在从事的项目以及与该项目相关的公司部门 / 处，填写紧急联系人信息。在派驻之前，企业专业人员应该咨询项目管理部门以获取确切的紧急联系人信息。

如果没有这些信息，请联系安保经理或协调员：

	安保经理	安全协调员
办公室电话		
手机号码		
家庭号码		
电子邮箱		

企业（国家）项目雇员联系信息：

● 将随办公室一起更新信息，并可能增加的卫星电话号码。

应该注意的是，如果企业员工在任何时候对他们的安保/安危感到任何一点的不舒服/不确定，他们有能力停止任何一个环节，并且应该联系紧急联系人。这包括撤离、交通、住宿、医疗和其他任何问题。

撤离步骤 / 方案

为了让你了解各个阶段，我们将计划分阶段进行描述/启动。

第一阶段称为"警戒阶段"。在此期间，主要对与本地、地区、国家和国际事件有关的信息进行例行收集和评估。应该对员工及其家属集合的平台以及登陆区域进行审查。

在该国的公司负责人应考虑定期与外派员工会面，以了解当前动态、信息和趋势。制订一个程序来应对谣言是非常重要的，因为在危机情况出现之初往往就会有各种谣言。有谣言而没有辟谣，可能会导致士气低落。最好的对策是建立一个开放的沟通渠道，以应对谣言，并做出一系列明确的撤离指示。

应建立撤离的优先次序，并分配到每个人。应考虑以下类别：
- 第一优先级——家属（如适用）
- 第二优先级——除重要驻外员工以外的个人
- 第三优先级——重要驻外员工

应该确定通往国际机场、海港或陆地边界的备用路线，并检查其在紧急情况下的可穿越性。

注意：地区安全官建议美国公民要准备好足够维持一周的食物、水和现金（当地货币）。他个人认为，如果出现了整体性民事混乱状态时，试图通过公路离开或企图飞离国际机场的做法太过危险。

第二阶段被称为"限制行动，增加准备阶段"。根据高级管理人员的判断，如果情况达到可能导致部分或全部撤离驻外员工及其家属的紧张或不稳定状态，则应启动第二阶段。

注意：撤离决定做得越早（参见上面的注释），就越是可能在平静和政治敏感度较低的气氛中撤离。

应当检查和审查离境文件夹或"回家装备包"内的东西。

应该准备一份家庭用品清单，一式两份，一份给员工及其家属随身携带，另一份留给相关的公司代表。撤离前可能不得不放弃个人财产，这一条应在每个项目候选人托运货物到（某国）之前就知会其本人。

不应中断正常的工作程序；但是，在适当的情况下，应该进行某些准备活动，例如获得所需的机票和许可材料等。

第三阶段被称为"撤离阶段"。在公司负责人的判断中，这一阶段应该开始，当情况已经恶化到做出撤离决定已经迫在眉睫或已经作出该决定，那么就应该启动第三阶段。此时，公司行政部门应安排其他公司和外部资源提供各种服务，以支持和协调撤离过程。我们假定人员的全部撤离不会遭到当局的主动抵制。

高级管理人员应考虑这么做是否更谨慎或更理想：先将撤离人员从他们的住所迁出，重新安置到预选的初级或替代平台，然后再一起去国际机场或其他出发点，以便最终协调撤离步骤。

还应考虑一个阶段，它被称为是"原地待命"阶段。如果在某些情况下安排撤离被认为是不审慎的，例如，发生政变，或者正在发生流动性质/串联性质的游行示威、抗议、袭击和破坏行为时，则应实施这一特别阶段。在此阶段，业务可能会放缓或暂停。员工及其家属将留在其单独的公寓内，或在其他地方聚集一段时间，等待进一步的指示。根据当地的情况，手头边必须常备可以较长时间内维持整个家庭/驻外人员生活的饮用水、罐头食品、药品和必需品，以便发生不测时有所防备。

给家人以及家人之间传达指示，应根据具体情况，能有什么方式就用什么方式进行传达。随着手机和座机电话的普及，这应该是不难的事情，除非发生全国性危机，电话系统瘫痪。然而，无论采用何种手段，高级管理人员都必须得到积极的反馈，以确保所有驻外员工都能与他们保持联系并确认他们的日常行动，这是非常重要的。在威胁级别提高或实际上已经发生紧急情况时，应建立并使用一个员工监理员系统。

撤离程序

撤离的实施

如前所述，公司员工可以根据公司总部管理层的决策，或按照美国大使馆提供的信息执行撤离计划。

撤离的通知

公司负责人将通知每位驻外员工。每位驻外员工都有责任通知在所驻国的支持人员（如果需要的话）。传达的通知至少应包括以下信息：

- 撤离的原因
- 预期的撤离方法
- 一个或多个集合地点
- 最终撤离目的地和出发时间（如果知道的话）

如果员工了解到他认为可能需要撤离的情况，但是还没有收到企业管理层的通知，则该员工应尝试联系企业领导人或其助理以及其他同事。如果员工无法与任何人联系，那么他应联系美国大使馆以获取更多信息。

找到所有企业和必要的人员，向他们提供有关情况（考虑建立"联系人层级关系表"或"各级联系人表"，为指定员工提供联系人的姓名/号码）。检查所有信息来源。

撤离的方法

撤离方法将取决于威胁或危机的级别。如果需要撤离东道国，最快捷的方式将由企业负责人确定。该企业负责人将与任何必要的人士或机构协作，以确定最佳撤离方法，以及到达那里的交通工具（包括保护手段的详情）。

撤离／安排撤离的途径之一可能是通过国际救援中心。

撤离的集合点

企业负责人将确定集合地点。这一决定将取决于威胁的性质、严重程度和位置。集合点可以是某人的住房、项目办公室，或任何其他预定或特定的地点。中转区域将取决于到目的地的路线的安全性以及可用的交通方式。

撤离的目的地

企业负责人根据紧急情况的性质决定撤离的目的地是哪里。

撤离的时间

撤离时间在很大程度上取决于紧急情况的性质以及它对中转站点、撤离路线、航班时刻表等带来的影响。如果还能选择，时间应该是早上10到11点钟，或者，如果能走陆路的话，可以取决于到达边界的时间。

撤离人员的责任

企业负责人或其指定的代表将保留一份花名册，以确保所有人员和家属都有据可考，并且他们所处位置都得到确定和核验。该责任带头人或其指定代表有责任确保该名册是常备常新的，而且在宣布紧急情况期间能随时对所有人员进行统计。请确保您指定紧急联系人或其总部办公室的替补人员随时了解当前情况，并了解任何与您的专业人士或其家属相关的问题或事件。

返回

在与所有公司有关人员、美国政府官员或美国军事和安全机构协商后，公司高级管理层/运营安全经理将确定并批准撤离人员返回到现场/办公室/地区。

坚守

在某些情况下，安全状态可能会迅速恶化。在这种情况下，以及过往游荡性质的暴力团伙、暴徒、集会和抗议的经历，留在以下地点可能更好：

坚守——酒店/住宿点：由于在前往其他目的地途中可能发生攻击，安全的最佳位置可能被确定为酒店/住宿点。

坚守——工作场所：最安全的避难所可能被确定为工作场所。

坚守——替代性地点：可能找到其他的安全替代地点，要牢记安全的交通方式和路线。

启程文件夹

启程文件夹应该是常备的、在紧急情况下立即可以使用的一系列物品。该文件夹应分为两部分：第一部分包括生存物品和设备，第二部分包括重要的个人证件和文书，以及离境文件清单。应定期检查文件夹的完整性和时效性。它应该在第二阶段开始时（限制行动阶段）处于完全准备就绪状态，并贴有适当的标识以便于识别。

第一部分 日常用品与设备

● 无须囤积,但要保持食物、水和燃料的合理供给(够5-7天之需)。如果您拥有个人或公司的汽车,请确保它已准备好随时使用。请保持油箱加满的状态,以及合理的备件和其他附加设备的供应。另外,定期检查油,水和轮胎。

● 常备一个全家人的(如果适用的话,否则就是个人的)急救箱和充足的必需处方药的供应。常备拥有新电池的手电筒或蜡烛。常备火柴,最好是防水和防风的。

● 常备一个安装了新电池的小型电池式短波收音机。请密切关注当地新闻媒体、美国之音和英国广播公司,以便及时收听地方政府或美国大使馆的相关通告。大使馆将密切关注任何情况,并将向中间联络人提供进一步的信息。

● 为每个家庭成员准备一条毯子和睡袋。每个人请勿携带超过66磅衣物和个人物品的行李。(这个重量是美国政府出资的撤离飞机允许的最大绝对值。)

● 紧急撤离过程中通常不允许携带宠物。因此,宠物的主人需要确保做出适当的安排。

● 套件中请不要放入枪支、任何其他武器或酒类。

● 请常备大都市和农村地区的街道和路线图。

● 企业分配的笔记本电脑在抵达目的地后可能有助于沟通。

注意:笔记本电脑是盗贼最喜欢的物品。它们会招来强盗,因此,请把笔记本电脑隐藏起来,或者锁在汽车后备厢,或不在陌生人视线内!

第二部分 重要的个人证件与文件

- 家庭所有成员的现有护照。
- 以美元、当地货币和旅行支票支付的充足现金应作为套件的常规部分,用于支付至少 3 天旅行(如果是坚守的话,则是一周的费用)的家庭杂费。在通往安全港的途中,应准备足够的小额货币,以备不时之需。
- 最新的国际接种证明。
- 最新家庭物品清单。
- 所有东道国的身份证明。
- 必要的个人文件(出生证明、结婚证、电话或地址簿等)。
- 如果你的美国联邦所得税申报单还没有被送到安全的存档处,请提供副本。
- 如果有手机,请随身携带,并保证系统正常运行。
- 昂贵的珠宝,如果有的话。
- 空白的公司费用报表,以记录费用。

注意:请复印所有敏感文件,如护照和信用卡的背面,如果文件丢失、被盗或被没收就可以使用。对于信用卡来说,(运营商)电话号码位于信用卡背面。

附录二：大罢工/抗议活动概述

可能的罢工/抗议活动

1. 组织者/代表将对参与者做抗议行为方面的指导。

   ● 参与者将被"指导"给员工、返回的讨价还价单位的员工和送货人员。

2. 应该做好车辆财产遭到破坏以及车辆被拦截的准备。

   ● 破坏车辆的方法包括道路钉、焊接钉轮胎粉碎机、玻璃和汽车刮擦、喷漆、轮胎切割、撞击和投掷物体、向车辆吐痰、向车辆泼糖水、投掷易燃液体。

   ● 参与者会试图在进出设施的车辆前面行走或站立来阻止进出。

   ● 参与者通常会在进入或离开设施的车辆上剐蹭或倚靠，假装受伤。

   ● 不受欢迎的员工的车辆和公司的车辆会成为破坏目标。

3. 夜间抗议者车辆和附近可能会使用毒物。夜间可能会发射火器。进入公司范围的人可能会成为猥亵行为的目标，并且遭到故意激怒以挑起暴力。

   ● 晚上和清晨的时间段发生骚扰行为可能性最高。

4. 可能会发生针对该公司的炸弹威胁。如有可疑包裹，必须报告给执法机构。

5. 管理层或其他员工可能会收到电话威胁。

6. 安保人员会受到骚扰。

7. 最初的抗议活动类似于喧嚣的派对。示威者可能会表现出坚定不移的态度，因为工会代表已经把他们煽动起来。

8. 容易诉诸暴力的抗议者往往能够将平时不露声色的员工煽动起来。这些人通常是冥顽不化的抗议者，更容易使用暴力。

9．上述针对员工的活动也会施加在试图进入或离开公司的供应商或承包商身上。

10．几周后，最初的抗议活动通常会逐渐消退。

抗议活动的安全管理

安全保卫官员将协调这方面的工作：执法部门的联络、抗议活动和非法活动的文件记录、行政保护、事件报告，以及按照合同提供安全服务，并将对员工进行安全意识培训。

抗议活动的录像纪录

1．为了充分记录违反当地法律的情况，必须要有经过培训的人员能够使用视频和静止摄影在不同地点做出响应，以便记录任何违规行为或破坏财产的行为。

- 摄像头已被证明是记录抗议活动的首选方法。这是由于摄像头具有流动性和灵活性。摄像机不仅能够记录行为，还记录使用的语言威胁。

2．给抗议行动做文件记录的目的：
- 起诉犯罪违规者。
- 制作和保存抗议活动期间工会不当行为的证据，从而使公司获得法律援助，限制抗议者的活动。

- 制作和保存抗议活动不当行为的证据。

- 记录公司员工和保安的活动。示威者经常会做出虚假指控，说公司员工、代理人和顾客有殴打、骚扰他们等行为。

- 作为一种预防性工具，因为那些易于冲动犯法的人，如果意识到他们的行为都会被摄像头记录下来，他们就会更加克制。

应对抗议的安全意识

1.必须向管理层通报预期的抗议活动，并据此通报安保要求和业务费用。

2.就抗议活动期间员工应有什么样的举止、事件的报告、程序和文件记录措施等，必须给员工一一说明。

3.必须提高管理层成员住处的物理安保级别，这可能包括：

- 改善照明，包括可移动照明。

- 使用至少1.5英寸锁舌的门闩锁。

- 通过在窗框上钻孔和打钉或安装安全锁的方法来确保窗户的安全。

- 离开住所时使用定时开关灯装置。

- 将车辆停到车库内。

- 测试或安装报警系统，包括所有门窗上的报警触点（或窗户内的移动探测器）。

- 在报警面板上配置胁迫代码紧急通知按钮。

- 配有备用电池的报警系统。

- 将电话线埋设或外层硬壳化保护，或安装线路中断警报通知装置。

- 电话有来电显示。
- 使用电话录音机并让录音机答录电话。
- 把"911"编到快速拨打程序中。
- 有一部手机用于家庭座机的后备电话。
- 上班不要天天走相同路线。
- 如果你认为自己被跟踪了，请采取安防措施。
- 告诉值得信赖的邻居帮忙观察住所周边情况。
- 要求执法部门来巡逻。
- 在离开车辆进入家中或进入车辆之前对住所外部进行观察。
- 立即向执法和安全管理人员报告任何不寻常或可疑的活动。

抵御抗议的一般程序

抗议活动指挥中心

抗议活动指挥中心将设在总部，电话号码 xxx／备份号码 xxx，如果有抗议活动，则在下午／上午有效时间内配备人工值守。抗议活动指挥中心将每天 24 小时配备人员。安全管理将由 XXX 安保、非当值警务人员和 XXX 提供。

指挥链

在抗议期间，高效、快速处理重大事件至关重要。如果无法找到某位管理层成员，应与抗议活动指挥中心联系。在劳工起事期间，必须保证与每个官员以及部门、大区、地区、或分公司管理人都能随时联系上。

"熄火"的车辆和路障

如果罢工者试图通过在入口处放置车辆或物体来阻止进出公司，应采取以下措施：

1. 用视频文件方式记录。

2. 通知警察局并要求拖走/移走车辆或物体。

3. 如果警方对拖走/移走的要求没有作出回应，可以在公司管理层的批准下，联系拖车公司。

暴力或犯罪行为

1. 将尽一切努力用摄像头记录此类活动，同时确保启动以下顺序：

 a. 必要时将公司员工转移至安全区域

 b. 如果需要，请通知警察局、消防局和紧急医疗响应服务，并确保警方对事件记录在案

 c. 保留证据（即找到的钉子、尖刺以及陈述等）并维护好监管链

 d. 获取受害人和证人的书面陈述

 e. 获得警方报告

 f. 向公司管理层报告事件

2. 在日志本上记录当日事件/响应的顺序。

设施的重要联系人

家：

移动电话：

座机电话：

附件 A
可供联系方面的信息

```
管理层和工作人员地址和电话号码:


本地地图:
```

重要联络的准备活动

1. 政府人员/执法部门联络人要确定停车区的可用性；使用非当值警官，向检察应急响应者提供建议；当地执法机构必须不断更新事件动态，因为这可能会影响到抗议活动的期限、时长或范围。

2. 移动照明装置或者获得这些装置的能力。

3. 公司物业的边界必须明确建立并具有法律效力（必要时请执法部门到现场给铺设的表面喷涂颜料明确标示），如果有必要，可以在铺设的地区和其他区域使用防护栅栏来标记法院规定的边界线。沿着围栏线和建筑物前面放置"私人领地，不得擅入"的标志。

4．用重新捆扎和更换三股带刺钢丝网来修理围栏线。

5．管理层成员车辆停车位的位置——设立临时围栏，把车辆围成一个"方块"。这个位置将成为一个往返接送点。

6．一辆或多辆15座箱式客车的位置。

附件 B
可供租赁方面的信息

厢式小货车：   婴儿床：

7．我们建议，对所有关键的运营和设备区域使用高安全性锁双重锁定，并始终保持锁定状态。这些区域包括电话室、计算机室、工程和设备区、人力资源档案室，以及大门门锁。所有的大门必须固防以消除空隙。所有带钥匙五金件的外门都必须双重锁定。如果时间允许，所有的外门都应该配备报警触点。升降门在不使用时，必须用挂锁锁上。钥匙必须得到检查，加以控制和并接受审查。

8．必须对闭路电视摄像机和监视器进行维护或改进以获得最佳性能，罢工之前和罢工期间的活动录像带必须由管理部门收集并保存在安全的地方。

敏感区域应该添加照相装置。

9．前窗需使用 3/4 英寸的胶合板切割成型（或有机玻璃），以保护窗户免受射弹袭击。

10．管理人员和行政人员的安保意识培训。

11．在主大门附近增加 500 或 1000 瓦照明。

12．确定截止日期的未完成工作量。

13．确定所有可用劳动力的产能和进度。

14．确定可增补的生产者，以帮助提高产量，满足销售需求。

15．维护问题。

炸弹威胁的应急方案

以下信息旨在说明当工厂／设施发生紧急情况时必须采取的步骤和所需要的协助。

- 如有可能，电话总台应该有来电显示。
- 用于接听电话的电话机必须配备录音设备。向电话提供商咨询有关电话机的跟踪功能。

1．电话打进来，报告炸弹威胁——办公时间：
  - 总交换台接线员（或接听电话的员工）填写《炸弹威胁清单》表格（见附录四）。

- 接线员启动录音机。
- 电话接听者通知管理层。
- 接线员或电话接听者通知安全主管。
- 安全总监与警察部门 911 联系，并要求派遣嗅弹犬，指导回应者。
- 安全总监与消防部门联系，请他们待命。
- 安全总监联系联邦调查局／法律专员／地区安保官员办公室。
- 安全总监启动呼叫跟踪程序。
- 安全总监会见指挥中心的管理人员。
- 安全总监收集《炸弹威胁清单》表格和盒式录像带，以便提供给执法人员。
- 如果决定搜索／撤出设施，安保人员协助处理，设施内部加强防守。
- 安全人员管控所有进入设施的人流和车辆。
- 要对建筑物外部进行搜索和保护。
- 安全总监要与管理和执法部门协调后才能发布"险情解除信号"并请员工重回设施。
- 员工重回设施时安全总监和管理层要在指挥中心汇合。

2. 电话打进来，报告炸弹威胁——下班后（建筑物内有人）
   - 电话接听者填写《炸弹威胁清单》表格并通知保安人员／总监。
   - 安全总监与警察部门 911 联系，并要求派遣炸弹犬，指导回应者。
   - 安全总监与消防部门联系，请他们待命。
   - 安全总监联系联邦调查局／法律专员／地区安保官员办公室。
   - 安全总监启动呼叫跟踪程序。

- 安全总监联系指定的管理人员（如果不在现场）并在指挥中心与管理人员会面。
- 安全总监收集《炸弹威胁清单》和盒式录像带，以便提供给执法部门。
- 如果决定搜索/撤出设施，安保人员协助处理并派人值守指挥中心，设施内部加强防守。
- 安全人员管控所有进入设施的人流和车辆。
- 安保人员要对建筑物外部进行搜索和保护。
- 安全总监要与管理和执法部门协调后才能发布"险情解除信号"并请员工重回设施。
- 安全主管和管理层在指挥中心会面。

3. 电话打进来，报告炸弹威胁——下班后（设施内没有人占用）
- 电话接听者完整地填写《炸弹威胁清单》表并通知安全总监。
- 安全总监/安全人员通过拨打（xx 类型）呼叫设施并重复三次，"我请您注意，请继续（呼叫 xx）"。安全总监和安全人员随即将人员转移到（xx 地点）。
- 安全总监联系警察局 911，请求派出嗅弹犬，并指挥回应人员。
- 安全总监启动呼叫跟踪程序。

抗议活动期间的要求

1. 旅行和出门购物：一般和野外旅行以及出门购物应予以取消或尽量减

少。如有可能，应延迟设备交付。

2．供应商/交付/提货：将为在设施内会见供应商或交付和提货做出相关规定。在可能的情况下，必须事先通知供应商，向他们通报劳工抗议的情况，以及交货人或取件人应有的举止行为。还要（同时）通知垃圾运输商和快递服务，例如联合包裹公司和联邦快递公司。

3．建设项目：对只有必要时才能进入设施的施工人员做出相关规定。

4．应该有礼貌地指导媒体与工厂/设施经理（琼斯先生）联系。如果媒体要求您发表声明，标准的答复是，"您需要与琼斯先生谈"。

5．所有的沟通都必须得到工厂/设施经理（琼斯先生）的批准。

6．被耽误的时间：利用这段时间进行培训，赶项目工期等。

7．工资单：工资单将邮寄给那些由于抗议活动未来上班的人。

8．抗议活动结束后的修改：只有工厂/设施经理（琼斯先生）可以在抗议或停工结束后发布正式通知。人员回厂程序将由相关领导发布。

落实抗议负责小组

1. a. 打电话给小组成员，（早上5点）正点在行政大楼集合

　　b. 打电话给小组成员在交通接送点集合

2. 小组讨论如何运作和部署和设备的分配

3. 安保小组部署并就位

4. 启动进出控制和监控程序

5. 运输开始

罢工/抗议的安全保卫

管理层：X 先生，公司安全总监，将在抗议期间提供安全管理。
- 办公电话
- 移动电话

X 先生会在发生抗议时提供安全服务。

抗议期间的合约提供商：超级安保服务公司。签约保安服务的估计费用：一个由五名官员和一名负责人组成的保安小分队，每 24 小时（为期 7 天）费用为每周 X 万美元。

如果可以使用一到两名非当值人员，这可以将成本降低一点，并可能将每班人员减少一名。

一旦我们有了司法救济措施（injunctive relief），我们就可以减少安全官员的人数。

当前的安全保卫服务

卓越安保服务公司是目前该设施的安保服务提供者。戴维·史密斯先生是卓越公司的运营经理。
- 办公电话
- 移动电话

安全保卫的作用和要求

1. **安保管理层和官员**。将与公司管理层协调共同出现在现场。安全官员的职责将包括:

  a. 确保进出控制的责任得到遵守和维护

  b. 保护员工和资产

  c. 协调应急响应和事件响应程序

  d. 记录、调查事件和事故并存档

  e. 联络执法部门

  f. 合同安保力量的监督

2. **合同安全保卫人员的要求**。以下信息描述了工厂安保人员需要履行的职责范围。"超级安保"将被安排主大门的守卫,以及周边巡逻:

- 两名人员看守大门(最基本的)。
- 三名人员看守内部边界。
- 一人看守班车驾驶,以及备用。
- 一人看守停车取货点(可以使用非当值警察)。
- 一人负责居住区巡逻(可以是合同保安员)

3. **安全和安保——X先生**

  a. 通知"超级安保公司",提前24小时通知。

  b. 通知当地警察局:非紧急号码为XXXXXX。

  c. 通知当地消防部门——Y先生,号码为XXXXXX。

   - 在发生任何预期的抗议之前,应与这些机构联系。应与公司安全协调员和X先生建立基本的联系。

● 通过车牌号码验证（安全服务）建立一种快速识别车辆和车主的方法

4．通信——史密斯女士

a.安全协调员将确保在抗议期间满足任何无线电电台或手机通信的要求。

b.他或她还将与电话服务提供商建立联系，以确保我们的线路得到保护和安全通畅，并与电话公司协调，为工厂或经理家中的骚扰电话提供跟踪服务。在那些可以转移呼叫的电话机上应安装录音机。

法律事务

由于法律顾问的需求不断增加，企业法律顾问，T先生，电话号码为xxxxxx，将是工厂的资源。

● 公司法律顾问将与当地检察官保持联系。如果不当行为显而易见，管理层计划提出指控。

● 需要制定针对从事抗议不当行为的员工的纪律处分政策。

● 法律顾问必须就抗议者可以在公司领地范围内的哪些地区划定为抗议区发表意见。

工厂的进出和控制

进出控制——识别

1．必须准备一份清单，列出要乘坐班车的人员姓名。每名员工进入班车时，必须检查其姓名。

2．安全代表将在班车上与员工会面，安全代表将要求员工上班车之前出示身份证件。

3．安全代表将陪同员工往返设施。从工厂再坐班车前往早上的上车点之前，要重复身份核验程序。

4．必须建立并严格保持出发和运载时间表。

5．强烈建议在厂区外停车时使用拼车。

进入控制——员工

1．往返班车将在指定地点接上员工，然后开车前往设施所在地。班车将从正门进入，班车靠近之前，大门将一直保持关闭状态。班车上的无线电通信将通知安保人员他们到达（根据情况，可以使用替代门）。

2．大门开启的时间恰好只允许班车进出，其余时间都是关闭状态。

3．员工将离开抗议者的视线，在侧门上下车。所有员工将通过X面用于维护的大门进入培训室。然后员工将通过培训室进入维修员工更衣室，员工将离开维修员工更衣室进入X部走廊。然后，员工将利用中央楼梯前往设施的X楼。

4．员工在公司范围内活动时必须佩戴身份证。

5．进入受限制或双重锁定的区域时，需要向授权员工发放带有编号的钥匙。必须经常执行钥匙的审计程序。

进出设施/岗位要求

1．所有车辆必须通过正门入口进出员工停车场。

2．开车进入停车场的员工必须将他们的车窗摇起来，将车门锁上。

3．员工在进入或离开停车场时不得停在抗议区界限附近。

4．禁止员工将酒精饮料或受管制物品带入公司地界。

5．禁止员工将枪支或其他武器带入公司地界。

6．员工必须在车内等候，直到班车接上要运送的员工，并等待从工厂运送到停车场。

7．员工不得跟抗议者交谈或对他们进行任何骚扰。这种骚扰包括：
- 亵渎语言
- 猥亵手势
- 威胁或任何方式的嘲弄

8．有威胁或嘲弄举动，或任何不可接受行为的员工将随时被解雇。

9．员工如受到任何骚扰或威胁，必须报告。

10．不遵守上述任何要求的员工可能会随时解雇。

进入控制——来访者、供应商和送货服务

1．来访者或供应商抵达大门或指定的大门后，需要等待通知联系人。

2．一旦获得批准，必须登记姓名、公司名、时间和车辆的描述。

3．个人或访客到访前提前通知安保官员，有助于缩短等待的时间。

4．任何来访者、供应商或得到准许进入的送货员进入公司地界后必须有人迎接和陪同。

5．向来访者授权的员工在访客离开时必须告知安全官员。

6．来访者离开的时间必须记录在案。

7．必须向定期与公司开展业务的供货商通报局势，以及期望的行为举止。

注意事项

发现有异常活动,必须报告给当地警察部门。异常活动包括:
- 已知或陌生的汽车驶过你的住所或在您住所外停车
- 已知或陌生的人在你住处走过或闲逛
- 在杂货店、商场等已发生威胁的公共场所遇到陌生人或认识的人
- 给你的住宅或亲属打陌生或淫秽/威胁/骚扰电话
- 收到奇怪的包裹或信件/骚扰和威胁信件

任何抗议者,向居住在任何城市的员工或公司的供货商进行任何骚扰/威胁/辱骂/破坏/恐吓等行为,均属从事犯罪活动。

你通知执法机构后,请联系任何负责调查的人员,向他报告这个事件。不要在公共场所与人谈论抗议活动。不要与抗议者交谈。

如果有人问你有关公司工作情况,或者有关抗议活动的问题,请把这样的提问看作是试图骚扰或威胁你,立即走开以摆脱这样的纠缠。避免去已知的抗议者聚集或频繁出现的地方。不要穿那种让人看得出你是在这家公司上班的衣服。

如果你的车辆后面有你认为是抗议的人在尾随,请使用手机与警察部门联系。如果你可以在不影响安全驾驶的前提下,请记住车牌号和车辆描述。如果那台车辆在尾随你,请把车开到警察局或者开到公共场所,如消防局、免下车银行、快餐店等,并要求联系执法机构以报告被人追踪的事件。

保持门窗锁定。

当你在班车接送地点开车进入停车场时,你将沿着停车场的背面停车。

然后，在自己的车里等候，直到公司的班车将你带到车间。你在换班结束时，班车会来把你接到你的汽车那里。

当你开车进出停车场时，你必须保持车窗摇上来，车门闭锁。您开车进出停车场时，不要停下来与任何抗议者交谈。

任何时候都不要与抗议者进行任何交谈。任何时候不得对任何抗议者做出任何淫秽或威胁的手势。

其他事宜

行政事务

做如下安排：

- 食品供应。
- 出租车辆。
- 通知出租人、供应商，以及城市和政府机构。
- 数据安保。
- 监控摄像头。
- 给电话总机配录音设备。

销售和交通

- 通知区域办事处、产品经理和运输调度员，抗议活动正在进行中。
- 如果有明显的抗议征兆，请将产品交付提前到停工之前完成。
- 通知公共运营商。

交通运输

如果去厂区外的停车场,强烈建议拼车前去。为每名员工每班提供两顿饭的物资和设备将得到保证。这些物品将位于 _____ 。

如果需要,将为外出地点的雇员/代表提供住宿和膳食。估计这些物品的成本是每人每天(85)美元。

人员问题

如果抗议活动的征兆已经明显可见,则有必要整理所有员工的最新信息,而且还有必要整理每个员工的在岗状况,即病假、工伤等情况。人事部门要负责:

- 有关发放工资的信息。

- 处理福利、保险和其他人事问题的信息。

公共关系

做好公共关系的目的是为公司做宣传,向公众和我们的员工通报情况以及问题所在:

- 有必要制定一份情况介绍——包括工厂/设施的历史和对社区的影响。

- 在抗议之前与员工会面,以确保他们充分了解公司的立场。

- 可以考虑与当地媒体举行抗议活动之前的会议。目的是教育并告知他们公司的情况并解释公司的立场

- 所有采访,报纸文章,电视节目等都将保留一份记录(副本),尤其是那些涉及员工或外部团体的记录和报道。

- 所有传播与沟通将通过工厂/设施经理发布。

附件 C

日期：
供应商：
市：

尊敬的供应商：

　　XXX 设施正在经历一场抗议活动，现场有抗议者。该设施／工厂／将不会继续运行，并且将／不会接受正常的交付／服务。公司将／不会进行正常运作。

　　所有订单和交货的联系方式都是 ＿＿＿＿＿＿＿＿。该员工应该是唯一一请您送货和服务的人。

　　在抗议期间，您的车辆和员工必须使用位于设施东北角的车辆专用主大门进入设施，具体位置在 ＿＿＿＿＿ 路。我们会要求不要使用该设施的前门，并且所有的行人入口都将被停止使用，直至另行通知。所有供应商都需要驾车通过正门进入工厂。停车场将位于大楼后方。

　　我们将在这个门口提供安全保障，并且您应该告诫您的员工不要与这些抗议者进行任何对话，争论等。我们将引导您的车辆和员工进入大门，并协助他们离开。当您的员工到达时，请开到主大门，并留在他们的车内，直到他们被引导，并开车进入设施为止，这一点非常重要。来自 ＿＿＿＿＿＿＿＿＿＿＿＿＿＿ 的穿制服的安全官员将在门口值守，并将协助您进入和离开设施。

　　我们会要求您尽可能在您抵达之前联系工厂并给出您将要到达的大致时间，我们还希望知道将要到达的司机或员工的姓名。请将此信息与 ＿＿＿＿＿＿＿＿ 联系。

　　如果您的公司或您的任何员工遇到与抗议相关的任何问题，请联系 ＿＿＿＿＿＿＿＿。请告知您的公司或任何员工在进入本设施、您的地界或其他地点时是否遇到抗议、威胁、骚扰、破坏行为或对公司或个人财产的损害。如果有这些事件，也应该向执法部门报告。

　　对于事态的进一步发展，我们会通知您，并感谢您在这种形势下的配合。如果您有任何其他问题，请联系 ＿＿＿＿＿＿＿＿＿＿。

　　　　　　　　　　　　　　　　　　　本公司联系人姓名：

　　　　　　　　　　　　　　　　　　　电话：

附件 D
确定正在进行中的工作

1. 手头小部件的大概数目：
   a. 70,000 磅整个链轮
   b. 15,000 磅部分链轮
   c. 42,000 磅零件

2. 手头需要进行组合的切换按钮的大概数目：
   a. 525,000 磅，或 2 天的组装量

附件 E
备选生产商

兄弟设施可以承担我们大部分的圆木切片工作量。

可以由合作公司承担的其他业务。

附件 F
运营

基于一个 8 到 10 小时的班次：
   1．可以产生什么？
   2．可以生产多少？
   3．需要多少人？
   4．谁可以做哪项工作？

可用于执行生产任务的管理人员：
   史密斯
   琼斯

可能生产的产品的类型和尺寸：

预计时间表：
   星期一——组装
   星期二——建造
   星期三——装运
   星期四——重新组装
   星期五 - 星期六——装运零件

包装时间表
   星期三——或者是 10♯和 35♯，或者是 12.5♯和 28.5♯
   星期六——或者是 10♯和 35♯，或者是 12.5♯和 28.5♯

装配中的工作位置：
   喷油器——
   喷油器维修人员——
   滚揉机操作员——
   FP 检测线：♯1——
            ♯2——
   接收——
   维护——

50 名员工出勤时的生产能力：
   10 人——运行 RTE 线
   20 人——研磨混合和（1）HOT 机器
   30 人——除了 BIG 线以外，运行整个工厂，一个班次，杂项

工作区域内将提供所有操作程序和指南的额外副本。

附录三：炸弹威胁应对步骤

接到威胁电话时

1. 让呼叫者尽可能长时间保持在通话中。炸弹威胁来电者是有关炸弹的最佳信息来源。让他或她重复报告信息。记下来电者说的每个字。

2. 如果来电者没有说明炸弹的位置或炸弹爆炸的时间，请向他或她询问有关的信息。

3. 告知呼叫者建筑物内有人占用，引爆炸弹可能导致无辜者死亡或严重受伤。

4. 特别注意背景噪音，例如马达轰鸣声、音乐播放声或任何其他可推测呼叫者位置的噪音线索。

5. 仔细聆听呼叫着的语音（男／女）、语音质量（平静／兴奋）、（地方）口音或（非母语）语言障碍。

6. 认真填写《炸弹威胁清单》（见附录四）并联系安保人员。

7. 尽快到会议室做出事件回应，接受_____的询问。

接到书面威胁或可疑包裹送达时

1. 通知安保人员。

2. 保存所有材料，包括信封或容器。必须避免进一步处理这些材料。

如果发现可疑包裹，则不得移动或触摸。

电话总机接线员

1. 接到电话。
2. 激活录音机。
3. 填写《炸弹威胁清单》并致电安保人员。

第一反应

1. 接到电话。
2. 接电话人填写《炸弹威胁清单》并致电安保人员。
3. 安保人员通知管理人员。
4. 电话通知必不可少的紧急联系人。
5. 管理人员在会议室会见接电话的人。
6. 管理层决定要采取哪些行动。

对威胁电话进行评估

1. 接听电话的员工和管理层成员将立即在紧挨着公司总部的会议室会合。
2. 一起核查《炸弹威胁清单》。
3. 管理层成员将根据以下因素确定对炸弹威胁电话做出适当响应对策：
   - 成人来电者（完全行为能力）
   - 所述具体引爆时间（进行搜索或进一步评估的时间）

- 所述炸弹的具体位置（来电者知道建筑的布局）
- 所述致电原因或要求（动机）
- 来电者发出恐吓时的严肃性（可信度）
- 来电者声称自己是谁或属于什么团体

如果呼叫者声称将在30分钟或更短时间内引爆炸弹，并且已经指出炸弹的具体位置和放置炸弹的原因，那么疏散工作必须立即进行。

如果对以上因素的回答是否定的，则必须仔细度量来电者的话，并开始调查/搜索。

在以上两种情况下都必须立即与警方联系。

指挥链

在工厂经理不在场的情况下，指定的管理人员将授权并执行撤离程序。

指挥中心：用于评估来电者或恐吓，设在紧挨着总部办公室的会议室。

如果启动搜索，_____ 将成为指挥中心。

通讯方式：在搜索过程中，必须关闭无线电。必须使用电话或寻呼系统。

疏散计划和团队：如上所述，员工将利用不同路线并在指定的集合点集合。

团队成员协助疏散

搜索团队：指定的管理层成员和志愿者。

要搜索的区域：由搜索团队指定。

所需物品：手电筒，贴纸或电工胶带，设施建筑工程图，电话号码名册，包括家庭电话号码。

疏散程序

责任	行动
调查人员	1. 就威胁进行调查和商议 2. 启动紧急联络
官员	1. 指挥紧急救援人员 2. 管理和筹划除紧急救援人员外的所有车辆和行人交通
疏散小组	1. 使用语音命令，将所有员工疏散到指定的停车区域 2. 找好定位，以确保安全退出和重新进入设施 3. "清扫"整个区域，以确保所有人都随叫随到，在集合区进行"人头清点"，并在疏散完成时打电话通知指挥中心
搜索团队	1. 从最多人允许访问的区域开始进行搜索 2. 使用电话进行通讯并在搜索完成时通知大家 3. 不得晚于引爆之前15分钟撤离 4. 在预先指定的区域集合并向队长报告 5. 所有员工、访客和通过疏散小组指定的出口离开建筑物
供应商	等待进一步的指示
正要到访的访客和供应商	在前门区停下，等待进一步的指示
维修人员	1. 关闭主阀上的主燃气阀和燃油管路 2. 确保消防系统正常运行 3. 搜索供热、通风系统区域或其他设备位置等区域 4. 关闭适当的设备 5. 与搜索小组一起撤离 6. 不要使用无线电
管理层成员	1. 做出疏散决定 2. 在建筑物内有人时要留下来 3. 接收搜索和疏散小组的最新信息

指令清单：搜索程序

以下搜索技巧基于两人为一组的搜索活动。在搜索某个区域时技巧上可能存在许多微小的变化，以下仅包含基本技巧。

当双人搜索小组进入要搜索的区域时，首先应到该区域的各个部分走动一下，并闭着眼睛屏住呼吸静静地站立，听一听发条设备的响声。人们通常可以不使用特殊设备就能快速检测出定时炸弹的发条机制。即使没有检测到发条机制，小组现在也弄明白了该区域内的背景噪音水平。

在搜索建筑物时，背景噪声或传递的声音总是产生干扰。如果听到嘀嗒声却无法准确定位，人们可能会紧张不安。滴答的声音可能来自几层楼外的一台空调风扇不平衡的扇叶，或者是大厅下面一个滴水的水槽，声音会通过空调管道、水管和墙壁传递。背景噪音也可能包括外面的交通噪音、雨和风。

该区域搜索小组的负责人应该四处查看该区域，并确定如何划分搜索范围，以及第一次搜索范围应该扩展到什么程度。第一次搜索扫描将覆盖所有放在地板上的物品，空间高度达到选定的高度。

该搜索区域应该分成实际相等的两个部分，两部分相等的划分应该基于要搜索的物品在数量和类型上相等，而不是两个区域面积大小相等。这样就可以在两个搜索对象之间画一条两个小组成员都知道的假想的界线。

第一次搜寻区域

查看该区域的家具或物品，并确定放置在地板上的大部分物品的平均高度。在普通房间，这个高度通常指桌子或书桌的桌面和椅背的高度。第一个搜索高度通常要覆盖到这个区域中高度到臀部的物品。

区域划分完成，并选择了搜索高度后，两个人同时走到区域划分线的一端并从背对背的位置开始搜索。这是起点，而且每次后续的搜寻扫描都将使用相同的点。现在二人按照各自线路相向而行，开始搜索该区域，检查房间墙壁周围地板上放置的所有物品。当二人碰头时，就完成了一次周边扫描。然后他们应该一起合作检查放置在该区域中间的高度到达事先选择的臀部高度的所有物品，包括地毯或垫子下的地板。第一次搜寻扫描还应包括可安装在墙壁上或墙壁中的那些物品，例如空调管道，踢脚板式取暖器和内置墙壁式书柜（如果这些固定装置低于臀部高度的话）。

第一次搜寻扫描通常消耗最多的时间和精力。在所有搜寻扫描过程中，都可使用电子或医用听诊器诊断墙壁、家具和地板。

第二次搜寻区域

二人小组的负责人再次查看该区域中的家具或物品，并确定第二次搜寻扫描的高度。

这个高度通常是从臀部到下巴或头顶。两个人返回起始点，并针对第二个选定的搜索高度再进行一次全套搜索。这次扫描通常包括挂在墙上的图片、内嵌式书柜和高大的台灯。

第三次搜寻区域

当第二次搜寻扫描完成时，负责人再次确定下一个搜索高度，通常是从下巴或头顶，直到天花板，然后进行第三次扫描。这次扫描通常覆盖安装在高处的空调管道和悬挂灯具。

第四次搜寻区域

　　如果该区域有假天花板或吊顶，则第四次扫描涉及对该区域的调查。检查与天花板齐平或安装在天花板上的灯具、空调或通风管道、音响或扬声器系统、电线和结构框架构件。

　　利用某个标志或二人商量好的记号（例如一块绿色胶带）来标记已经搜索过的房间或区域。应将一条胶带贴在搜索区域入口的地板上，或贴在离地板上方约2英尺的门框上。

　　这个区域搜索技巧还可以得到扩充，但无论搜索哪个区域都可以使用这套基本技巧。

　　总之，在寻找爆炸装置时应采取以下步骤：

1. 划分区域并选择搜索高度。
2. 从底部开始并由低向高处搜索。
3. 二人背靠背开始，工作时方向是向对方靠拢。

先沿着墙壁搜索，然后继续朝搜查区域由外及里搜索。

行动检查清单：可疑物品位置确认

　　必须告知参与搜索的人员：他们唯一的任务就是搜索和报告可疑物品，这一点很重要。在任何情况下，任何人都不得移动、使劲摇晃或触摸可疑物品或该物品的附着物。拆除或移除炸弹必须留给拆弹与纵火调查队的专业人员。

　　发现可疑物品时，请向搜索小组负责人报告该物品的位置和准确描述。

负责人应立即将此信息转发给紧急控制中心,该中心将通知负责此事的警务人员。应该委派找到引爆装置的搜索队队员与拆弹与纵火调查小组的官员会面,然后护送他们到现场。

与此同时,疏散小组成员应在可疑物体周围以及物体正上方和下方的地板上创建至少 300 英尺半径的无人区域。

然后应根据现场警察提供的信息作出撤离或不撤离的决定。

行动检查清单:拆弹或移除

必须告知参与搜索的人员:他们唯一的任务就是搜索和报告可疑物品,这一点很重要。在任何情况下,任何人都不得移动、使劲摇晃或触摸可疑物品或该物品的附着物。移除或拆除炸弹必须由经过严格训练的专业人员进行爆炸物处理。发现可疑物品时,必须遵循以下步骤:

1. 向警察和消防部门报告该物品的位置和准确描述。应指定一名搜索小组成员去迎接响应的安保人员,并护送到现场。

2. 识别危险区域,并在其周围隔出一个半径至少 300 英尺的无人区,包括物体上方和下方的地板。

3. 清空建筑物内所有人员。

4. 在爆炸装置被拆除/移除,并且警察局的拆弹和纵火调查部门宣布建筑物已经安全可以重新进入之前,不允许人员再次进入建筑物。

如有通过邮寄或快递收到的任何不寻常的、可疑的包裹,请报告给执法部门。

重回建筑物

责任	行动
管理层成员	1. 根据紧急救援人员提供的意见决定何时重回建筑物。 2. 首先进入建筑物并占领紧挨着总部办公室的会议室 3. 听取所有相关团队成员的报告
调查员	1. 是其次进入设施，以确保区域安全并向会议室报告的人 2. 重回岗位并确保区域安全
疏散小组	进入设施，准备好协助员工进入建筑物
搜索小组	进入设施，准备好协助员工进入建筑物
所有员工，访客，供应商	允许他们继续他们的活动
维护人员	启动所有设备

威胁电话信息表

受到威胁的日期	
时间	
受到威胁的地址	
呼出的电话号码	
接听的电话号码	

保持冷静和礼貌，仔细聆听，不要打断，打开录音机。 一字不落写下来电者所说的确切内容。如有必要，请来电者重复所说的话。提出以下问题（如适用的话）。如果需要，请使用表格背面做记录。
来电者的姓名和地址？
为什么他或她不高兴？
炸弹在什么位置？
炸弹什么时候爆炸？
它是哪一类的炸弹？
为什么炸弹要放在这里？
什么会导致它爆炸？
炸弹是什么样子的？
标记下列所有适用的内容
性别：☐男　☐女
大约年龄：
种族：☐黑人　☐白人　☐其他

态度： ☐ 愤怒的　　☐ 连贯的　　☐ 哭泣着的　　☐ 兴奋的 ☐ 不合逻辑的　☐ 富有正义感的　☐ 冷静的　　☐ 不连贯的 ☐ 厌烦的　　☐ 醉醺醺的　　☐ 笑出声的	
说话： ☐ 口音/外国口音　☐ 语速快　　☐ 语速慢　　☐ 口齿清晰 　　　　　　　　　☐ 扭曲的　　☐ 呼吸很深 ☐ 口音/非本地　　☐ 大声　　　☐ 轻柔　　　☐ 熟悉的 ☐ 带鼻音　　　　　☐ 结巴的　　☐ 口音/本地　☐ 音调高 ☐ 音调低　　　　　☐ 咬舌音　　☐ 嘶哑声	
背景噪音： ☐ 飞机　☐ 汽车电机　☐ 嘈杂　　　☐ 静态的 ☐ 工厂　☐ 动物　　　☐ 碗碟　　　☐ 扩音系统（PA系统） ☐ 街　　☐ 办公室　　☐ 公用电话亭　☐ 居家 ☐ 派对　☐ 火车　　　☐ 清晰的　　☐ 音乐 ☐ 安静　☐ 多个声音	
语言： ☐ 口语良好的　☐ 未受过教育的　☐ 淫秽的　☐ 照着念的　☐ 录好音的	
立即致电： 公司安保人员 **电话号码：** XXXXXXXXXXX	
接到恐吓电话后立刻完整填写	
日期	
你的电话号码	
位置	
你的名字	
地址	

附录四：安保、安全和撤退方案

所谓危机，是指任何能够给公司带来负面聚焦的事件，并且会对公司员工、整体财务状况、与受众的关系以及市场声誉产生不利影响。安保和撤退方案的目的就是要提供一套系统的方法，以有组织的方式管理安保危机，而不会对正常活动造成重大干扰。

该计划旨在维护公司在面临逆境时在所有已知受众心目中具有可信度和积极形象。

我们的客户、专业人员、管理层、财务、支持人员、行业同伴以及其他人应该都能感觉得到，我们是组织良好的，并能以专业方式处理紧急情况。我们需要能够对任何类型的情况做出快速反应，因为危机不会暂停下来等着我们把问题弄明白。

各种文件作为整体方案的一部分，并且必须随时可供参考，因此应包括：

- 项目／设施——详细数据表
- 安保和疏散管理计划
- 项目应急准备计划
- 家庭应急通知计划

安全和撤退计划
第一个小时内的应急清单

第1步：团队负责人
　　　　☐ 组织你的团队；建立一个指挥中心。

☐ 必要时启动相关的全国范围控制。

☐ 向这个国家／高级客户代表通报情况。

☐ 确保所有员工都随叫随到。

☐ 在整个危机期间，确保提供电话和其他通信服务，有人工值守。

☐ 通知当地危机管理团队，要求外部团体向你提供信息。

☐ 审查危机支持程序，以查看是否需要执行其他危机计划。

☐ 实施适当的危机支持程序

- 伤亡
- 人质报告（绑架）
- 媒体
- 其他

☐ 确定你或其他危机管理团队成员是否需要在现场。

☐ 指导团队管理员和接待员如何转接呼叫。

☐ 评估／识别潜在的衍生危机。

☐ 通知保险经纪人／公司。

第2步：公司安保经理

☐ 必要时联系战术／谋略人员

☐ 评估当地和国家的威胁状况

☐ 确保撤退程序和资产随时可用

☐ 确保所有通讯和车辆／航空运输都可根据需要提供使用

数据表

团队位置
危机管理指挥中心
  一级——家庭/办公室
  次级——住宅/办公室

团队负责人
  卫星电话号码：
  手机：
 替代
  卫星电话号码：
  手机：
  或者
  卫星电话号码：
  手机：
 替代
  卫星电话号码：
  手机：
  以及
  卫星电话号码：
  手机：
 替代
  手机：

安保经理
  卫星电话号码：
  手机：
 替代
  卫星电话号码：
  手机：
 替代
  手机：

业务管理总监
  卫星电话号码：
  手机：
 替代
  待定（TBD）

公司危机管理小组数据表

特定紧急服务联系人

医院：
当地救护车电话号码：

美国政府／私人供应商紧急医疗撤退：
　　国际救援中心（www.internationalsos.com）
　　　手机：1-215-245-4707
　　　账号：
　　　服务会员：
美国政府／私人供应商政府和平民：
　　美国红十字会（www.redcross.org）
　　　1-800-853-2570

政府机构／办事处

美国地区安全办公室（一般号码）：
美国大使馆（一般号码）：

美国大使馆领事部门
　　白天的电话号码和分机号码：
　　下班后值班电话：

运输服务——非医疗

联系信息：
　　24小时危机热线
　　包机

公司安保经理
- 必要时联系战术／谋略人员。
- 如果有的话，向安保小组负责人通报当地和国家的威胁局势。
- 如果需要，则向安保小组负责人提供现场／营地撤退的建议。
- 确保所有通讯和车辆／航空运输均可根据需要提供。
- 告知安保小组负责人可用的支持系统，也就是美国政府／私人供应商。
- 必要时告知其他场地的安保管理人员。
- 协助做好伤者或死者之后的恢复计划。

制订应急预案

应急设备及供给

当地危机管理小组将根据需要确认这些基本用品是否可用,并且处于正确的工作状态,如果有设施场地地图的话,就在地图上标出应急设备的位置。

项目/设施/办公室管理人员将从当地危机管理小组中确定一名紧急供应经理。这位紧急供应经理将维护和控制应急用品的供给。

应急设备和用品	位置
20磅(或两个10磅)的灭火器(A,B和C类)	办公室和住宿/项目所在地
急救/创伤包	办公室和住宿/项目所在地
个人洗眼水	办公室
血源性病原体试剂盒	办公室
紧急食品(MREs),水和燃料	紧急供应经理将控制库存的使用和维护
足够维持现场/营地至少3天的库存量	应存放在安全的地方
额外的燃料——柴油,苯	批准的存储区域
手电筒,干电池,地图,指南针等	紧急供应经理将控制库存的使用和维护
附加设备(具体说明):	如具体说明的

基本指导原则

保持靠近出口和灭火器的区域畅通无阻。

所有活动房/办公室必须配备烟雾探测器,并且灭火器时刻准备着。

指定一辆车作为紧急车辆，车内放置医院路线和地图；在野外活动期间保持钥匙插在点火器上，或者随手就能拿到的地方。

库存和检查场应急设备和用品；参见"应急设备和用品"部分。

确保营地/工作场所的每个人都有一个装有必需品、个人必需的医疗用品、个人身份证明和文件以及水的"撤退袋"。

安保管理人员将为现场建立一个警告信号，并向所有人员通报警报信号以及一听到警报信号后要采取的行动。

安保管理人员在威胁升级期间，将向营地/现场人员简要介绍现场/营地的额外安全要求。

安全管理人员将掌握营地/场所的最新人员名单，供危机管理小组负责人统计或调用人员之用。

安全管理人员将建立标准的操作程序，以应对不同的事件（直接和间接火灾、旅行期间发生的事件、若是人员远离营地/场地要采取的行动以及返回寻找撤退后的营地/场地等），并向所有新来场地的人做简述。此外，安全管理人员将在威胁加剧期间，就对事件的回应、警报和警告，以及其他额外安全要求，向营地/场地人员重复简述。

安全管理人员将为他们的场地建立撤退计划。撤退计划是一个"秘密"项目，不应在当地危机管理小组范围之外进行讨论（除非威胁升级，情况要求这样做）。安全管理人员将联系邻近的美国政府/私人供应商机构，请他们提供撤退援助，以及紧急医疗撤退援助（如果有的话）。安全管理人员将负责某个场地的撤退，当地危机管理小组的其他成员协助。

根据情况在每个办公室和活动房上张贴警告/紧急信息和其他标志。例子包括：

在灭火器位置上方张贴"灭火器"	紧急联系人名单（见下文）
"禁止在床上吸烟"标志	场地/营地地图 　注意：住宿和办公室应该清楚标注/编号
水槽上方"非饮用水"的标志	张贴项目/办公室/营地医务人员，以及受过急救和心肺复苏培训人员的姓名和位置。

紧急事件应对

在恶性纵火事件、火灾、爆炸或化学物质泄漏时，要采取的行动包括：

- 按照公司安保和安全人员的指示关闭公司运营并撤退该地区。
- 通知相应的应急人员。
- 指定集合区域的负责的现场经理。
- 安保和安全主管/经理将评估现场撤退的需求，并根据需要撤退现场。
- 不要在工作区实施撤退，请注意，造成最小安全或健康危害的小火灾或泄漏可以控制。
- 紧急事件的应对将采用分层方法。安保经理将指导办公室/设施/现场人员按照既定程序进行适当的分层响应。

撤退程序

现场安保和安全总监/经理将在工作/动员开始前指定项目/办公室/现

场撤退路线和集合区域。

一听到紧急撤退信号,人员将在集合区集合。现场安保经理在安全总监的协助下,将负责在集合区域清点所有人员。

当地危机管理小组将评估局势,并确定是否需要撤退现场。如果确定撤退现场是合适的应对威胁的反应,那么安保经理将在当地危机管理小组成员的协助下监督撤退。安保经理将向各级职能部门的人员通报撤退营地/场所的决定。

场地安全或安保经理在紧急事件发生后将尽快准备一份事件报告/事后报告,并把报告交给在该国的安保/安全主管。

应急医疗处理

下面列出的程序可能适用于紧急和非紧急事件。受伤和疾病(包括过度暴露于污染物)必须立即(24小时)报告给集团的安全经理,安全经理再向业务范围内的安保和安全主管汇报。

在非紧急情况下,请酌情按以下步骤进行操作:

- 通知紧急联系名单上列出的相关的紧急应急当局。
- 现场安全主管将在医疗紧急情况下承担责任,直至救护车/紧急医疗撤退到达,或受伤人员被送入急诊室。
- 防止出现进一步受伤。
- 在可行的情况下启动急救和心肺复苏术。
- 立即就医。
- 确保有人陪同受伤的人到诊所/医院。
- 按照"事件通知和报告"一节中所概述的那样报告事件。
- 相关医务人员或安全主管将确定交通方式和需求。项目现场人员的医疗撤退运输将取决于人员数量、危机的紧急程度以及直升机支持的可用性，还有最后一条：是否具备陆上运输能力。螺旋式直升机可以是美国政府/私人供应商或平民的，无论哪一个都可以进行协调并最快落实到位。根据医疗撤退的需要，每个场地都要准备一个直升机着陆垫。有关更多详情，请参阅危机管理计划。

● 如果利用美国政府/私人供应商或联合紧急医疗撤退支持，公司场地安全和安保经理/主管将与美国政府/私营供应商联络点协调预先准备的撤退计划。

特定任务紧急服务联系人

紧急医疗服务

紧急外科医院：（紧急医疗撤退/地面救护车）
距离最近的医疗设施：
美国政府/私人供应商和平民：
消防队：
毒药信息中心：
美国红十字会：

政府机构/办事处

美国或其他政府机构/客户等：
美国使/领馆：

运输服务

包机：
包直升机：

公用事业公司

电力公司（政府部门）：
煤气公司：
自来水公司：

安全保卫、应急和撤退

安全保卫和撤退管理方案

一般信息:

    方案名称和办公地点

    安全和撤退管理计划

    公司

介绍

安保和撤退管理方案（计划）为应对各种紧急情况所要采取的行动提供指导和方向，这可能会涉及公司在全球各地的专业人士的安全和安保。该计划为承担应急计划责任的管理人员提供指导，目的是协助制定在紧急情况下作出决策的合理流程。该计划还明确了员工在紧急情况下要采取的行动。它阐明了对具体情况所做的适当的应急反应，并解释了各自的顺序职责，因为每个职责都与出现的不同紧急情况选项有关。该计划确定了不同局势，从局限于某个地区特定设施/场所的情况，到影响整个国家的重大局面，应有尽有。此外，该计划还定义了适用于外部组织的各方面的联系。

紧急情况包括但不限于：
- 医疗紧急情况和撤退
- 非医疗撤退
- 自然灾害
- 美国政府/私人供应商的行为/冲突

- 内乱
- 政治格局动荡不安
- 恐怖主义活动
- 炸弹威胁/简易爆炸装置
- 绑架

紧急情况和撤退计划的制订过程

这个计划是为这个公司项目创建的。

紧急信息来源：
  电视：CNN 国际
     BBC 世界新闻
     欧元新闻
  电台：美国之音

医院紧急联系人

联合国区域安全办公室（成立时）

安全避难所

安全避难所，是预先指定的地点，被选为人员聚集的集合点，或者人员可以在此等待短期动荡期结束，或者他们被部署到其他地方之前的过渡点。通常，项目场地被视为是安全避难所的地点。有些时候可能会有员工被安置到另一个地点，或向美国政府的设施，或者在某些情况下，向东道国政府设施寻求庇护。当联合国设施建立并可供使用时，项目员工可以在任何联合国地点（其标志是建筑物、墙壁、大门和标志上的白蓝色）寻求避难。安全避难所是：

美国大使馆/领事馆

任何美国政府的综合小区/设施

指定的项目场地（目前含所有场地）

安全避难所将准备并不断清点人数，以便向部队/定位者报告。

安保小组负责人将确定/指定在紧急情况或撤退情况下使用安全避难所。所选择的安全避难所应该为所有人员提供服务，并提供安全、安保和具有维持人员一段时间生活的能力（人员可能需要等待直到动乱平定）。根据威胁级别和局势，其他团体也可能使用相同的集结点，这可能造成拥挤、混乱，因而在压力下，要求以团队的方式解决问题。

如果命令撤退出该国，公司安保小组组长必须准备好安排包机、待命或及时预订，并从集合点/安全避难所开始。

运输/交通工具

往返支持站点、工作现场和办公室的运输，以及任何其他必需的专业人士运输都可交由项目司机承担，因此通常不需要其他专业人员驾驶车辆，也不需要获得强制性驾驶许可等文件。

简易爆炸装置和炸弹威胁

范围

简易爆炸装置和炸弹威胁的历史,是大家熟悉的源于中东的暴力事件。由于这些暴力活动,我们要求中东地区的安全经理为外派员工、顾问、访客和当地雇员普及实用的基本知识。了解有关爆炸装置的知识,可以帮助员工更好地应对某些个人或团体为了促进自身利益而使用简易爆炸装置/炸弹而不断增加的暴力活动。

简易爆炸装置/炸弹威胁

通常情况下,向某个特定设施或个人转达有"简易爆炸装置/炸弹威胁"的信息,具有两个合理的解释:

● 这个人真的知道或怀疑将在特定设施中,或者在关系友善的个人/承包商经过的道路上放置爆炸装置,或者已经放置了爆炸装置, 并且他/她希望将人身伤害或财产损失降至最低。举报人可能就是放置爆炸装置的人或知道此类信息的人。

● 举报人想要制造一种焦虑和恐慌的气氛,这可能使该设施中断正常的生产活动。

目的

制订简易爆炸装置/炸弹威胁计划的目的,是确保在发生简易爆炸装置/炸弹威胁事件时能够采取合理措施保护雇员和财产。

权力和责任

任何人如果被告知有针对该项目/办公室或项目现场人员的简易爆炸装置/炸弹威胁，必须立即通知从事该项目/在该办公室工作的专业人员。该人还需立即通知高级项目经理和公司安保经理，然后，公司安保经理要做到：

A. 决定项目人员是否应该继续工作、是否应该立即从项目现场撤退，或者在办公室或设施外的预先安排的地点集合。（高级项目经理确定集合地点并清楚地标记该地点的位置）

B. 通知现场安保人员（如果有的话）。

C. 酌情通知公司高级管理人员（如果时间允许的话）。

高级项目经理在发生这些情况时需提供最新事态报告，并在活动结束后尽快向高级管理层和企业安全部门提供完整的"事件后"报告。

接到简易爆炸装置/炸弹威胁

● 无论谁接收到简易爆炸装置/炸弹威胁或炸弹威胁电话，接电话的人都要试图保持冷静并接听电话，同时准备尽可能多地记录信息（请参见《炸弹威胁清单》）

● 如果可能的话，请告知举报人或来电者，这个设施已有人占用/这条路线有人正在使用，引爆炸弹可能导致无辜人员死亡或重伤。这可能导致举报人或来电者重新考虑可能导致其他对话的行为，这样他可能会透露简易爆炸装置/炸弹的位置。

● 聆听举报人或来电者的声音时，接电话的人要尝试找到这个人的发音特征，以帮助识别举报人。接电话的人要特别关注举报人或致电者所说的每字每句，并立即将它们记录在《炸弹威胁检查清单》中。

● 尽量不中断举报人或来电者的话，而且接电话的人要在对话过程中把握适当的时间以询问举报人的姓名和下属哪个组织。

● 接电话的人要试图确定举报人是否熟悉设施以及设施内正在进行的工作，或者是否认识在该处工作或参与该项目的人员。

在电话通话的情况下，接听电话的人必须在通话之后保持线路开放（不要挂断）。这可以给主管当局在呼叫方挂机后跟踪这通电话。在通话过程中，通话接听者一定要尽一切可能保持冷静并保持对话正常向前推进，并尽可能多地收集信息。一旦电话接听人能够这样做，他或她就会记录对话过程中某些特别之处，以帮助事件后识别呼叫者身份。

尽管现场安保、美国政府/私营供应商或东道国警察（如果有的话）的努力和技术能力的应用可能与美国不同，但务必牢记他们负责完成他们各自的任务。指示公司专业人员与美国/东道国的执法部门合作，同时确保他们在办公室/工作现场对任何爆炸装置或燃烧设备进出搜索。

其他形式的威胁

处理邮件的人员、司机、快递员以及处理邮件的办公室人员，都需要警惕形似可疑的信件和包裹。如果注意到可疑信件或包裹，收件人请保持冷静并立即通知项目/办公室经理和公司安保经理。与信件或包裹有关的一切物品都请不要处理，并且都将被保存以协助随后的调查。

事件之后应采取的行动

如果现场安保人员、美国政府/东道国政府，或执法机构确定可疑物品是安全的，则公司团队负责人会决定是否将这些专业人员送回其工作地点。如果发现有可疑物品并认为是不安全的（需要采取进一步行动）且办公室/工作场所尚未疏散或撤退，则团队负责人可根据自己对可疑物品所在位置和大小的评估命令人员撤退。如果办公室/工作现场专业人员发现可疑物品，他们不得以任何方式触摸、移动或摇晃它。所有可疑物品，就如何处置它们这个问题，都将由现场安保、美国政府/东道国执法机构，或者美国政府/私人供应商人员进行评估。

在可疑物品清理完毕后，团队负责人或企业安保经理就是否重返工作做出决定。

爆炸之后应采取的行动

可能炸弹被放置在某个设施或办公室，但没有找到它的具体位置，也有可能没有收到声称有炸弹威胁的举报电话。为了考虑到围绕此类事件的所有可能性，列出项目/办公室管理层的基本职责，以防项目办公室或工作现场发生意外的炸弹爆炸，这一点十分重要。万一发生爆炸，管理层的首要责任是像"适用性和责任"中规定的那样，对所有外派人员、其他专业人员和访客进行"人头清点"。清点人数后，要尽快完成下面的行动：

- 确保爆炸中受伤的人尽快接受治疗。
- 通知现场安保、美国政府/东道国执法部门，或美国政府/私人供应商，以便事件调查能够迅速展开。
- 尽快向企业高级管理人员和客户通报局势、损失、受伤和死亡的程度。

由于最糟糕的情况出现时可能会导致团队负责人受伤或死亡，因此项目人员必须制定一个明确的指挥链，以便迅速恢复秩序，确保项目外派人员和其他员工的平安。

一旦现场安保和美国政府/东道国当局已经完成调查，并且公司高级管理人员已经完成爆炸后的各项要求，那么团队负责人在与企业管理层协调下必须确定项目所涉及的后续步骤。

事件发生后，企业安保经理要尽快向高级管理层提供一个完整的爆炸事件后报告。

犯罪活动

背景介绍

由于一些外派人员可能是第一次在海外工作或在东道国工作，因此了解生活在美国和生活在美国以外的地区可能会遇到的犯罪活动都有哪些一般的差异，对于他们来说是十分有必要的。

犯罪活动往往与我们在世界其他地方的城市遇到的问题大不相同。希望所有项目专业人士都保持谨慎，并避免去那些最有可能把他们选为随机暴力目标的地方。例如，在一些国家，项目专业人员在项目工地界限外、在市区或楼群密集区单独一人到处走动显然是不明智的。

个人/住宅安全

人身安全中最重要的部分是小心谨慎并紧跟自己的直觉。然而，每个外派人员都有责任谨慎行事，尽可能保持安全。为了进一步提高环境的安全性，我们鼓励所有外派人士彼此把不幸的经历分享出来，这包括文化的细微差别等，以便吸取他人的教训，避免重蹈覆辙。

旅行安全

往返东道国目的地的旅行必须经过精心策划。所有项目专业人员应直接与项目管理人员或其指定人员仔细沟通自己的旅行计划。在一些国家，到安全地点以外的地方旅行可能需要有人护送。

恐怖活动/威胁报告

任何发现或以其他方式知晓有关实际或潜在恐怖活动的人，须立即向项目经理和公司安保经理报告此类信息。这包括恐怖威胁以及影响专业人员和资产的行为。

项目/办公室管理层须评估其对专业人员和资产造成的实际或潜在影响，并将评估结果报告给公司总部、公司安保和客户。安保小组负责人根据当前事件拥有充分的权力，以确定在项目现场应采取哪些行动。安保小组组长应采取的相应行动包括但不限于：

- 根据需要指派更多警卫人员观察固定资产或护送专业人员。
- 实施足够力度的安全措施，以保护项目专业人员。
- 时不时变更专业人士和设备的行动路线，以避免形成规律。
- 向有关当局报告所有可疑活动。
- 根据需要撤退或重新安置专业人员。
- 把专业人员限制（锁定）在指定地点。

非医疗紧急撤退方案

范围和目的

根据安全和安保情况,我们可能需要从选定的或所有的工地位置撤出不重要的或全部的项目/办公室专业人员。安保小组负责人将与企业安保经理协调,决定是否启动该计划的实施。当由于非医疗原因决定撤退项目/办公室专业人员时,安保小组负责人可以指挥实施部分或全部计划。该计划提供了指南和责任、可用于在该国国内和国外搬迁和撤退的选项、公司专业人员职责、主要和备用地点的标准、各级层面采取的行动,以及到最终地点的运输模式,如适用的话。

适用和责任

此计划适用于所有公司的外派人员、商务出差人员和相关访客。在某些情况下,团队负责人可能认为将外派人员纳入撤退计划是合适的。安保小组负责人将根据他对局势以及当地情况的评估和预计,与管理团队的其他成员、客户、大使馆或总领事馆以及(如有必要)公司总部进行磋商,指导采取该计划中的相关行动。

旅行记录

项目经理要确保所有人员在撤退工地之前都拥有必要的官方旅行证件。每个工地的业务经理保存一份所有专业人员的签证和护照的复印件。具体而言,每个人都必须带着以下文件:

- 护照

- 官方身份证明
- 国际疫苗接种证书

应急通讯

在紧急情况或待命情况下，项目/办公室电话将有 24 小时值守。电话值守将由危机小组组长协调和确立。传真线将 24 小时开机运行。所有项目地点都将启动并保持 24 小时电话值守，直到小组组长通知停止为止。

如果电话通信被中断，则可以通过与卫星电话通信、手机和电子邮件系统，与相关的项目经理、安保经理建立备用的紧急通信。

公司和外国专家资产（个人财产）的保护

在大多数情况下，我们可以肯定的是，公司项目/办公室专业人员和员工不会处于有重大风险的地步，他们能够留在现场或搬迁到美国政府/私人供应商或东道国的某个设施。如果离开工地现场，运输/车队应与公司安保经理协调/安排。业务经理以及工作人员在业务经理监督下将维护所有公司的实体资产（基金）和公司项目文件的安全。所有专业人员应该对自己在现场/办公室/住宿地的个人物品持有一份当前的库存清单，以便事后让保险公司或公司（可能的话）报销。

撤离所在国

如果根据威胁的性质确定需要撤退到国外，执行计划势在必行，将员工从项目地点撤退到指定地点，以等待所需的空中/地面运输。安全小组负责人可能只要求非必要的专业人员撤退到国外，或者他/她也可能决定所有专业人员都需要撤退。

如果撤退国外计划不能立即实施，专业人员将在下列地点寻求庇护：指定工地的所在地、美国政府/私人供应商或东道国的设施（如果可行），或离他们所在地最近的联合国的设施（如果已建立）。

安全小组负责人将与公司安保经理协调国内搬迁和撤退到国外的工作，以确保公司外派人员安全撤退。

根据威胁的性质，撤退到国外可能会排除在任何指定的国内地点停留。

撤退到国外可能需要先通过陆路运输到国内的地点，要么美国政府/私人供应商，要么特许航空公司将利用这个地点做中转站，然后从这里继续运输到国外。可以利用美国政府/私营供应商的航空运输，将专业人员转移到另一个国内地点，然后在撤退到国外或者把这些专业人员直接撤退到国外，视威胁的具体情况而定。

从指定地点乘飞机撤退

如果计划撤退到国外，并使用飞机，主要的和备用的国内目的地将是国际机场，或任何其他指定的有能力的美国/东道国政府设施，或联合国的某个设施（如果已建立）。

如果从国际机场利用商业飞机、包机或美国政府/私人供应商的飞机，指定的经理在安保小组组长的指挥下，将采取必要行动协调所在地区公司专业人员的撤退。

至于撤退到国外，通常需要地面运输，把人员先运往主要或备用的国内指定地点。通常运输资源有局限性，无法一次性将所有专业人员从正常地点迅速撤走。这时，公司安保经理需要与安全小组负责人协调，确保所有将要撤退的专业人员被妥善护送（可能包括私人武装/非武装的安保人员）到指定地点和飞机出发地点。根据运输可用性，运输单位和称职的安保人员密切协调将是至关重要的。

由于短期或长期撤退（视威胁的性质和项目的需要），可以为团体或个人办理离开该国的出境手续。

- 短期撤退该国将前往 A 国或 B 国。可在抵达 A 或 B 国后办理落地签。
- 长期撤退该国将前往撤退者在美国或原籍国的家。

只使用陆路交通撤退

如果由于指定地点的安全条件或缺乏空中资源而无法为撤出该国提供飞机支持，可以使用地面运输工具，将撤退人员运送到另一个可安排空运的东道国。在这种情况下，可以使用两条陆路运输路线。使用这些路线，专业人员可能会被要求在车队出发之前根据需要在指定地点集结。应该考虑和请求美国政府/私营供应商/东道国对这些车队的支持。所有专业人员都应该携带撤退套件包。

向 A 国家边境撤退

地区危机小组组长与公司安保经理和现场安保经理协调，将组织和指挥地面车队前往 X 号高速公路和 Y 号高速公路（不要驶离标有 Alpha 和 Bravo 的路线），并向北一直开到 A 国边界。车队将继续前往指定的地点，那里有一个国际机场，可安排将人员空运到最终指定地点。

以前公司员工侦察并使用过这条通往 A 国边界的路线，结果表明从办公室/设施到边境的行程时间约为 3 小时，穿过 XX 市需要 30 分钟至 45 分钟。

向 B 国家边境撤退

高级项目经理与公司安保经理和现场安保经理协调，将组织和指挥地面车队前往 T 号高速公路和 U 号高速公路，然后向西开到 B 国边界，再继续到 XX 地，在那里将安排把人员空运到指定地点。

之前公司人员走这条路线到 B 国，发现从办公室/设施到 B 国边界大约需要 8 小时车程，从边境到 XX 地还需要大约 3 小时。车队通过边界关卡办手续，可能会耽搁 3 小时。

业务/行政总监应在资金上做好充分准备（资金是由公司高级项目经理安排的），并将接到指示，要求在短短 3 小时内为短期或长期撤退人员购买到 C 国或 XX 地的最适合的出境航班机票。

如果使用地面运输到 XX 地或 A 国的某个目的地，业务/行政总监应在资金上做好充分准备（资金是由公司高级项目经理安排的），并将接到指示，立即从这些地点购买最合适的出境航班机票（如果适当的话）。

撤退期间的报告

如果项目继续进行，业务经理和业务经理监督下的工作人员将每天向项目办公室报告活动和进度。在项目永久关闭的情况下，业务经理将做出回收公司资产和文件的安排。

撤退程序

撤退行动的运作包括人员通知程序、集合将要撤退的专业人员、按照组织链，将信息上传下达、调动人员和资源，等等。撤退行动将分为三个阶段，这三个阶段也用于向各级人员通报行动状况：

- 警告／一级：专业人员已准备就绪，运输和相关程序已到位。
- 集合／二级：所有待撤退的专业人员转移至指定的编组区域，随时准备出发。
- 继续／三级：按照规定的方法将区域内所有人员撤退到指定的位置。

威胁等级一

发生某些事件时，其中也许展示了一般性的国内社会、政治的动荡，或美国政府／私人供应商的不稳定性，但是这些事件可能是、也可能不是专门针对该公司或该地区其他美国公司的。此外，可能存在地区政治的紧张局势，或者美国政府／私营供应商更频繁的活动，而这个活动可能会影响美国的地区利益。当前我们所处的这个时期，就是天天例行性收集和评估当地和国际事件的信息。

行动

- 向所有外籍专业人员简要介绍他们在工作地点、支援地点和上下班过程中的人身安全。强调保持低调，避免陷入困境的领域，避免挑衅行为。
- 向安保人员、警卫人员和司机作简要通报，并提醒警惕。
- 确定并准备撤退不重要的专业人员。
- 在办公室和工作现场实施额外的安全措施（更严格的访问控制、锁定和额外的安全措施）。
- 与当地联系人建立联系，包括美国政府／私营供应商，并监测情况。
- 通知总部。
- 与美国大使馆或领事馆以及企业安全经理保持联络。
- 通知专业人士。制定政策专门处理因任何危机情况而出现的谣言至关重要。如果对谣言听之任之，这些谣言可能会影响且使士气低落。

- 确定或留出文件（公司或客户敏感）以备将来销毁。应该考虑开始将数据复制到磁盘并"删除"所有硬盘驱动器和系统。
- 检查先前建立的，被指定为主要和备用安全地点以及机场的路线，以便在紧急情况下穿越。
- 确保燃料和汽油储存水平充足或可用。
- 审查先前建立的集结雇员的集结地点。

威胁等级二

经由安全小组负责人判断（或由大使馆/领事馆人员指示），当局势已达到可能导致部分或完全撤退外派专业人员的紧张或动荡的程度，则应启动第二阶段。越早做出撤退的决定，越是可以在一个平静、安全和政治敏感度较低的氛围去影响这个决定。

威胁主要是指设施场地和当地的事件，但也可适用于地区和国家性质的事件。威胁包括地区冲突的加剧和美国政府/私人供应商的活动，以及频繁发生的事件所表现出的内部社会和政治不稳定性升级，其中一些可能是针对或可能不针对该项目或其他的美国公司。

行动

除了第一级威胁确定的所有活动外，还应实施以下行动：

- 继续正常的例行工作程序；然而，应当酌情采取某些确定性行动，例如获得必要的许可，并开始按照高层管理层的命令，对公司或客户敏感性的程序文件进行销毁。
- 将数据复制到磁盘并根据需要"删除"所有硬盘驱动器和系统。

- 命令所有人员要"坚守原地"。

- 通知安保/警卫（如果有的话）以酌情加强安保（重新分派安保/警卫值守办公室出入口、支持站点和工作现场）。如果还没有设立安保，请增设安保。

- 通知大家主要的和备用的安全避难所。

- 如果事件危及专业人员，那么非必需工作人员和其他人员可能要被运送到事先确定的安全避难所所在地。

- 确保个人和公司财产安全。

- 通知总部办公室。提供准确的人员名单（专业人员、访客等），要把地点和电话号码包括进去。

- 验证紧急联系人列表的数据。

- 探讨"个人财产可能不得不承保或放弃"的问题。

威胁等级三

经由安全小组负责人判断（或经大使馆/领事馆人员或美国政府/私营供应商的指导），当局势已恶化到必须马上做出撤退决定或者已经做出撤退决定时，则应启动第三阶段。一般来说，当地方当局已经无法控制针对项目场地/支持地点的恶性事件发生的频率和严重程度的时候，局势已经恶化到危险已经迫在眉睫的地步。地区性事件和全国性事件很可能已经升级恶化，并导致潜在的负面情绪或地区混乱。我们断定这个时候将专业人员全部撤退应该不会受到地方当局的主动抵制。

行动

除了第二级所述的行动外，还将实施以下行动：

- 根据需要与总部办公室协调，请求协助撤退。
- 如果事件本质上属于国家性质，并且保持"坚守"并不安全，并且要求必须撤退到指定的安全避难所或撤退该国，那么请与运输商建立联系。（如果可能，请提前通知管理部门，并告知撤退的目的地。）
- 协调外派人员和当地雇员以及提供服务的机构的工资付款问题。
- 协调解雇所有当地雇用人员。
- 协调撤退所有非必需人员。
- 准备撤退重要的专业人员。
- 确保与总部办公室、公司安保经理、大使馆或领事馆，以及其他相关人员的通信联络已完成，并且如果可能的话，已经获得撤退的授权。
- 告知客户有关撤退的消息。
- 启动项目的关闭程序，包括敏感文档和记录的安全存储或根据需要进行销毁。
- 根据需要命令武装人员护送撤退人员。
- 按指示在指定的安全避难所地点或在机场集合。协调机票和紧急现金的发放。
- 抵达安全避难所或机场时通知总部办公室和公司安保经理。

转移

撤退现场

从现场撤退到主要或备用的国内目的地的模式按照优先级排列。

- 通过陆路到国际机场，然后乘坐螺旋桨飞机前往 A 国或 B 国或原籍国

- 乘坐螺旋桨飞机前往国际机场（此举可以从项目现场开始）
- 通过陆路转移到 A 国边界（继续乘坐飞机运输到指定城市）
- 通过陆路转移到 B 国边界，再到 XX 地（通过飞机运输）
- 通过陆路到美国或盟国的设施，再由美国政府/私人供应商或包机送往国外目的地。

如果一定要采用陆路到国际机场或指定的主要或备用地点，团队负责人则应确保所有车辆都得到全面检修，油箱加满，并对后续加油做了规定。安全小组负责人，公司业务经理将确保为所有撤退人员准备了必要的食品和饮用水供给。

在实施这一计划时，可允许每个撤退人员携带一个手提箱和一个手提包。

协调指令

协调离境或撤退需要积极的计划；因此，当撤退成为现实时，其余的步骤早已经到位。

通过每天仔细阅读和核查可信赖的新闻来源反映出来的事件，以及与美国政府/私人供应商、联合国地区安保经理（如果已设这个岗位的话）、美国大使馆/领事馆和其他可信来源的持续不断的密切联系，高级项目经理和企业安保经理可以随时了解动乱、恐怖活动和政治起义等方面的消息。由于这种持续不断的调查研究，高级项目经理总是随时准备着采取适当行动，以确保专业人员以最安全的方式离境。

公司安全保卫（非医疗）撤退备选方案

虽然支持非医疗迅速撤退的程序在地方一级能得到最好的安排，但如果当地资产的表现不能达到高级项目经理所期望的水平，那么国际救援中心就为项目经理提供了另一种选择。国际救援中心可以支持由民事起义、叛乱、战争、对项目人员的示威／袭击以及其他民事骚乱和灾难引起的紧急非医疗案件。

国际救援中心的电话号码：xxxxxxxxxx。

美国政府／私人供应商或美国大使馆／领事馆指导的接管

在某些情况下，局势的性质可能要求美国政府出面指挥和控制。这种指挥和控制可能需要美国政府／私营供应商进行接管。不管在什么情况下，高级项目经理都将服从并完全遵守美国政府／私营商和美国使领馆下达的指示。

区域地图

紧急数据表
公司

个人数据	
姓名	
职称	
现在的地址	
电话	
在该国的地址	
电话	
出生日期	
出生地	
婚姻状况	
国籍	
身高	
体重	
性别	
配偶姓名	
社保号码	
护照号码	
本人谨此证明，就我所知和所信，上述资料是真实无误的。 签名： 日期：	

撤退逃生包

个人的"现成袋":

- 货币(如果可能,美元和当地货币)
- 约3天的食物/水

    1. 罐装和不易腐烂的食物

    2. 开罐器

    3. 刀具

- 非食品类应急物资

    1. 毯子/毛巾/浴巾

    2. 卫生用品和纸巾(如适用,还应包括女性卫生用品)

    3. 额外的衣服(适应天气条件的)

    4. 急救箱,处方药和非处方药,眼镜和隐形眼镜等

    5. 地图

    6. 手电筒/电池

    7. 驱虫剂

    8. 瓶装和不易腐烂的食物

    9. 开罐器

    10. 瓶装水

- 个人证件和文件

    1. 身份证(个人身份证明表格)

    2. 护照(如果可能,还要有照片页的复印件)

    3. 国际接种疫苗证书

- 其他考虑

1. 支票簿
2. 银行账簿和银行收据
3. 信用卡，旅行支票
4. 飞机票

现场管理人员也可能会让准备一些其他物品，视空间大小而定。

联系名单

与公司集团办公室进行电话沟通时：

1. 与公司集团办公室进行电子沟通（使用 ___.____ @ wgint.com）
2. 安保信息服务中心：致电 xxxxx，通过企业安保经理访问，或通过电子邮件请求访问 xxxxx。

伤亡

员工伤亡事件的伤亡通知计划

1. 公司高层管理团队的一名成员（包括人力资源代表）尽"最大努力"亲自通知配偶/家属发生的工伤意外。如果无法面对面地送达通知，可以考虑请一名神职人员或警务人员作为面送通知的候选人。目的就是要迅速通知配偶/家人。电话是最迫不得已的选择，因为打电话显得不够有人情味。（有关更多详细信息，请参阅以下页面。）

2．公司指定的代表将一直待在这名专业人员的家中，直到其他家庭成员抵达，或者尽可能长时间地待到他或她不能待的时候为止。

3．媒体可能会尝试联系家人。你无法阻止他们与媒体交谈。如果他们愿意，他们有权与媒体交谈。

4．确定这名专业人员的家庭是否需要钱来支付小额费用。如果是这样，可以在人力资源副总裁的批准下提供这方面的援助。少量美元的花费将会被视作合理费用支出。

5．与配偶或家人的亲友保持联系，以确保葬礼和相关物品得到妥善处理。

6．如果是当地的员工，请按照上述程序，并酌情按照当地习俗办理。

注意：如果死亡事件涉及非雇员，请按照通知程序联系死者的雇主。尽快联系你的保险公司和法律顾问。

死亡通知

如果遇到专业人员死亡事故，你可能会被要求通知配偶或家人。这对于死者的亲属，还有你，都是一件悲伤的事情。以下是帮助你完成此过程的若干指导原则。

您要做功课：首先要记住死者的全名、地址和社保号码。其次，弄清楚直系亲属的姓名、关系（妻子、兄弟、母亲等），并确认逝者家庭成员是否说英语。收集有关事故案件的所有信息，以便提供解释。

确定你们见面的地方：联系人会在家里、工作地点还是上学？如果不在家中，请与亲属的雇主或学校联系，请求安排私人场所见面。确认你要交谈的就是你要找的人，比如"您是桑迪·约翰逊的妹妹吗？"

不要单独前往：请一位专业人员同事、死者朋友，或者警官、消防官员陪同你一起去，以提供帮助。

提前想好说什么：通知某人已经死亡，绝不是一件轻松的事，所以不要随便尝试。说话要简单而直接。使用像"受伤不治"之类的术语只会让人感到困惑。虽然没有必要用生硬或冷漠的语气说话，但在某些时候有必要说出"死了"或"死亡"这样的话。例如："琼斯夫人，今天早上项目工地上发生了一起非常糟糕的事故，查理在搬动一个梯子时跌倒，撞到护栏上，医护人员尽其所能，但他不治身亡了。"

不要说谎话：如果你告诉一位母亲说她的儿子临死之前喊着她的名字，但后来她得知他是当场死亡的，那么这就会有矛盾。可能不需要提供所有的细节。例如：如果配偶问："他是不是很痛苦？"合适的答案可能是："我不这么认为。"

做好情绪爆发的准备：家属会表现出震惊、不愿承认、悲伤、麻木和愤怒。这些情绪反应会是针对死者、针对你和针对医务人员。让家属将这些感受发泄出来。利用常人心理，做些看起来合适的举动。有些人会愿意抚摸一下手；有些人则不愿意。

想好什么不该说：如果事先不做准备，没有想好说什么，你最终可能会说一些事后让你后悔的话。例如：为了表示安慰，不要说："他现在与上帝同在"或"你还年轻，会找到更好的人。"相反，你可以这么说："这件事发生在你身上，我很难过。"或者"我现在能帮你做些什么？"

总是用心倾听：这个公式应该是90％倾听和10％谈话。如果家属需要去医院或殡仪馆，你可以主动开车或叫出租车送家属去。如果有孩子，请帮助安排一名照看孩子的人或者朋友照顾他们。在适当情况下，主动协助与人寿保险公司、社会保障局/办等有关单位联系。

结束的时候： 至此你已经经历了一个压力巨大的事件。现在照顾好自己。去找你的重大事件压力顾问，回顾一下你经历的艰难过程。从来没有人对做这部分工作感到舒畅过。

安保小组负责人将通知紧急事件应应小组负责人，项目经理将指定一位公司经理作为遗体护送人。

安保小组负责人将按照下面所列清单发出所有其他通知。

通知：（收到后立即通知）

建立家庭/家属永久性联系： 给家庭或指定亲属指派一位人力资源人员，作为公司的永久联系人。

备份到:

私人遗物： 个人的私人遗物将被收齐并寄往家属指定的地点。

备份到:

亲自去探望： 待定；公司代表将亲自拜访家人或亲戚。

主要候选人:

跟进： 此任务的目的是要进一步核验上述任务是否正在进行或已完成。

项目现场不同位置公告

任务包括通知事件的各个现场地点，安排以下工作：

- 举办工地仪式（由现场成员确定类型和范围）
- 与惨剧有关的亲密伴侣或成员可能需要劝退

- 必要时为专业人士提供咨询
- 项目现场员工给家里打电话让家人对他们的安全放心

预期受益人救济/津贴

人力资源将聚集所有公司的和保险赔偿,并向死者家人或指定受益人提供数据。

专业咨询

如果他们想要这项服务,请为家人或家庭成员安排专业咨询。

公司员工的伤亡撤退

如果公司雇员或合作伙伴在该国受伤或遇难,私人安全保安人员将根据需要负责联系医疗或伤亡人员的撤退。公司在当地的安保或安全人员将根据需要通知医疗撤退。所有安全保安人员都配备全球卫星定位系统(网格位置站)。其他的**公司**员工在他们的卫星电话上安装一个网格定位器。

如果宣布了"死亡到达",主治医生要填写死亡证明,并将遗体送至适当的接收点,以便撤退至美国。

国家:　　　城市:　　　电话号码(DSN):　　　联系人:

公司人力资源总监将联系美国驻该国使馆,并与安保小组负责人和企业安保经理合同协作,利用国际救援中心应急网络将员工遗体遣送回国,这需要拨打 1-215-245-4707 呼叫运营中心,或者发送邮件至 www.internationalsos.com。国际救援中心不会派飞机到伊拉克,但是可以将遗体从该国运往美国。

遗体运到美国后,国际救援中心将在美国境内将遗体运送到一个家属和公司人力资源部门协商好的地点。

如果需要美国的援助,国际救援中心的联系电话是 1-800-523-6586。

运送死亡的外派人员所需的身份证明包括:

- 个人身份证明
- 护照或复印件
- 死亡证明

运送死亡的外籍员工所需的身份证明包括:

- 个人身份证明
- 护照或复印件
- 死亡证明

人质报告(绑架案):绑架通知计划

1. 公司高层管理团队的成员(包括人力资源代表)尽最大努力亲自通知配偶/家人员工被绑架的消息。如果无法面对面地送达通知,可以考虑请一名神职人员或警务人员作为面送通知的候选人。目的就是要迅速通知配偶/家人。电话是最迫不得已的选择,因为打电话显得不够有人情味。(有关更多详细信息,请参阅以下页面。)

2. 公司指定的代表将一直待在这名专业人员的家中,直到其他家庭成员抵达,或者尽可能长时间地待到他或她不能待的时候为止。

3. 媒体可能会尝试联系家人。你无法阻止他们与媒体交谈。如果他们愿意，他们有权与媒体交谈。

4. 确定这名专业人员的家庭是否需要钱来支付小额费用。如果是这样，可以在人力资源副总裁的批准下提供这方面的援助。少量美元的花费将会报以善意。

5. 与配偶或家人的亲友保持联系，以确保葬礼安排和相关物品得到妥善处理。

6. 如果是当地的本国员工，请按照上述程序，并酌情按照当地习俗办理。

注意：实施本节中概述的人质报告程序。如果绑架涉及非雇员，请按照通知程序联系这个人的雇主。尽快联系您的保险公司和法律顾问。

美国大使馆电话号码：XXX-XXX-XXXX

地区安全官（RSO）：XXX-XXX-XXXX

要提供的初始信息：

1. 报告事件的人员的姓名，电话号码和电子邮件
2. 事件发生日期
3. 事件发生的时间
4. 事件的地点（尽可能具体）
5. 简要描述发生了什么
6. 有关人员的描述
7. 涉及车辆的描述

8. 人质姓名/国籍

9. 员工姓名

10. 回答大使馆或执法部门代表提出的后续问题的人的姓名、电话号码和电子邮箱。

其他

炸弹威胁的危机程序

注意：如果你收到炸弹威胁并联系你所在的当地警察部门，他们会派遣一名穿制服的军官，这是因为，在美国各地的警察部门都会收到大量炸弹威胁。唯一的例外是，如果你发现了一个可疑的物品，那么上面会派一个拆弹小组来。这名警官不会熟悉工地现场，因此你将被要求执行视觉搜索。在如何处理以下信息方面，请充分利用你的判断力。

炸弹威胁可能由恶作剧者、政治恐怖分子、性情乖张的人、犯罪勒索者、心怀不满的员工，甚至是想找个借口少干几个小时工作的雇员所为。威胁可以通过电话、邮件或书面信息送达。所有的威胁都必须认真对待。如果威胁是通过纸上文字传达的，请不要过分处理纸张，请使用手套、手帕、镊子等工具，以免破坏了指纹。

电话威胁的危机程序

1. 尽可能长时间地让呼叫者在线。如有可能，请提出以下问题。

- 炸弹什么时候爆炸？
- 炸弹位于何处？

- 它是什么类型的炸弹？

- 炸弹如何激活？

- 你为什么要举报？

2．请记录以下信息：

- 通话时间？

- 来电者的确切措辞？

- 是男是女？

- 口音？

- 熟悉的声音？

- 背景噪音？

- 来电者是否熟悉该建筑物或位置？

3．立即通知现场的高级人员或小组负责人，然后由他们决定是否撤退现场。

4．立即通知当地警方，并对他们的指示给予充分配合。

5．除授权人员外，不允许任何人员进入工作现场。所有访客都必须从工作现场护送离开，但需要提问他们时可以随叫随到。

6．危机小组组长必须确定是否会引起媒体关注。如果是，应该派遣企业发言人协助这方面的工作。

7．通知项目所有者／开发商。

炸弹威胁清单

日期	
接到电话的时间	
挂断电话的时间	
接听来电的电话号码	
来电者所说的每句话	

提问（不要打断来电者）

炸弹什么时间爆炸？	
现在炸弹在哪儿？	
炸弹是什么模样？	
炸弹是你埋设的吗？	
什么可以引爆炸弹？	
你现在什么地方打的电话？	
你为什么要放炸弹？	
你叫什么名字？	

描述来电者的声音

- ☐ 男　　☐ 女　　☐ 年轻人　　☐ 中年人　　☐ 老年人
- ☐ 口音　　☐ 表达清晰　　☐ 污言秽语的　　☐ 不连贯的
- ☐ 愤怒的　　☐ 不理智的　　☐ 冷静的　　☐ 带鼻音的
- ☐ 结巴的　　☐ 气流声的　　☐ 兴奋的　　☐ 深呼吸的
- ☐ 有破音的　　☐ 嘶哑的　　☐ 假嗓　　☐ 缓慢的
- ☐ 大声的　　☐ 哭泣的　　☐ 清晰的　　☐ 正常的
- ☐ 笑出声的　　☐ 深沉的　　☐ 含糊不清的　　☐ 清嗓子
- ☐ 来电者念出信息　　☐ 录音/录磁带的信息

背景噪音

- ☐ 街头噪音　　☐ 动物叫声　　☐ 各种人声　　☐ 静态的
- ☐ 空气　　☐ 各种人声　　☐ 扩音系统（PA）　　☐ 居家的响音
- ☐ 购物中心　　☐ 汽车　　☐ 飞机　　☐ 办公机器
- ☐ 马达　　☐ 音乐　　☐ 电话亭　　☐ 本地来电
- ☐ 长途电话　　☐ 其他：

如果声音很熟悉，它像谁的声音？是本地人吗？

接到恐吓电话的员工姓名	
办公地点	
电话	
其他信息 评价: 不要插话,拖住来电者让他不停地反复说,不要挂断电话。	

搜索程序

1. 在搜索区域请勿开灯、拨弄任何开关或使用电话,因为炸弹可能就连接在这些装置上。关闭搜索区的无线电发射机,因为有些炸弹可能由无线电波触发。可以使用大量的手筒来帮助搜索。

2. 警察、消防部门或其他官员通常不会帮助私人领地搜索炸弹。现场最资深的人员将决定请哪些人员开始搜索。

3. 按划分的小区直观地搜索一个房间,从地面高度开始,并沿一个方向检查房间。然后到腰部的高度再次搜索房间,最后搜索房间的上墙和天花板区域。仔细听有没有任何不寻常的声音。

4. 如果发现物品,请让所有人员撤退该区域,立即通知当局,并提供物体的位置、大小和形状等信息。请勿触摸或移动物品。切勿将任何东西直接放在这个物品上,也不要将其浸入水中。

5. 危机小组组长将确定是否应该进行疏散。如果命令大家撤退,员工应该离开建筑物至少 300 英尺,并且立即准备找到掩体。

附录五：工作场所暴力应对程序

注：工作场所的暴力事件将被视为危机，本手册中概述的危机管理程序应予以落实。

工作场所暴力威胁

根据美国职业安全与健康署1998年的致命伤害调查，凶杀是美国职业致死的第二大主要原因，仅次于工伤事故造成的死亡。尽管这些事件绝大多数发生在员工与公众接触的情况下，但没有任何一个工作场所（包括施工场所）不会受到工作场所暴力的影响。请高度重视所有工作场所的暴力威胁。

工作场所暴力威胁时的危机程序

我们整理了以下清单，以帮助你在收到威胁报告时降低暴力事件发生的风险。这么做不是为了替代你的公司政策，而是作为补充，以帮助你快速应对暴力威胁。

第1步：验证信息

☐ 与报告指控的员工进行简短的初步访谈，以尽可能多地确定以下信息。
- 威胁是什么？
- 谁造成威胁？

- 威胁是什么时候造成的？
- 这会不会是一个玩笑？
- 威胁指向谁或什么事？
- 为什么要发出威胁？
- 还有其他证人吗？
- 该员工是否想让被指控制造威胁或具有威胁行为的人知道他或她的身份？

☐ 通过进一步找证人求证，或实地考察来验证信息。

第 2 步：评估风险

☐ 确定员工或现场是否有迫在眉睫的危险。
☐ 确定制造威胁的员工是否仍在现场。

第 3 步：控制局面

☐ 如果面对的是来势汹汹的人，请降低你的音量，缓慢而清晰地说话，尽量减少你的手势并避免争吵。

☐ 如果可能，将这名员工从工作场所调走，直到情况得到解决。（公司政策将决定是否执行惩罚性用工措施，一些公司可能会举行听证会来确定这名员工的命运，而有些公司可能有零容忍政策，要求立即解雇这样的员工。）

☐ 确定是否联系当地执法部门。

☐ 决定是否需要额外的安全预防措施来保护其他员工或财产。

第 4 步：进行彻底调查

☐ 通过重新检视所有目击者的威胁来进行彻底的调查。

☐ 安排采访涉嫌威胁的员工。

☐ 决定哪些人员应该在场采访涉嫌威胁的员工。

☐ 确定在哪里举行面试以及是否应采取安全预防措施。

☐ 决定是否公开报告威胁性言论或行为的雇员的姓名。

☐ 向雇员提出指控。

第 5 步：监测和重估局势

☐ 监控情况以确定员工或现场是否存在持续风险。

☐ 决定是否继续保持额外的安全防范措施。

☐ 决定是否咨询当地执法部门。

☐ 为受威胁行为或言论影响的员工提供咨询支持。